◆学校特色发展与教育品牌建设丛书

◆丛书主编　郅庭瑾　魏志春

# “尊重的教育”理念与实践研究

## ——以上海市新杨中学为例

徐跃进　胡丽娟　孙　莉　著

人　民　出　版　社

《学校特色发展与教育品牌建设》丛书

# 总　　序

《国家中长期教育改革和发展规划纲要（2010—2020年）》在工作方针中提出，“把提高质量作为教育改革发展的核心任务。树立科学的质量观，把促进人的全面发展、适应社会需要作为衡量教育质量的根本标准。树立以提高质量为核心的教育发展观，注重教育内涵发展，鼓励学校办出特色、办出水平，出名师，育英才。”在发展任务部分，《规划纲要》进一步提出，“促进办学体制多样化，扩大优质资源。推进培养模式多样化，满足不同潜质学生的发展需要。探索发现和培养创新人才的途径。鼓励普通高中办出特色。”事实上，早在1993年中共中央国务院发布的《中国教育改革和发展纲要》中已经明确要求，“必须从我国国情出发，根据统一性和多样性相结合的原则，实行多种形式办学，培养多种规格人才，走出符合我国和各地区实际的发展教育的路子。”然而，由于国家长期对基础教育统得过死，教育行政部门对学校管得过多，学校几无自主发展的空间，致使我国中小学教育长期缺乏生机与活力，学校的办学思想和培养目标整齐划一，教育内容和教学方法高度统一、刻板僵化。学校特色与个性也就无从谈起，最终导致学生“全面发展与个性发展统一”的目标流于空谈。

面对多年来我国中小学校千校一面、特色欠缺的办学状况，为了能够将以培养创新精神和实践能力为核心的素质教育逐步落实，关注学校特色发展、指向教育品牌建设等的研究和实践显得尤为重要。如果说学校特色是指学校与众不同的个性与风格，教育品牌则是经过沉淀与积累，被社会广泛认可了的学校个性与风格。或者说，教育品牌是经过长期琢磨和检验之后，所形成的相对稳定和成熟的学校特色。但无论学校特色发展还是教育品牌建设，无疑都是解放思想、释放活力，克服长久以来教育中的痼疾和弊端，促进学生个性健康发展和教育内涵水平提升的重要路径，也是当前我国基础教育改革与发展最为深远的任务之一。

近年来，关于学校特色发展和教育品牌建设的研究和实践并不鲜见，某个时段也曾如火如荼，几成热点。但学者的宏观理论、严谨著述多，深入学校一线、基于办学实践的探索和提炼少；从其他学科、其他国家的借鉴引用多，关注教育自身、本土化经验总结的少。细看各地各校那些令人眼花缭乱的所谓“特色”和“品牌”，科技类项目、艺术类活动等方面的学校特色繁芜，体现人文内涵、科学精神等价值的教育品牌稀少。甚至有不少学校花大力气打造并宣传的所谓办学特色，不仅特色本应具有的个性、独特性和创造性付之阙如，反而完全陷入特色泛化、平庸化、趋同化的误区之中，正所谓特色不特、品牌不精。

这套丛书由华东师大教育管理学系策划并组织。华东师大教育管理学系所依托的“教育经济与管理学科”，始终注重理论指导实践，秉持理论基于实践的研究风格。近年来我们不仅为来自全国各地的中小学校长及各种教育行政领导、干部提供理论培训和研修，成为中小学教育行政领导和管理者的成长基地和摇篮，而且在各地培育了一批研究基地或实验基地学校，深入学校教育教学的实践，帮助学校总结经验、提升理念、创建特色、建设品牌，最终帮助学校实现教师专业成长和发展，促进学生全面发展与个性发展的统一，不断提高办学影响和效益。为了及时总结经验、发现规律，我们选取几个办学成效卓著、学校特色发展意识明显、品牌建设基础丰富的中小学校及地区或区域，剖析个案、提炼内涵，以期为更多地区、区域及中小学校致力于特色发展与品牌建设的实践发展提供范本、借鉴与启示。丛书中的每一本著作基于一所学校或者一个地区、区域教育发展的案例研究，力图真实、鲜活、生动；每一本著作基于华东师范大学教育管理学系在中小学校、区域教育等实践基地开展相关合作研究项目的成果，由学者与校长（局长）共同参与、合作完成，旨在从案例中提炼思想，从经验中发现规律。

期待着我们的研究能够为学校实现特色发展和品牌建设略尽绵薄之力，期待着我们在研究和实践中与中国的教育和学校一起成长。

主编：郅庭瑾、魏志春

2012年6月16日

# 目　录


总　序 …………………………………………………………… 郅庭瑾、魏志春 1

## 第一编　尊重:从概念到理念

第一章　绪论 …………………………………………………………………… 3

一、尊重与“尊重的教育”的内涵 ……………………………………………… 3

二、新杨中学“尊重的教育”的理念与定位 ……………………………………… 7

## 第二编　尊重:从理念到行动

第二章　尊重理念下的学校管理 ……………………………………………… 27

一、管理理念中的尊重 ………………………………………………………… 28

二、在管理制度中体现尊重,是学校管理伦理的价值诉求 ………… 30

三、管理行为中的尊重 ………………………………………………………… 34

第三章　尊重理念下的学生培养 ……………………………………………… 42

一、尊重理念下学生培养的理论研究 ………………………………………… 42

二、尊重理念下学生培养在中国的发展 ……………………………………… 44

三、尊重的教育理念下新杨中学的学生培养目标 ………………………… 47

四、新杨中学在尊重的教育理念下学生培养方面的探索与实践 …… 48

**第四章　尊重理念下的教师专业发展** …… 90
一、教师专业发展的含义 …… 90
二、以尊重的理念,指导校本研修实践 …… 94
三、"尊重"理念下教师专业发展的特色内容 …… 96
四、打造合作互助的教师专业化发展平台 …… 110

**第五章　尊重理念下的家校沟通** …… 124
一、学校的困境与"家、校、社一体化"的设想 …… 124
二、"家、校、社一体化"的实践 …… 128
三、新杨的收获 …… 153

**第三编　尊重:从行动到文化**

**第六章　以"尊重"为核心的学校文化建设** …… 159
一、学校文化的内涵及功能 …… 159
二、建设学校文化的重要意义 …… 163
三、新杨中学以"尊重"为核心的学校文化建设的探索与实践 …… 165

**第七章　"尊重的教育"的成果与展望** …… 214
一、新杨中学"尊重的教育"的实施成果 …… 214
二、"尊重的教育"的回顾与反思 …… 227
三、新杨中学"尊重的教育"的规划与展望 …… 228
四、结束语 …… 240

参考文献 …… 242

# 图表目录

图 2-1　新杨中学学校管理架构图 …………………………… 32
图 3-1　新杨中学课程架构体系 ………………………………… 49
图 3-2　学校琵琶队在校园文化节上演出 ……………………… 50
图 3-3　书法课 …………………………………………………… 51
图 4-1　专业发展协作组成立大会………………………………… 121
图 5-1　社区听证会………………………………………………… 132
图 5-2　家长护校队成立仪式……………………………………… 152
图 6-1　校园一角…………………………………………………… 164
图 6-2　感恩长廊…………………………………………………… 169
图 6-3　风采长廊…………………………………………………… 170
图 6-4　2013 年校园文化节闭幕式 ……………………………… 204
图 7-1　机器人课程………………………………………………… 226
表 3-1　新杨中学成长记录表 …………………………………… 81
表 3-2　新杨中学学科知识目标落实情况反馈表 ……………… 82
表 7-1　新杨中学各年级德育梯度目标…………………………… 218
表 7-2　新杨中学各年级德育校本课程…………………………… 219
表 7-3　新杨中学德育教育活动月历……………………………… 220
表 7-4　新杨中学德育评价活动月历……………………………… 221

# 第 一 编

# 尊重:从概念到理念

# 第一章
# 绪　论

上海市新杨中学创办于1995年,是一所公办初级中学。学校占地面积16077平方米,建筑面积9881.34平方米。现有4个年级,24个教学班,专任教师69人,学生762名。

自2005年起,新杨中学以关注学校管理和教育教学过程的科学规律为切入口,以课题研究"尊重的教育"为抓手,在全校范围内倡导"尊重的教育",使"尊重"成为学校整个运行过程中的核心价值观和指导思想;并把这一"尊重的教育"思想落实到教师日常具体的教育教学工作和学校管理实践中去,落实到学生的良好发展中去。真正做到在整个办学过程中,能够实现尊重管理规律、尊重教育规律、尊重人才成长规律、尊重师生的人格人性、尊重教育者的劳动成果等目标,以此探索普通初级中学在新的社会发展形势和要求下,根据本校的办学现状,有效推进素质教育的途径和方法。

如今,学校已确立了"尊重——为每一位师生充分发展服务"的办学理念,积极倡导"团结合作、尊重包容、敬业奉献、务实创新"的新杨精神,并致力于锻造以"尊重的教育"为主题的学校文化。

## 一、尊重与"尊重的教育"的内涵

《世界人权宣言》的第一条阐明:"人人生而自由,在尊严和权利上一律平等。他们富有理性和良心,并应以兄弟关系的精神相对待。"人生而平等,对人不能因为任何原因而表示歧视,这就是尊重必须的价值基础。因此,人性的这种平等要求决定了尊重是人类的基本伦理原则,是基本人伦之理。在学校环境中,尊重是学生与人交往的前提,是学生发展与成长的阳光雨露,一个充满尊重氛围的学校环境有利于学生身心的健康成长。故,体现"尊重的教育"这一理念的教育思想在教育学界有着广泛的关注。然而,"尊重的教育"由理论到实践的完美转化需对"尊重"和"尊重的教育"二词的内涵有准确的理解和把握。

## (一)尊重的内涵

"尊重"一词属伦理学范畴,在不同文化背景中有着不同的定义。

《新世纪汉语大词典》对"尊重"的定义是:(1)尊敬重视、尊敬看重;(2)常用作承认失败或表示顺从的一种谦卑态度;(3)自重,对自我的尊重。《现代汉语词典》对"尊重"的定义是:(1)尊敬或敬重,例如尊重老人,互相尊重;(2)重视并严肃地对待,如尊重历史,尊重事实;(3)庄重(指行为)。由此可见,一方面尊重的主体是人,而客体可以是自己、他人及事物。所以尊重包含尊他及自尊两层含义;另一方面,汉语"尊重"体现下位对上位的服从,具有等级意识。

依据《斯坦福哲学百科全书》,"尊重(respect)"一词来源于拉丁文 respicere,意指"往回看(look back)"、"再看(look again)",与 regard、consideration 是同义词。这就意味着主客体在地位上是平等的,"尊重"的核心是给予客体关注以试图了解其特征,而非依照主体的理解来理解客体。

鉴于中西方对"尊重"一词的定义,我们认为尊重的教育中的"尊重"的基本含义是:尊重意味着个体之间的地位平等,把自己、他人和事物当成独立而具有独特特征的个体,给予其关注并了解特征。

## (二)"尊重的教育"的内涵

### 1."尊重的教育"的内容

将"尊重"一词的含义放诸教育领域,尊重的教育就意味着教育主体(教育者、受教育者）要把自己、其他教育主体和教育中的客观事物（教育规律、教育成果）视作独立而有独特特征的个体，关注并了解他们。由此，尊重的教育的内涵总体上有四个方面：一是尊重教育规律，主要指教师在教育教学中按教育规律而不是按个人喜好或主观愿望去实施教育活动；二是尊重教育对象即学生，尊重学生的主体地位、人格特点及个性差异；三是尊重教育者即教师，尊重教师的人格尊严、教学实践、教育成果及其实现自我价值的愿望；四是尊重家长。真诚相待，公平合理地对待每一位家长。对于学校来说尊重就是一种文化，一种渗透在教师和学生内心的人格品质，在尊重的文化氛围中，有利于教育教学的开展，同时有利于培养学生良好的行为习惯和人格养成。

教育规律是教育、社会、人之间和教育内部各因素之间内在的本质的联系和关系，具有客观性、必然性、稳定性、重复性。尊重教育规律就是要理清教育活动与人的发展之间的关系，尊重人才成长规律，尊重教育对象的身心发展特点和规律，寻找正确的教育方法。

人的尊严与尊重人的原则，构成了社会与教育公正、平等、自由、正义的基础。尊重学生，要求学校和教师要尊重学生对生活的认识、体验和感悟，尊重学生的人格，尊重他们的喜怒哀乐的心理感受，尊重他们的权利，尊重他们的主体地位。尊重是构成良性师生关系的重要基础，是做好学问、求到真知的前提。新时期的教育要求教与学的主体双方对彼此人格的互相尊重，其表现为师生的相互认同，变传统的单向要求为双向的平等互动。对于正在成长中的学生来说，知识经验是有限的，常常会片面地认识社会、认识自我，因而产生不良的行为。尊重的教育要求教师引导和鼓励学生进行尝试，创造性地思考、观察和探究学习、生活和社会，独立发现学习生活中的问题和解决问题；启发学生珍惜生命的价值，正确对待自己和客观世界；发扬自己的个性特长，充分发展自己，并用自己的眼睛观察社会，用自己的心灵去感受生活，用自己的方式研究学习，用自己正确价值观去探究社会，把个人生命融入到学习、生活、社会之中。

尊重教育者首先要尊重教育者的人格尊严，其次要尊重教育者的教育实践，同时要尊重教育者的劳动成果，最重要的是尊重教育者实现自我价值的愿望。教育成果包括教育教学方法和理念上的创新与突破、教育教学实绩、科研实践和成果等。尊重教育成果就是学校要尽可能为教师的教育教学活动营造良好精神氛围和物质环境,搭建各种实践平台,为教师的专业发展提供全方位的支持,对教师取得的成绩给予及时的表彰与奖励。

尊重家长是确保教师教学有效进行的应有之义。教师的工作不可避免地与学生家长产生联系,教师与家长的合作使得教学产生事半功倍的效果。因此,教师与家长交往过程中,要尊重对方,真诚相待,公平合理地对待每一位学生家长。一个人要想得到别人的尊重,首先得尊重别人。教师要想得到家长的尊重、支持,就得以一种诚心诚意的态度主动去尊重所有学生的家长,这是教师与家长能够密切结合的基础。

2."尊重的教育"的特点

尊重的教育具有时代性、科学性、指导性三大特点。

时代性。当今世界国际竞争日益加剧,信息网络化全面普及,知识和技术不断推陈出新,人类进入了创新经济时代。21 世纪的教育要求以人为本,全面发展人的个性,培养人的创造力、生存力。尊重的教育恰恰是为了培养创新人才。从这个意义上说,尊重的教育是时代的要求,是时代的产物。尊重的教育强调既要尊重人的发展,又要尊重社会的发展;既要尊重学生的个性人格,又要尊重教师的主导作用,师生在相互促进、相互切磋、相互激励中形成教学相长、和谐民主的氛围,使教育教学活动收到更好的效果。

科学性。尊重的教育倡导深入教育实践,研究教育问题,认识和尊重教育规律,使教育行为更具有科学性。尊重的教育就是在学校教育中教师能以平等、尊重的态度对待学生,学生也能平等、尊重地对待教师和同学,从而激发教师和学生的工作与学习的积极性,有效地提高学校教育效率,促进学生心理健康地发展。

指导性。尊重的教育弘扬的是尊重个人、发展个性、培养自我责任意识的观念,它不是一个空洞的口号,而是用来指导教育实践活动的纲领和原则。尊重的教育作为当代师生的共同心愿,既符合教育规律,又可以实施于教育、教学和管理工作之中。具体做法是从改变教师的教育观念入手,建立尊重型的师生关系,进而给学生以平等发展的机会,最终促进学生的全面发展。因而,尊重的教育具有指导性。

## 二、新杨中学“尊重的教育”的理念与定位

“尊重的教育”,是对教育规律的尊重,是对教师的尊重,是对学生的尊重,是对家长的尊重,是对中华民族几千年文化积淀的尊重,是对人民的尊重。没有对教育规律的尊重,学校不可能得到有效的提升;没有对教师的尊重,人才培养模式的改革不可能得到落实;没有对学生的尊重,学生的动力、学生的成才不可能真正得以实现;没有对家庭、对家长的尊重,社会、家庭和学校资源整合只能是纸上谈兵;没有对中华民族文化积淀的尊重,教育的成果与进步不可能落到实处;没有对人民的尊重,所谓“办好让人民满意的教育”永远只是口号,只是停留在口头上的一句说词而已。

### (一)“尊重的教育”的最初思考

1. 背景

(1)时代的呼唤——二期课改对传统教育的反思

中国正处于一个社会经济的转型时期,面对市场经济、多元价值、新的社会分层、跨越式发展等社会发展的新局面,我国教育发展面临着前所未有的机遇和挑战:党中央、国务院明确提出并着手实施“科教兴国”战略;科技、经济的迅速发展和社会的进步对教育提出巨大的需求。但现代社会中人们浮躁的心理,急于求成的处世观和社会竞争的压力,都想少出力、多得成果,在这种社会观念和风气下,对于目前的中小学教育,形成了很大的冲击,一种急于求成、追求短期效应,而忽视教育发展规律、忽略青少年发展规律的思想和做法在中小学成了一种“不可抗拒”的“主流价值观”。此外,过分注重教师权威以致师

道尊严膨胀，学生的人格尊严被罔顾而成为学习、考试的机器的情况也颇为严重。进入20世纪90年代以来，“以人为本”成为国家治理的理念，在教育领域亦是如此，注重以人为本的素质教育成为我国基础教育的主流思想。

上海市作为国际大都市更是加快了素质教育的进程。上海市教委于1997年开展上海市第二期课程改革（简称二期课改）。二期课改强调以学生发展为本，转变学习方式，培养具有创新能力、实践能力和终身可持续发展能力的学生，着力促进学生全面而个性地发展。

（2）“应试教育”对学校办学方针和策略的冲击

由于长期以来应试教育一直是我国中小学教育的“主流价值”定位，致使学校、家庭乃至于整个社会都把“出成绩、争分数”看作是评价学生的唯一（至少是核心）标准；以分数为导向的人才选拔“指挥棒”，即使在素质教育推进了二十多年后的今天，依然占据着难以忽视的地位，“学而优则仕”的学历唯上、读书做官的功利性目的湮没了学校教育育人的基本出发点，办学的客观规律被忽视和践踏，育人的根本目的被忽视了。

（3）实践的困惑——本校教师教学现状和学生情况引发的思考

上海市新杨中学地处桃浦地区，面对的都是“两湾一宅”的动迁家庭的孩子，他们往往也是弱势群体，家庭环境和社区氛围缺失的就是“尊重”。学校周边环境复杂，教育环境较差，学生家长知识层次较低，特殊家庭多（2005年统计占23%）；智障学生比例年有攀升（2005年统计显示隐性智障生占12%）；学生来源单一，优等生源严重流失。学校地处偏远，信息闭塞；教师待遇与教师的付出不相吻合，前几年大量引进青年教师以及连年的教师分流（从2001年至2006年，这6年当中共引进教师154名，教师流动人数达124名），使得学校的主流文化难以形成；推进现代学校制度建设的基础性工作，较为薄弱；推进“二期课改”从办学理念向教学行为的转化力度不够。

为此，结合本校学生情况、学校发展状况、社区大环境，学校决定以“尊重的教育”为主线，从尊重教育规律、尊重人才成长规律、尊重学生的人格人性、尊重教育者的劳动成果等几方面入手，立足于学校教育教学的实际，从管理、教学、德育三个方面进行研究，以此改革学校的弊端，结合学校自身优势，打造自己的品牌，办出学校的特色，促进教师的专业化发展和学生的充分发展，推动学校的全面发展。

2.“尊重的教育”的意义

以人为本、重视人的权利和个人的价值观念，逐渐成为新杨中学新的文化思想发展的趋势，成为人文素质培养的核心所在。在这种价值观的影响下，新杨中学逐渐形成了自己的核心价值观：尊重——为每一位师生的充分发展服务；在学校尊重的教育理念的引领下实现课程教学，努力实现教师对课堂教学行为的反思与再认识，鼓励创造性的工作，以充分体现尊重教育规律、尊重师生人格个性的教育理念。

“尊重的教育”是以尊重为前提，依据教育规律，对受教育者给予充分的信任和尊重，营造尊重的教育氛围；是以树立受教育者自尊、自爱、自信的心态，进而促进自我教育，逐渐培养起对自我、他人、社会乃至生命、自然等由衷而自然的尊重感，保证其人格健康成长的一种主体教育方法。其基本内涵包括尊重教育与社会相适应规律、尊重教育与人的身心发展相适应规律；尊重学生的天性、尊重学生的自主性、尊重学生的心理特征；尊重教育者，尊重教育者的自尊与需求。

尊重是教育的前提和基础，尊重的教育是现代教育发展的基本趋势，以尊重的理念指导教育实践，是学校教育改革与发展的主旋律。“尊重的教育”的研究使学校更好地了解教育的过去，把握教育的现在，展望教育的未来，对教育教学的目标设计、内容和方法改进等都产生了积极的影响。具体来说，“尊重的教育”的意义有：

(1)有利于形成自由、多元的价值观

“尊重的教育”改变了“整齐划一”、“一刀切”的教育教学观念，着力于尊重不同层次、不同方面、不同个性的成才标准，因材施教，改变“千人一面”的教育模式，以适应教育多样化的发展趋势，使教育对象形成自由、多元的价值观。

(2)有利于学生个性发展和优化发展

实施“尊重的教育”，以尊重学生的天性、尊重学生的自主性、尊重学生的心理特征，最终形成学生的个性品质，这是学生身心发展的需要，也符合社会发展的要求。

(3)有利于形成以人为本的理念

“尊重的教育”不仅提出尊重科学知识，更强调尊重人的个性、人格。这要求不仅要尊重教育者和社会规范，更要尊重教育对象的主体地位；不仅要尊重教育对象中的强者，更要尊重教育对象中的弱者等。在实施尊重教育的过程中，教育者和教育对象的关系形成良性互动，满足教育者自我实现的需要和尊重的需要，体会以人为本的理念带来的愉悦，逐渐形成以人为本的理念，树立科学的教学观。

(4)有利于教师专业发展

“尊重的教育”致力于帮助教师树立新的学生观、教育观和质量观，从重知识传授轻能力培养转向重能力发展，从重教轻学转向重学法指导，从师道尊严转向师生平等互动，这对教师素质提出了新的挑战，同时也为教师专业发展提供了新的机遇。

(5)有利于和谐师生关系

“尊重的教育”是现代教育的主流思想和主张，也是素质教育思想的重要内容。我们希望通过树立“尊重的教育”这样的理念，使师生去创造一种新的教育，建立一种新型的师生关系；我们也希望通过树立“尊重的教育”这样的理念，搭建教师与家长友好沟通的桥梁，创建一种尊重和包容、理解和信任的和谐关系。

### 3.“尊重的教育”的诠释

新杨中学“尊重的教育”要求教育活动能够在尊重的基础上遵守道德规范，规律性地展开学校教学活动。“尊重的教育”不仅要求尊重客观规律，如教学规律和学生身心发展规律，也要求我们尊重教育互动中的主体，即教育者和受教育者。对主体的尊重，不仅是尊重他人，也包括行为主体的自尊及主体间的尊重。

(1)尊重教育规律

规律是事物之间本质的、必然的、客观的联系。按客观规律办事，是我们成功地认识和改造客观世界的前提和基础,按规律办事就能事半功倍。教育规律是规律在教育领域中的具体体现,是教育活动及其教育发展中的本质的、必然的、客观的联系和必然趋势。

教育规律包括教育与社会相适应和教育与人的身心发展相适应两个基本规律。尊重教育与社会发展相适应的规律,包括基础教育发展中义务教育的年限、质量、课程、学制等与社会发展之间的协调与促进。尊重教育与人的身心发展相适应的规律,是指教育活动的进行与教育对象身心发展的特点、需要、可能之间的协调与促进。教育活动的成功与否与是否遵循教育规律以及把握社会发展与受教育者身心发展特点的程度有直接的关系。

教育与社会相适应的规律,简单概括之,就是教育发展应该与社会的发展相一致,不断促进社会进步的规律。教育与社会相适应的规律本质上是由教育的地位和功能所决定的。教育是一种培养人的社会实践活动,是传递生活经验、传承社会文化的基本途径,因此,任何教育都不能脱离当时的社会而独立存在,都是由社会的经济、政治和文化所决定,反过来教育也会对社会的经济、政治、文化有反作用。当教育适应社会发展,为经济的持续稳定发展提供良好的背景,提高受教育者的潜在劳动能力,形成适应现代经济生活的理念、态度和行为方式,以及充分保存和继承文化、发展与创新文化时,教育就会有强大的生命力。因此,我们在制定教育目标、教育方针、教学大纲、课程标准以及教学过程和方法等时,都要力求与社会发展相适应。

教育与人的身心发展相适应的规律,就是教育要与人的生理、心理发展的阶段相适应,在不同的阶段进行不同的教育。青少年各个阶段的发展都有其特定的生理、心理特点,依据这些特点设置教学,就会取得事半功倍的效果。首先,应该根据学生的生理特点和心理特点来设置课程及课时。教材编写的内容、形式也应该考虑到学生的发展特点,适应其思维能力,这有利于学生对知识的吸收和掌握;其次,每个学生的家庭环境、学习环境不同,学生的个性、智力也不尽相同,教育者应该尊重差异,因材施教,不遗弃某个学生,也不优待某个学生,为学生的成长提供一个宽松、公平的学习环境。

作为中学教育,就是要尊重教育规律,从长远发展、从学生的健康成长来考虑，从培养社会主义合格的接班人和建设者的高度来认识教育的重要地位。作为一名中学教师，应该坚守自己的信念，牢牢抓住教育规律不放，与一切违背教育规律的行为作斗争，不为错误的舆论和所谓的压力所动，一切教育教学行为严格按照规律办事。

(2)尊重学生

现代教育理念认为，受教育者是教育的主体，这就决定了在教育教学活动中必须尊重受教育者。正如爱默生所说“教育成功的秘密在于尊重学生”，实施尊重教育的出发点和立足点就是改善学生的学习环境，营造尊重的氛围，促进学生身心全面和谐发展。

首先，尊重受教育者要尊重学生的天性。由于遗传的因素，每个学生都有其独特的天性，作为教师应该认真了解学生的天性，接纳他们的独特性，并根据每个学生的特点，制定不同的教育教学方法，因材施教。我国著名的教育学家蔡元培就大力提倡“尚自然、展个性”的教育精神，认为“知教育者，与其守成法，毋宁守自然，与其求划一，毋宁展个性”。我们应该把每一个受教育者看作一个独特的个体，承认个人的兴趣、爱好、能力，而不是用一个模具往他们身上套，直至将其培养成“标准产品”。尊重受教育者的天性就要接纳学生的独特性，让学生的天性得到充分发展。依据学生的心理、生理特点设置教学，就会取得事半功倍的效果。

其次，尊重受教育者要尊重学生的自主性。自主性是人的品质特征，是人的素质的基本内核。作为一个人，无论年龄大小，都有自我判断、自我行动的需要。尊重学生的自主性，让受教育者遇事可以独立判断，对自己的行为做出自主选择，给受教育者提供更加宽松的环境和更多的发展空间。我们不能总是告诉学生应该怎么做，而是应该给学生鼓励，让他们去探索，让他们去经历成功和失败，这样才能克服依赖心理，发挥个人内在的潜能。素质好、心理健康、天性具有优势的学生才会发挥个人的优势，成为具有创造性的人。尊重学生的自主性，我们要接纳学生的错误，由于学生在认知、心理等方面还不成熟，从某种意义上说，犯错误是学生天生的权利，学生正是在不断汲取错误经验的基础上不断进步的。我们接纳学生的错误并不是对学生放任自流、不管不问。

“爱之深责之切”，教师也应该遵循社会期望，尊重学生获取正确方向的权利，指导学生向着更有价值的方向发展，调动其天性中的积极因素，遏制其消极因素，使学生在成长过程中得到有益经验，避免走弯路。

再次，尊重受教育者要尊重学生的心理特征。学生是一个发展中的个体，在每一个阶段，学生的认识、情感、道德价值观等心理特点都会有不同的特点，如学生的思维方式由具体思维逐渐向形象思维、抽象思维发展，其情感也愈来愈丰富，价值观也随着年龄的增长逐渐变化。我们要用发展的眼光，让学生在不同阶段应该接受不同的教育。同样，每一个个体由于遗传、后天环境等因素也具有其不同的特点。因此每一个个体都有别于其他个体的存在，每一个人的每一个阶段具有唯一性、不可重复性、不可取代性，我们要尊重学生的心理发展特点，让学生享受青少年的乐趣、关爱，支持和鼓励他们的情感、思维和能力的发展。

(3)尊重教师

夸美纽斯说“太阳底下再也没有比教师这个职业更高尚的了”，这说明了教师在“传道、授业、解惑”中的地位，也表明全社会尊重教育、尊重教师的态度。在学校管理和教育过程中，尊重教师主要体现在两个方面：一是学校层面上对教师的尊重；二是学生层面上对教师的尊重。在此，主要指学校层面上对教师的尊重。

从学校层面上说，学校尊重教师的劳动，教师自身的价值受到尊重和承认，其积极性、主动型和创造性也就可以得到积极发挥。学校尊重教师主要体现在以下几个方面：第一，尊重教师的个性和自主性。每个教师都有自己个性化的教学风格和知识体系，学校应该尊重并给予教师足够的自由，让其自主地设计教学方式和教学策略。整齐划一的教学方法是不可取的，也是不可能的。学校只能在教育方针、教育理念和课程标准等宏观方面做出明确要求。而在微观方面，就应该由教师自主安排，不强求一致，而且还要鼓励教师探索、创新。第二，尊重教师人格，维护教师形象和威信。学校在评价教师的时候，力求公正、公平，中肯而委婉，避免在学生面前批评教师，控制对教师负面评价的扩散范围。第三，尊重教师对学校教育教学工作的建议和意见。教师在教学实践中,会探索教育教学规律,思考教育问题,提供感性认识第一手材料,形成很有价值的建议和意见,对此学校要给予积极的肯定,并鼓励其积极性。第四,尊重教师不断学习、自我提高的权利。在知识经济时代,知识更新迅速,教师只有不断学习,不断完善自己的知识结构才能适应时代发展,适应新的教学形式和教学任务。学校应该尊重教师学习的愿望,创设条件鼓励教师进修。教育者得到学校的尊重,价值得到实现后,会以更加尊重的姿态教育学生,促进学生尊重素质的提高,因此,尊重教育者也是中学尊重教育的重要内容。

(4)尊重教育者与受教育者的自尊

尊重不仅指向外部的,它还指向主体自身,即自尊。自尊是个体对自己的情感和评价,是对自我价值的判断。自尊反映了人们对自己的通常的基本感觉,涉及人品、价值感、喜好和接受,并且自尊不依赖于具体的成功和失败,而是反映了一种对于自我的积极或消极的一般倾向。

受教育者的自我尊重,就是认识自我,意识到自己的每一分成长,学会自我控制,对自己负责。只有自己充分地尊重并信任自己,才能得到他人的更多的尊重和信任。彰显个性和满足尊重的需求并不等于自己纵容自己,只有自尊才能使自己的独特性得到尊重。

教育者的自尊就是教师对自己做出积极的评价,对自己的劳动付出予以肯定。教师是学生成长的"标杆",因此教师的自尊不仅仅是对自己负责,更是对学生负责,对自我实现的事业负责。教师的自尊只有超越了社会角色的规范而升华到生命自我的一部分的高度,他才能把自己从事的事业当成其生活方式的一部分而终生追求。尊重教师的自尊:首先,学校要及时发现教师的闪光点,对教师的优点予以积极的肯定;第二,拉近教师之间的距离,创造良好的团队氛围,提高教师对职业的认同感、归属感、自豪感;第三,学校对教师的付出给予积极反馈,在精神上和物质上加以鼓励。

(5)尊重家长

家庭是社会的细胞,是孩子健康成长的重要场所。家长则是孩子的第一任老师。孩子入学后,他们的全部生活仍然与家庭保持着密切关系,家长的教育仍具有重要意义。所以,教师的工作除了和学生产生关系外,就不可避免地会和学生的家长进行接触，和他们一起交流学生的学习、生活情况，一起商讨提高学生学业的方法。因此，教师与家长交往过程中，要尊重对方，真诚相待，公平合理地对待每一位学生家长。一个人要想得到别人的尊重，首先得尊重别人。教师要想得到家长的尊重、支持，就得以一种诚心诚意的态度主动去尊重所有学生的家长，这是教师与家长能够密切结合的基础。

### （三）"尊重的教育"的初步建设（2005—2009年）

2005年至2009年期间，新杨中学理性地剖析了学校的发展现状，确立了以"尊重的教育"为主旨的教育管理理念、教育方式，在全校开展了全员参与的以"尊重的教育"为主题的学校文化建设，以专家指导、课题引领等方式在全校范围内推动"尊重的教育"。

#### 1. 全员参与，提升"尊重的教育"理念

2005年底，新杨中学结合校情，开展"尊重的教育"这一学校发展特色项目的研究，提出了锻造以"尊重的教育"为主题的学校文化，把"尊重——为每一位师生的充分发展服务"作为学校的核心理念。

学校"尊重的教育"的内涵就是：人格上的平等、关系上的信任、态度上的热情、发展上的满足、期望上的积极。学校主要从尊重教育规律、尊重人才成长规律、尊重师生的人格人性、尊重教师的劳动成果等几方面入手，立足于学校教育教学实际，从管理、德育、教学等三方面进行研究，形成《以"尊重的教育"提升初中学校办学能力的实践研究》的区级课题，目的就是：通过本课题的研究，以尊重的理念、思想和方法，规划整个学校的办学思路，探索提升初中办学能力的策略和途径，提高学校的办学质量和水平。让尊重进校园、进课堂、进社区、进家庭，并体现在日常行为规范中，贯穿于举手投足的教育教学过程中，融入于创设良好的师生关系中。

#### 2. 课题引领，推进"尊重的教育"发展

2006年2月至2009年7月，在校领导带动下，学校开始了以"尊重的教

育"提升初中办学能力的实践研究。从关注学校各方面的管理以及教育教学过程的科学规律为切入口，以"尊重的教育"作为课题研究的抓手，使"尊重"成为整个学校运行过程中的核心价值观和指导思想。倡导"尊重的教育"，并把这一"尊重的教育"思想落实到教师日常具体的教育教学工作和学校管理实践中，落实到学生的良好发展中，真正做到在整个办学过程中，能够实现尊重教育规律、尊重人才成长规律、尊重学生的人格人性、尊重教育者的劳动成果等目标，以此探索普通初级中学在新的社会发展形势和要求下，根据本校的办学现状，有效推进素质教育的途径和方法；并在不断的探索和实践中，积累提升，逐步形成具有新杨特色的学校文化。

具体的研究内容如下：

(1)"尊重的教育"的理论研究；

(2)学校管理中落实"尊重"理念的操作研究；

探索学校管理层面如何以"尊重"的理念为引领，整体科学规划并人性化的落实学校各项管理工作的操作途径和方法。

(3)初级中学以"尊重"的理念推进课程改革的实践研究；

思考初级中学"二期课改"推进过程中，每一位教师在实施的过程中，都能高度尊重教育教学的客观规律，同时又能充分尊重学生在学习中的良好发展和自主性，探索高效率、人性化地推进课程改革的校本途径和方法。

(4)"尊重"的理念下，初中学生良好品德与人格培养的途径和方法研究；

探索初中学校如何有机结合"两个尊重"，促进学生品德良好发展的有效途径和方法。尊重学生的自主发展，尊重学校德育的科学性。

(5)"尊重"的理念下，教师专业化发展的操作研究；

思考和设计教师校本发展流程探索和实践，为教师的专业化发展和培养探索一条适合与普通初级中学当代教师专业化培养的途径和方法。

(6)初中学校实施"尊重的教育"效果评价的研究。

探索并研制一套适合本校在"尊重"理念下，实施办学改革的整体效果评估指标体系。

### 3. 专家指导，借优质资源，促新杨发展

一所学校要想创出品牌，走出特色，增强竞争力，还需整合校外资源，重视外界的支持，这也是学校发展的不竭动力。2007 年 4 月 19 日，华东师范大学教育管理学系新杨实验学校揭牌。华东师范大学教育管理学系在教育教学管理方面具有独特优势，新杨中学期待借助华东师范大学的专家团队为新杨中学的发展出谋划策。此外，学校聘请了上海市教科院和区教育学院专家定期来校指导，请教研员带教新杨中学的年轻骨干教师，培养领军人物。

为了帮助教师开阔视野，吸收先进的教育教学理念和方法，总体提升教师的专业发展和科研水平。新杨中学与国内外的一些学校签订了教师交流合作项目，学校定期选派 2—3 名英语教师赴加拿大学习，选派 6—8 名教师开展沪、港两地“一课两讲”教学交流活动，选派 6—8 名教师到北京十一中学习交流。

### 4. 成果初现，坚定“尊重的教育”理念

通过三年的“尊重的教育”实践与探索研究，“尊重的教育”理念，已经成为学校整个运行过程中的核心价值观和指导思想。

一是通过全校上下尊重教育规律、尊重人才成长规律、尊重学生的人格人性、尊重教师的需求和发展，让每一位新杨师生感受到学校是大家共同的精神家园，营造“尊重的教育”这一良好的氛围。

二是通过校园文化的重新构思与设计，建立了校园尊重专栏。有师生文明公约、“尊重的教育”办学理念和“中华魂”壁画，让每一位新杨师生真正融入尊重的校园文化之中。有“感恩”长廊——激励学生学会感恩、懂得感恩；有“立志长廊”——重点宣传展示我校优秀毕业生事迹，激发学生学会学习、立志成才；有“校本教材”长廊——机器人、琵琶、柔道等重竞技、车船模，鼓励学生全面发展；又有“师生风采长廊”——倡导新杨每一位师生开展尊师爱生活动。

三是通过邀请华师大和教科院的专家帮助教师进行业务培训，帮助教师

定好位，制定专业发展目标，采取针对性措施帮助三类教师分别进行焦点提升、重点提升和全面提升，让教师的课堂教学水平和专业能力发展呈现生机和活力。

四是通过对美好未来的遐想，团结、激励教师不断创新，全力使新杨中学成为一个充满信心与竞争力的共同体；结合愿景的设立，使学校明确自身的发展方向，每一位教师清楚自己责任与前进的目标；使教师日常具体的教育教学和学校管理时间更加有效，师师、生生、师生间相互尊重、相互合作，真正实现"尊重教育规律、尊重教育对象、尊重教育者"。

前三年，新杨人迈开尊重的步伐，坚定地前进，不断在实践中取得经验成果。学校先后多次被评为上海市安全文明校园和普陀区文明单位、区未成年人保护工作先进集体、普陀区爱国卫生先进单位、国家教师科研基金科研奖。新杨中学在工作实践中不断积淀和丰富学校的文化，使学校的各项工作走上科学发展的道路。学校开设了舞蹈、合唱、运动队、琵琶、车船模、机器人等特色项目；2007 年，课题《教师的尊重意识与行为》获国家教师科研基金一等奖；先后出版了《尊重的教育落实于教育教学的实践研究》、《以尊重的教育提升初中办学能力的实践研究》和《桃浦地区基础教育协同发展联合体的行动与探索》三本专著。新杨中学开展尊重的教育校本系列教材《成长起航》、《机器人》和《琵琶》，已经再版多次，并且得到了师生和家长的肯定。

### （四）"尊重的教育"的进一步深化（2009—2011 年）

2009 年，在区教育局打造"圈链点"、做强西北部的战略指导下，该校坚持"尊重——为了每一位学生的充分发展服务"的办学理念，在教学、德育中融入"尊重的教育"、营造"尊重"主题校园文化，新杨的教育者努力成长，在专业发展的过程中享受属于教师的那份幸福。

#### 1. 确立 2008—2010 年"三年发展规划"

随着尊重的教育的实践，新杨中学在 2008 年根据学校发展的实际，确立了尊重教育三年发展规划。规划包括尊重学校办学现状，提高管理执行力，全面实施有效管理;尊重学生人格人性,提高学生道德素养,全面推进德育工作;尊重人才成长规律,以教育科研为先导,推动学校科学发展;尊重教育者劳动成果,加强师资队伍建设,促进教师专业发展;尊重学生身心发展规律,扎实推进体艺卫工作,促使学生健康成长。

### 2. 以学生为主体,促进学生在素质教育中健康成长

全面推进“尊重的教育”德育体系建设。预备年级学生理解尊重自己,发展自己,提高了认识自己,悦纳自己的自主意识;初一年级学生明白尊重教师,尊重知识,学会珍惜教师劳动成果,感激教师的辛勤付出;初二年级学生懂得尊重伙伴,尊重长辈,学会真诚对待他人,学会感恩;初三年级学生学会尊重社会,爱护环境,提高了学生认识社会、服务社会的能力,做合格初中生。

完善“尊重的教育”校本德育课程。修订了《新杨中学农耕文化读本》,编制《习惯决定成败》行为习惯养成教育课程教材,开展“两纲进课堂”研究,开设综合性的《手拉手奔小康》课程,充实校本德育课程,形成《新杨中学学生自我管理条例》。

个性培养,让学生感受尊重。开设了特色校本课程。跆拳道、柔道重竞技课程,培养了学生意志坚定、追求奋斗的精神,帮助学生成为有“志”的人;《成长启航》养成教育课程,让学生学会尊重,懂得尊重,规范了学生的行为和学习习惯,帮助学生提升“德”;琵琶弹奏课程,激发了新杨学子的学习兴趣,培养学生博学笃行、勤奋进取的品性,帮助学生增长“才”;机器人、车船模课程,加强了学生动手能力,培养了学生思考探索、相互合作的实践能力,帮助学生拓展“能”。

主题教育,让学生体验尊重。校园文化从来都对学生成长至关重要,要想“尊重的教育”文化在学生心中扎根,就必须尽心尽力地培育学生,让他们从幼苗开始自然长成,最后才能生成“尊重”的文化。为此学校开展了以体现“尊重的教育”为载体的主题活动,开展以“中华文化,薪火相传”为主线的“中华传统文化节”,弘扬和培育爱国、爱家、爱人民的精神;举办以“唱响红歌,点亮人生”为主题的十月歌会,唱出对“尊重的教育”文化内涵的深刻理解,点燃

似火的青春;畅想美好的未来,重温经典,凝聚民族精神,展现尊重的校园文化。

家校联动,让学生实践尊重。通过社区听证"家、校、社一体化"建设,检测学生行为规范的校内外表现,注重家长和社区的监督反馈,畅通社会的评价渠道。丰富社会实践活动,注重实效。在实践中有所体验、在实践中有所感悟是学校开展社会实践活动的初衷,学校开展形式多样的"雏鹰翱翔在社区"志愿者服务队活动,如"我快乐,我捡起"微笑社区服务活动、"后世博学雷锋"社区大打扫服务、"青春辉映夕阳红"敬老助老活动,"小手牵大手,文明路上齐步走"交通宣传志愿活动;以及一系列的社团活动,如"巧鹦鹉"讲解社团结合学校大厅的"中华魂"大型浮雕及二十四孝长廊和立志长廊、"红领巾小伙伴"记者社团搜集社区行孝先进事迹宣传活动。在互动活动中,学生知晓了中华传统中的优秀人物及其感人事迹,感受了革命先烈的无畏勇气及为人民服务的无私胸怀,体会到了社会大家庭的温暖,感悟到了尊重与被尊重的幸福,拥有了实现感恩社会的个人价值的满足感。

3. 以教师为主导,推进教师在教书育人中专业成长

为保证课堂教学效果,提高课堂教学效率,学校优化师训方式,以内化"尊重的教育"为重点,提高教师专业化水平,实现三个转变:由"教书"向"育人"转变,由"教会学生学会"向"教会学生会学"转变,由教师"被动学习"向"主动学习"转变。

(1)师训培优,提升教师专业素养

专家提携,科学发展。邀请特级教师、华师大和教科院专家以及本校退休教师和教育教学研究小组成员,对全体教师进行全员、全程、全方位的地毯式听课,诊断课堂教学,帮助教师定位,收集教师教育教学点滴经验,分享智慧。英语、数学组教师尝试"导学案"形式的教学模式,每学期与同区优质学校开展2—3次学科教研活动,跨区县和跨省市开展"同课异构"教学交流活动,以及教学研讨实践活动,这增加了教师与外界交流的机会,也拓宽了教师视野,有助于教师专业素养的提高。

(2)课改提升,促进教学质量改进

进一步做好校级领导和中层干部推门听课,进行课堂视导,记录课堂教学过程,检查"123456"教学常规、"四精四必"、"好课标准"落实情况等工作;建立并推行《上海市新杨中学教学质量保障体系》,落实《"以责定人"的课堂教学评价》和《学生学习能力评价》,加强教学评价。开展"优化教学设计"行动。把课堂还给学生,突显学生主体地位。学科德育,注重"尊重的教育"的课堂落实。

(3)深化教材研究,提高教师学科德育意识

开展"两纲"课堂渗透的实践研究。为探索"尊重的教育"落实课堂的策略、途径,学校以重点学科为试点,开展"两纲"进课堂的实践,如以校"教学评优"活动为契机,研究课堂中落实情感、态度、价值观目标的有效性,总结了"两纲"课堂渗透的做法和经验,初步形成了评价情感、态度、价值观目标落实的标准,帮助教师提高意识及能力,并最终达到能以潜移默化的形式渗透到教学内容中落实三维目标。

(4)以文化为灵魂,推动学校在尊重教育中和谐发展

建设文化长廊,增强学校文化内涵。在教学楼一楼装饰感恩长廊,通过教育,学生学会感恩,学会尊重师长,尊重社会。在二楼装饰风采长廊,展示优秀教师与尊师标兵,让教师与学生走得更近,关系更融洽。在底楼还修建励志长廊,把古今身边励志的故事展现给学生,教会学生尊重知识,勤奋好学,励志成才。学校以校园文化建设为载体,加大学校内涵建设力度,潜移默化地影响和陶冶学生情操,让学生在这种文化的氛围中学会尊重,在尊重的教育中和谐发展。

区域联合共建,提升整体教育质量。学校在 2009 年 10 月 27 日举办了以"课程领导力与学校品牌建设"为主题的全国初中校长论坛,在同年 11 月 18 日举办了桃浦地区基础教育协同发展联合推进会,两次重大活动的召开展示了新杨中学良好的校风、校貌以及取得的成就,同时也为新杨中学的进一步发展提供了机遇,在推进区域联合共建的同时,整体提升学校的教育质量。

评选尊师爱生模范,营造"尊重的教育"氛围。每年教师节,在教师中评

选爱生模范10名，在学生中评选尊师模范，广泛宣传教师和学生尊重的优秀事迹，让老师和学生们浸润其中，使尊重深入每个孩子的心中，整个校园营造了浓浓的尊重氛围。

开展"精神家园"系列活动，营造和谐校园。尊重学生对在集体中快乐生活、幸福成长的归属感，开展"基于足迹记录"的"一班一品"的特色班级建设。尊重学生对张扬个性、开发潜能的情感和心理需求，开展"基于榜样示范"的"快乐追星"的优化评价建设。尊重学生成长中须奠定德才兼备、品学兼优的基础，开展"基于价值引领"的"传美扬善"的基础道德建设。每年定期评选"助人为乐之星"、"诚实守信之星"、"行规礼仪之星"、"环保节能之星"和"美德践行之星"。尊重家长对学校发展的"知情权、参与权、选择权"，开展"基于合力育人"的"听证共建"的"家、校、社"一体化建设。

## （五）"尊重的教育"的定位与初步成效

经过几年的课题实践与探索，"尊重的教育"理念已经成为学校整个运行过程中的核心价值观和指导思想。

一是用"尊重"更新教师的教育观念，在日常教育教学行为的尝试践行中，对"尊重"理念有所感悟。全校上下遵守尊重教育规律、尊重人才成长规律、尊重学生的人格人性、尊重教师的需求，促进教师的发展的信条。让每一位新杨师生感受到学校是大家共同的精神家园，营造"尊重的教育"这一良好的氛围是大家的共同愿景。

二是帮助教师对尊重进行再认识，形成了适合学校和桃浦地区的落实"尊重"理念的理论。通过邀请华东师范大学和教科院等专家领导帮助教师进行业务培训，帮助教师定好位，针对性的采取焦点提升、重点提升和全面提升，让教师的课堂教学水平和专业能力发展呈现生机和活力。

三是深化了"尊重"理念，在德育、教学等方面深入实践"尊重"理念，反思教育教学行为，提高了教师的尊重意识和行为。通过对美好未来的遐想，团结、激励教师不断创新，使新杨中学形成一个充满信心与竞争力的共同体。结合愿景的设立，使学校明确自身的发展方向，每一位教师清楚自己责任与前进的目标。使教师日常具体的教育教学和学校管理实践更加有效,师师、生生、师生间相互尊重、相互合作,真正实现"尊重教育规律、尊重教育对象、尊重教育者"。

2011年,一个新的十年的到来,也给新杨中学的发展掀开了崭新的一页。经过前一个三年规划的实施,学校的办学理念——"尊重——为每一位学生的充分发展服务"已基本融入到教师和学生的内心当中。通过一系列以"尊重"为主题的措施和活动,学校教师的教育教学、学生的行为规范都能够彰显"尊重"这一文化特色,不仅师生尊重意识的提高取得了进步,而且还在各项活动中有了长足的发展。学校教育发展取得的成就,主要得益于四个"致力于":

第一,致力于"尊重"文化引领,加强内涵发展。学校始终把内涵建设放在首位,明确"尊重"文化在学校发展不同阶段的引领作用,敏锐地发现办学中的瓶颈并及时调整发展措施,不断凝聚"新杨人"的智慧和力量,推动学校可持续的发展。

第二,致力于课程领导推进,统筹办学全局。学校完善课程体系,以加强课程领导力为突破口,加强有效执行,开发符合本校学生的校本课程,以营造课程文化为切入点,提高教师课堂教学能力,创造性地实施新课程,并全面提升教育质量的能力。

第三,致力于建设一支高素质干部教师队伍。学校拓宽干部教师培训渠道,开阔干部教师教育视野,丰富干部教师培训形式,优化干部教师年龄、职称、学历结构,提高管理教育教学技能,提升干部教师个人魅力,形成管理教育教学风格,凸现管理教育教学优势,形成干部教师成长梯队,提升干部教师队伍整体素养。

第四,致力于促进每一位学生的可持续发展。学校坚持"以学生发展为本"的原则,视尊重为核心内涵;坚持德育为先、能力为重、全面发展的思想,重视可持续发展教育。一切教育活动都从"以学生发展为本"出发,尊重人格培养规律、尊重认知发展规律、尊重身心成长规律,为每一位学生的充分发展服务,将促进学生全面健康发展作为学校办学的终极价值目标。

# 第 二 编

# 尊重:从理念到行动

# 第二章
# 尊重理念下的学校管理

学校是整个社会教育系统的基础部分，肩负着社会教育指令的绝大部分任务，在维系人类社会生存、文化传递和发展中扮演着重要的角色。没有学校，人类所创造的丰富的精神文化和所积淀和发展起来的优秀素质就失去了传递的中介，将难以为继。正因为此，人们才苦心经营学校，使它们按照社会的要求和人们的愿望去发挥最大的作用，产生最大的效益。①

然而，学校工作的有效性取决于管理的有效性。管理是一门科学，是一门艺术，是人与人互相尊重，心与心的碰撞。尤其对学校的管理来说更是如此，学校将会像磁石一般吸引广大教师、学生来到这里——追求理想的彼岸、实现人生的价值。随着管理理论的发展，从泰罗的古典管理理论到梅奥的人际关系理论，从马克思·韦伯的结构主义到西蒙和马斯洛的行为科学，管理理论逐渐从强调外部控制手段向注重员工内心需求所转变，而这一转变对关注人的发展的教育来说影响更是巨大的。美国心理学家费雷德里克·郝茨伯格在《工作与激励》中提出"双因素理论（激励—保健因素理论）"："激励因素是以工作为中心的，即对工作本身是否满意工作中个人是否有成就，是否得到重用和提升为中心的；而保健因素则与工作的外部环境有关，属于保证完成工作的

① 陈孝彬：《教育管理学》，北京师范大学出版社2002年版，第315页。

基本条件。"[1]托马斯·萨乔万尼在《道德领导——抵及学校改善的核心》一书中强调:"管理本身就是充溢着道德与价值的活动……尤其是关涉到人的成长和发展的教育管理,根本上而言不可能没有基本的价值立场和道德取向。"[2]因此,学校的管理要尊重教师的内心需求,尊重学校的基本学情,来制定相应的管理制度和实践管理行为,这样的管理才是有效的管理,才能充分地发挥教师的潜力,为学校服务。

本章将从新杨中学的管理理论(管理理念、管理制度)与管理实践(管理行为)两方面对学校管理所体现的尊重理念进行阐述。

## 一、管理理念中的尊重

受到管理理论的影响,现如今越来越多的学校管理者逐渐意识到管理艺术的重要性。学校管理最重要的是对教师的管理,管理者越来越意识到以人为本的管理方式是时代发展的必经之路,意识到尊重教师的内心需求、尊重教师的发展意愿、尊重教师的内心情感对于提高办学质量、发展学校潜力的重要性。具体说来,包含以下几个方面:

### (一)尊重教师的正当需求,激发工作积极性

从根本上来说,教师的工作动力,无一不是由其需求引起。在实际工作中,有的学校对教师采取"鞭打快牛"或"又要马儿跑,又要马儿不吃草"的态度,无视或简单否定教师的各种合理需求。尽管有的教师工作努力、成绩公认,但在提升、晋升、评优和个人生活等正当需求方面却常常得不到相应的满足,久而久之,教师就会感到自己的合理需求不能被理解和尊重,而变得消沉起来。因此,学校要通过不断为教师树立新的奋斗目标,用目标激励、精神激

---

① [美]费雷德里克·赫茨伯格、[美]伯纳德·莫斯纳、[美]巴巴拉·斯奈德曼著,张湛译:《赫茨伯格的双因素理论》,中国人民大学出版社2009年版,第98—104页。

② 郅庭瑾:《教育管理伦理研究》,商务印书馆2008年版,第3页。

励、物质激励等办法来激发他们的工作积极性。同时,要通过制度管理等多种有效措施,对教师实行奖优罚劣,让教师的精神需要和物质需要尽可能得到合理满足,不断激发其工作的活力与冲劲。

### (二)尊重教师的才干,为教师提供发挥作用的“舞台”

一些教师尤其是少数骨干教师之所以会精神不振,主要是看到有的学校不是凭德才、凭实绩用人,而是唯亲、唯顺、唯礼、唯关系用人,使之深感用人不公,怀才不遇,有劲无处可使。“用人不公是最大的浪费”,所以学校要学会借助管理这根“杠杆”。通过机构改革、岗位聘任、竞争上岗等方式,去唤起教师的工作危机感,让全体教师在思想上真切地感受到一种压力,让那些混日子或想混日子的教师真正懂得“今天不好好上班,明天就可能无班可上”,“今天不努力工作,明天就要努力去找工作”;同时把那些德才兼备、群众公认有教学水平、有工作能力的教师放到最能发挥作用的岗位上去一展其才,以实现岗位所需和教师所长的最佳结合。对一些在某一岗位上能力发挥达到一定“饱和”的教师,学校要果断地运用“反饱和”办法,加大其工作难度,使其在新的挑战和工作压力下,重新认识自己,调整自己,不断给他们提供一个能真正发挥自己潜能、表现自己才干的新“舞台”,为他们创造一个想拼搏和能拼搏的环境与空间,让全体教师从思想上到行动上都能时时感悟到有干头、有劲头。

为了鼓励教师的专业发展,我们除了专家引领、焦点提升、请进来走出去等载体搭建,更是注重从绩效考核和职称评定方面对工作实绩突出、科研能力强、能拼敢创新的教师以侧重。

### (三)尊重教师的改革创新,引领走内涵发展之路

把教师造就成为研究者,是世界教育发展的新趋势。叶澜指出,“未来教师应该具有与时代精神相通的教育理念,并以此作为自己专业行为的基本理性支点,①”自觉提高教育科研的能力与水平,这是与过去从事教师工作的主

① 叶澜等:《教师角色与教师发展新探》,教育科学出版社 2001 年版。

要区别。而且，教育教学高效益需要教师不断学习、思考、实践、反思、发现、改进，需要教师不断提升教育教学理念、夯实教学基本功、追求教育教学艺术，也就是说，教师必须做一个勤于研究善于研究的“有心人”。所以学校要引领教师全面看待自我，鼓励改革探索，开拓不断发展的空间。第一，要以学习促进自我发展。学习科学文化知识，学习古今中外教育教学理论与实践的知识，学习与教书、育人、教育管理有关的知识和方法，学习国内外教育发展，教育改革的经验，掌握国内外教育发展动态等等。从而丰富自我成长的知识宝库，丰满自我发展的羽翼。第二，要以热爱激发工作热情。爱我们人生的每一段时间，爱我们生活的每一个空间，爱我们的职业，爱我们的事业。正因为我们热爱教育事业，才肯于把自己的一切都奉献给教育事业。也正因为肯于奉献，才能在自己的教育历程中取得成果，才更有信心、有胆量向更高远的目标奋进。第三，要以研究品味成功的快乐。这方面，教育家魏书生同志可谓典范。魏书生同志说，他取得的每个成绩都是研究探索的结果。他研究教书，创立了语文课堂教学“六步教学法”，教给学生若干种学习方法，培养学生自学能力。他研究育人，构建了丰富的班主任工作经验，培养了学生自我教育能力。他研究管理、创立了科学民主的学校管理、班级管理经验。他研究人生，构建了一整套享受人生快乐的学说。

总之，尊重教师的内心需求、尊重教师的发展意愿、尊重教师的内心情感，是学校管理者制定管理制度、执行管理行为的根本出发点和落脚点，同时把“扬尊重之风，建和谐校园”当作学校发展的总目标来建设，让校园处处洋溢尊重，使尊重成为学校内在的一种文化，体现在管理制度和管理行为当中。

## 二、在管理制度中体现尊重，是学校管理伦理的价值诉求

设计学校管理制度，实施制度约束，是改变管理无序状态和“头痛医头，脚痛医脚”的局面，提高管理效率的一种管理思想与手段。它有利于促进学

校管理的规范化、制度化和科学化，提高工作效率。但是，一些学校管理者却把这些制度作为学校管理的全部法宝，不是靠制度去调动人的积极性，而是将之作为约束人、限制人的工具；不是靠制度去激励绝大多数人，而是用它来整治少数人，把人变成了制度的奴隶。严格的学校管理并不一定体现为管理制度本身的严密细致。以苛刻的制度来加强管理，这反映了管理者观念上的落后和认识上的片面。一些学校管理制度看似对师生的行为进行了规范与约束，强调了管理者的监控作用，但有些制度过于烦琐苛刻，忽视了管理的伦理因素。他们将制度制约与伦理关怀对立起来，结果造成学校人际关系紧张，束缚甚至压抑了广大师生的积极性、主动性、创造性，导致人们对制度的反感，也就为学校管理制度的失效埋下了伏笔。因此，以人为本的伦理型管理制度的呼之欲出也就是水到渠成的事情。多年来，新杨中学一直采取的是“态度决定一切”的管理思想，“无情的决策，有情的操作”的管理方法，充分体现了“尊重”的内涵。

### （一）组织管理网络职责明晰，民主决策

新杨中学在学校的发展过程中，构建了多层次的组织管理网络（见图2-1）。就决策层面而言，实行校长负责制，采用统一领导和民主决策相结合的方式，由校长室和党支部共同管理学校事务，形成团队领导的管理特色。学校重大问题要按照议事规则和程序，经过校务会议集体讨论后决策，做到依法决策、科学决策、民主决策。校务会议成员为学校正副校长、学校党组织的正副书记和工会主席等。校务会议由校长主持，重大问题经集体讨论，校长负责决定。学校重大问题决策的主要程序为：确定议题，列入议程；调查研究，形成方案；会议讨论，形成决议；明确分工，组织实施。

为保证学校管理工作有序推进，根据学校整体工作要求，特设校长办公室、人事室、政教处、教导处、总务处、信息部、工会、教师专业发展协作组、HS梦想团队、团委少先队等职能部门，统辖着学校的主行政工作，分别承担相应的管理职能，各司其职，分工合作，提升管理效能，确保学校各项工作圆满顺利完成。各职能部门按需设主任及副主任。职能部门负责人竞争上岗或由校长

提名、支部委员会评议并经学校考察、公示后由校长聘任。

各职能部门下面又分设不同的办公室来具体操作各项事务。如教导处下设教务处、教研组、科研室、十室，分别负责学校的课程管理和建设、学校的科研和学科建设等工作，体现了精细化分层管理的理念。

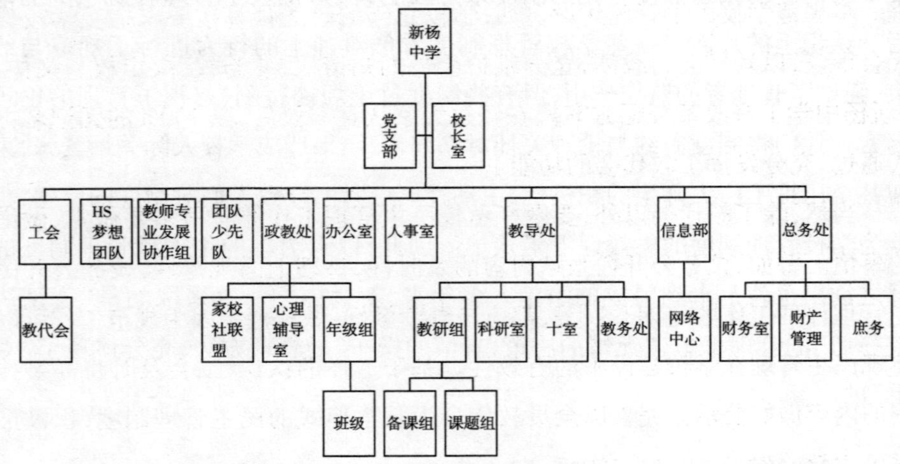


**图 2-1：新杨中学学校管理架构图**

## （二）干部队伍凝聚民意

新杨中学在学校管理制度制定过程中始终贯彻尊重的理念，充分调动每一位教师的参与积极性，维护每一位教师的合法权益。除了领导班子是由教育局直接任命之外，学校的中层干部和年级组长全部是教师自由竞聘，然后经由全体教职工投票表决产生，因此这些干部和年级组长都是有优秀的业务能力和很好的群众基础，能顺利开展工作，为学校构建和谐融洽的氛围打下良好基础，这些老师们能够迎难而上，遇荣誉就让，在几次的绩效考核、荣誉评定甚至是职称评定时，一旦出现名额紧张，始终是这些干部们主动放弃，将机会留给其他教职工们，这也是学校的干部队伍能够凝聚人心，富有战斗力的重要原因。

## （三）规范操作校务公开工作，凝众议以聚合力

学校工会工作目标是“围绕教育与教学，尊重意见和建议，依靠政策和法

规，维护民主与权利，提供服务讲凝聚，树立以人为本观”。在目标引领下，工会能自觉对照民主管理内容、要求，不断完善学校民主管理的规范性、民主性、服务性。学校工会积极贯彻区教育党工委党风政风行风“三风”建设精神，在学校党组织指导下，寻找民主管理薄弱环节，并积极采取措施，积极整改，从而进一步规范学校民主管理建设。如，学校每年的财务预算按要求提交学校教代会审议，以教代会为载体，充分维护会员的知情权、参与权、决定权。又如，《新杨中学工资改革分配方案》，在经过大家认真审议后，以100%的无记名方式通过，充分发挥了教代会的功能。

当然，除了教代会以外，要做好学校民主管理工作还有很多要做实、做细的事情。譬如，校务公开栏张贴内容的及时性，整理上的规范性，校务公开民主管理评估工作的定期开展等，都应该继续做好，做规范。因为规范工作可以体现民主管理在学校建设中的有效性。基于这样的认识，工会及时将需要挂网的内容做好公示。完善以全员教代会为基本形式的民主管理制度，积极推进民主政治建设。

严格把握“行政负责、党组织监督、工会实施、群众参与”的民主管理工作格局，建立现代学校制度，探索学校人文管理机制，推动学校和谐发展。

1. 加强基层民主政治建设，开好历次教代会

在每次教代会召开之际，工会采用会前、会中和会后有利时机，组织代表学习民主管理相关知识，进一步激发广大代表民主参与学校管理的积极性，切实提高教代会的质量。争取由过多集权向适度分权转变；由为民做主向由民做主转变；由单向制约向双向制约转变；由实行人治较多向尽量实行法治转变。

2. 制订新杨中学教代会实施细则

认真总结学校教代会制度实施工作情况，根据市、区教育工会《关于中小学教职工（代表）大会规程》，制订了《新杨中学教职工代表大会实施细则》，并及时上网公布，征求大家意见。实施细则突出了进一步落实好教职工的知情

权、参与权、表决权和监督权的内容。为推动学校教代会工作规范化、制度化、程序化和法制化建设迈出了一大步。

3. 设立工会信箱及邮箱

设立工会信箱及邮箱，收集教师各类意见和建议，在行政会上讨论，并最终由校长为教职工答疑解惑，做到有问必答、有错必纠、无错改进。

## 三、管理行为中的尊重

马斯洛的需要层次理论表明尊重是人类的一种高层次需要，它具有强大的激励力量。一个人如果处在被理解被尊重的环境中，其自身价值受到尊重与承认，这个人的工作积极性、主动性和创造性就可以发挥到90%以上，反之，则只能发挥到20%。教师是一个文化素质较高、独立意识较强、富有创新精神和创造能力的群体，也是一个强烈渴望得到理解和尊重的特殊群体。然而，当前的教师管理却忽视这一特殊群体的特征，理解教师、尊重教师、为教师服务的意识不浓，“管”得过多，“统”得过死，缺乏人文关怀，形成低效循环，这非常不利于学校的发展。

过多的严格监督、僵化的硬性管理，损害了教师的尊严，挫伤了教师的积极性，扼杀了教师的创造性。对于教师来说，有许多事情是不需要管、不能管也管不了的，如果强行将这些事情纳入“管”的范围，必然是无效的管理，甚至是有害的管理。教师的劳动是一种十分复杂的、系统的、特殊的、自主的、富有激情的创造性劳动，需要教师具有高度的事业心和责任感，需要其付出大量的心血。教师都希望把教学搞好，得到领导、同行和学生的认可和赞扬，为此，教师呕心沥血，精心设计，潜心研究，循循善诱，付出了大量艰辛的劳动，而付出的这些心血大多是在无人知晓的情况下进行的。这种“良心活”，最根本的是靠教师的事业心、责任心、奉献精神和职业道德。而这些观念的东西是不能靠强制的手段来迫使人们接受的，它只能靠真理的力量和人格的力量进行感染，只能靠个体在实践中进行体验。教师的内心深处需要的既不是严格监督,也不是详尽指导,而是独立思考。

然而近年来我国的教师管理由于受外国管理史上以“物”、“事”为中心的管理理论和我国自古以来崇尚的“严师出高徒”以及认为制度管人最公平省事、见效快等因素的影响,学校管理强调制定完善严密的规章制度,强调对教师的控制、监督,强调“服从性”、“计划性”、“统一性”,强调定量评价。这种刚性管理在短期内能规范教师的行为,较快扭转学校管理松、秩序乱的局面,使教学管理走上正轨。但是,这种过于强硬、划一,“见物不见人”的管理逼迫教师在教学研究、提高教学质量上无法投入足够精力,而是想方设法消极应付各种硬性检查,以免被扣奖金”、“轮岗”或“末位淘汰”。教师在“目中无人”、简单压服的环境下,把本来极富于创造性的教学工作变成了机械操作、统一指令,变成了听话的“工具人”。教师得不到应有的理解和尊重,只是被动地服从,工作的积极性、主动性、创造性受到了极大的压抑。在市场经济大潮的冲击下,在人们的自主意识、民主意识越来越强的今天,对教师劳动过多的行政管理和干预,往往适得其反,甚至引起教师的厌烦和愤怒。

对千差万别、千变万化的教师劳动进行有效管理,要做的事情实在太多。但是,最基本的事情有两个:一是通过优化组织结构,制定和执行严密、科学的规章制度等方式,建立一个稳定的、尽可能充满生机活力的教学秩序;二是通过寻找共同的奋斗目标,建立良好的运行机制,创造良好的工作环境,调动教师工作的积极性。其中尊重教师,调动教师的积极性,是实施有效管理的根本。为此,新杨中学也制定了很多有益的制度进行实践尝试。

### (一)HS 梦想团队,开启学生自主管理的模式

作为学校管理、教师自我管理的有效补充,学校成立了 HS 梦想团队,即由校长和学生代表组成的学生管理团队,参与到学校管理的各项工作中来。团队的宗旨为:实现由学生自主管理的学校管理模式,在不违反国家法律和学校章程的前提下,由学生提出关于教学、德育、校园文化建设等方面的科学化建设性意见并分类和讨论,提出科学的解决办法。团队队员由各年级推荐的

品学兼优的学生组成。

## (二)尊重教师,逐步满足教师的合理需要尤其是高层次需要,是有效管理的基础

美国著名的人本主义心理学家马斯洛认为,人有生理、安全、归属、尊重、自我实现五种层次需要。只有满足人们不同层次特别是高层次需要,才能最大限度地调动人的工作积极性和创新精神。邓小平同志说过:“要调动科学和教育工作者的积极性,光空讲不行,还要给他们创造条件,切切实实地帮助他们解决一些具体问题。”教师在生活、工作和交往中存在着这样那样的难题和困惑,需要领导了解、同情和帮助。只有尽最大努力帮助教师解决各种实际困难,增强教师的归属感,政治上塑造、业务上培育、情感上温暖关心教师,信任教师,尊重教师,才能使教师自觉把个人目标与学校目标融为一体,并把学校工作内化为自己的需求和工作动力。人的最高层次的需要是自我发展的需要。教师最大的愿望是希望学生健康成长,最大的需要是得到人们的认可和尊重,最大的追求是事业的成就和自我价值的实现。因此,在满足教师中低层次需要的同时,要引导教师以健康、良好的心态向高层次需要迈进,积极创造有利于教师成长发展的“生态氛围”,创设有利于教师脱颖而出的良好学术环境,使教师在“自由”中张扬个性,释放创新潜能,探求科学真理,实现自己的价值追求,满足教师的成就感和荣誉感。教师自我发展的需要得到满足,个人的价值得到充分尊重,其工作的积极性、主动性和创造性就能最大限度地发挥出来。

### 1. 尊重教师,柔性约束,张扬个性,是有效管理的关键

古人云,“千金不能得壮士,一言可以酬知己”,其中的关键在于给人以真正的尊重和尊严。我们看到,许多名师都有些怪,即个性很强,这种具有鲜明个性的教师,其性格、为人、心态、志向等方面与其他人有很大的不同。他们思想敏锐,极易发现问题,表达新的见解,不喜欢唯命是从,常与组织的统一要求发生冲突。他们注重信任和荣誉,有较强的自尊心,自我意识较浓,不喜欢他

人干涉,希望管理者对他们的工作给予信任和支持,希望得到他人的尊重和重视,使其才华得到施展。因此,管理者在管理教师的过程中,要充分考虑教师的这种独立性、自主性和工作思维性较强的特点,加大内外开放的幅度和力度,强调柔约束,强调更具张力的工作安排,强调合作的自愿性和个人知识想象的自动激励,给教师以尽可能多的学术自主、自治权,实行自我管理、自我监督,充分体现教师的个人意愿和特性,注重教师工作业绩和成果的评价,让教师个性的旗帜得以张扬,为学校和社会创造、贡献更多的新知识、新技术和有价值的创意。而这一切恰恰是尊重教育的应有之义:学校以开放的心态打开校门,请进来走出去,为教师搭建发展的平台;立足校情生情,开展校本教材研究,让每个教师都能找到施展舞台;集教师智慧,成立教师专业发展协作组,以点辐面,调动科研热情。

除此之外,学校还创新设立积分银行制度,为教师专业发展助力。

学校的五年规划中明确提出了"尊重——为每一位师生的充分发展服务"的目标,为了切实推动教师专业发展,唤醒教师内驱力,我校开设教师内涵发展积分银行活动:"积分银行"将教师的公开课、论文撰写、课题研究和资源共享作为主要的考量,根据教师的表现,给出相应的分值,根据得分情况可以参加跨区县游历式培训、参加跨省市游历式培训、参加学科工作室、获得专家指导及获得绩效奖励。

每学期学校都会在前一轮实施教师自主发展积分银行活动的基础上,征询教师建议,总结经验,优化设置,更加关注积分银行的实施过程,通过分数的累积清晰展现教师专业发展的轨迹,让积分银行真正成为教师专业成长的财富。

2. 尊重教师的民主意识、参与意识,是有效管理的重要保证

教育管理研究表明,让每一位教师以不同的形式参与学校各项工作的决策与管理,对树立教师的主人翁精神,改善心理气氛,使学校集体产生巨大的凝聚力,实现学校工作的各项目标具有不可估量的作用。教师是学校教育教学工作的主体,对学校的各项工作最有发言权。如果学校的各项决策始终只

有一位或几位领导参与，学校领导不能把自己放到与教师平等的地位，不尊重教师参与决策管理的民主权利，教师就会产生一种被遗忘、遭冷落、受歧视的感觉。长此以往，教师必然与学校疏远距离，产生隔阂，甚至产生对立情绪，失去信心，丧失动力。

因此，学校的各项工作方针、政策，特别是涉及到教师利益的教育教学改革，诸如聘任制、结构工资制、教学评价及考核奖惩等重大问题，学校领导都应认真按照职工代表大会赋予教师的民主权利，虚心听取教师的意见，让他们参加讨论计划、步骤，制定方案、措施，并积极评价和采纳教师的合理化建议。当学校工作取得成绩时，学校领导要把主要成绩归功于广大教师的共同努力，使教师体会到学校是自己的学校，工作是自己的工作，学校的一切活动都与自己息息相关，自己是学校的真正主人。学校的各项工作通过这种方式得到了广大教师的积极拥护和坚决支持，焕发出教师参与管理的积极性、主动性和创造性，保证了学校教育教学改革的顺利进行。

3. 利用工会做好保障工作，为民主管理建设的再深化夯实群众基础

除以上之外，学校发挥了工会的力量，让工会真正成为教师心声的代言，成为学校尊重关爱教师的重要途径。校工会真正地想教师所想，将关怀与尊重渗透到每个环节，解除教职工的后顾之忧，尽量做好保障工作。近年来，学校工会的一些具体举措为：

(1)按规定，定时细致地做好各类医疗投保、理赔、续保工作。

(2)认真做好"夏送清凉、冬送温暖"的慰问工作。

(3)认真安排教师参加区组织的体检工作。

(4)每年"三八"妇女节工会为全体女职工进行"我与健康同行"体验活动，使全体女职工感受到学校的温暖。

(5)疗休养活动按规定操作，注重保障优秀教师及广大教工的合法权利，为健康快乐工作做好工会分内之事。

(6)每年组织开展两次教工趣味运动会和教工迎新活动，让每个教工都充分展示自己的才艺，使教工感受生活在新杨是多么的快乐。

(7)开展读书活动、组织学习心理学、教育学文章，挑选教育学、心理学的有关文章，上校园网教工之家栏目便于大家阅览；请妇幼保健专家作健康保健报告，请瑜伽教练作瑜伽训练，为打造阳光、和谐的教职工团队和构建和谐的校园作出了贡献。

(8)以“和谐教工之家”建设为抓手，切实维护教职工的合法权益，促进和谐校园构建。加强源头参与、源头维护，推动利益协调、诉求表达、矛盾调处和权益保障机制的建立，特别关注《教师聘用合同法》和学校教职工考核制度、聘任制度以及可能涉及的劳动人事争议等问题。扩大和充分发挥“学校调解小组”的作用，以及在校务公开工作中的督促作用。校工会组织要进一步配合党政发挥好沟通协调作用，依法科学主动维权，维护学校稳定、发展的大局。

(9)每年召开两次教职工代表大会，审议、通报和决策学校重大工作事项。

校工会通过开展各项活动，既融洽了教职工的关系，增进了同事之间的情感，又增强了学校教职工的凝聚力，为创建和谐校园起到的良好的作用。使工会成为学习型、服务型、创新型的群众组织取得了成效。

#### 4. 创建温馨办公室，营造氛围，凝聚人心

建设温馨办公室是加强学校精神文明建设的一项重要内容，是优化育人环境的一个重要方面。一个良好的办公室环境能为我们的教育教学工作带来诸多益处，温馨的办公环境能让我们的教师内心得到温暖与满足，能够消除职业倦怠，改善人与人之间的关系，对强化师德建设、陶冶教师情操、提高工作效率、展示教师风采、树立学校形象起到积极的作用。为树立教师敬业、忠诚、勤奋、服从、信用的思想观念，更好地适应新世纪学校素质教育发展的新要求，积极提高尊重的学校文化建设水平，努力创建和谐校园，营造浓厚的办公室文化氛围，有效提高全体教师思想道德素质和工作积极性，学校制定了温馨办公室实施方案。

## 新杨中学创建温馨办公室实施方案

### 一、创建目标

(一)温馨的办公环境

要求:办公物品按学校的要求摆放,具有美感、舒适感,不堆积非办公物品。个人的物品不摆在桌面,或者随意堆放。制定办公室值日表,做到每天有人值日,时时保持卫生整洁,门窗、办公物品洁净,清洁用具干净并摆放得体。室内文化整体布置温馨大方、具有学校教育文化气息,体现本室创建特色等。

(二)文明的办公纪律

要求:不做与教育教学无关事,不在学校公共区域抽烟,不高谈阔论,不吃零食,不打瞌睡,财产节约,注重环保,不串门闲聊,不在电脑上聊天、打游戏、看电影,接听电话要轻声等。

(三)高效的办公效率

要求:严格遵守师德规范,严格按照学校师德师风建设和职业道德规范评价标准要求自己,教师之间精诚团结、互助互爱,师生关系和谐、平等,教师和家长关系和谐、平等,无交通和安全事故发生等。

### 二、创建时间

2013 年 9 月——2014 年 6 月

### 三、创建领导小组

组　长:张志军

副组长:杨小霞

组　员:凌洁　杨铭华　刘伟芳　李德虎

### 四、考核评比办法

采取每周一次不定时、不组织集体性检查的方式,量化打分,坚持周查周结、月评比公示兑现、学期总评的原则,根据办公室的规模大小划分三组分别进行评比。第一组:四个办公室(办公室 1、2、3、4),每月评出两个“温馨办公室”;第二组:四个办公室(教导处、政教处、总务处、体育办公室、卫生室等)，每月评出两个“温馨办公室”；第三组：四个办公室(校长室、书记室、副校长室、档案室)，每月评出两个“温馨办公室”。每月评选出的“温馨办公室”学校要授予荣誉称号并给予奖励，奖励资金由相关室长负责支配。

## 五、评选结果的使用办法

学期末总评结果作为“师德师风建设和职业道德规范考核”的主要依据之一，将纳入教师绩效考核。

# 第三章

# 尊重理念下的学生培养

“尊重的教育”是一种理性的思考，是学校办学理念的核心。“在尊重的教育理念下，培养有个性特长的优质初中生”是时代的呼唤，是办学理念的出发点和落脚点。

## 一、尊重理念下学生培养的理论研究

学生的培养是尊重的教育的出发点和落脚点，世界上有不少著名的教育学家对此进行了长期的理论研究工作，有着丰富的理论支撑。这些从教育实践中提取出的尊重的教育的理念包含着丰富的理论内容和思想，深刻影响着教育发展，至今仍有很大的实践意义。

### （一）中西方教育学家的理论研究

在西方，尊重理念下的学生培养的理论可以追溯到古希腊时期。哲学家苏格拉底师生问答形式的“产婆术”教育方法，可谓是尊重的教育在学生培养方面的最初体现。夸美纽斯遵循自然法则和因材施教的理念，也充分体现了尊重儿童身心发展、尊重差异的思想。卢梭发展了夸美纽斯“适应自然”的原则，认为人的天性是善良的，教育应发展善性，并要求教师重视学生个性。裴斯泰洛齐创立了爱的教育理论及要素理论，认为教育应尊重个人本质和谐发展。美国著名教育学家杜威主张“儿童中心”，“教育即生长”，主张应尊重儿童身心发展规律，尊重儿童兴趣，学校生活组织应以儿童为中心，使儿童在学校生活中得到乐趣，健康全面的成长。苏联时期著名的教育理论家马卡连柯和苏霍姆林斯基也是尊重的教育的推崇者，强调教育工作首先应尊重儿童、相信儿童，尊重人的差异性；马卡连柯还主张尊重要与要求相结合，并将其理念付诸教育实践，取得了很好的效果。

而在我国，孔子提出了教人做人的教育本质和培养完美人格的教育宗旨，认为教育活动中应师生平等、因材施教、教学相长。近代教育家蔡元培认为教育的本质就是培养人，主张“尚自然”、“展个性”的教育方法，提出“教育者，与其守成法，毋宁尚自然；与其求划一，毋宁展个性”①，认为在培养学生时应尊重儿童个性，让学生自动、自学、自助。陶行知也十分倡导尊重教育，创立了以“生活及教育”、“社会即学校”、“教学做合一”三大原理组成的生活教育理论，强调应尊重学生的生活实际进行教育活动。

中外尊重的教育的思想对于发展先进的教育具有很重要的理论指导意义，为尊重理念下的学生培养教育实践提供了强有力的理论支撑。

### （二）心理学依据

美国心理学家马斯洛认为，人的一切行为都是由需要引起的，他将人的需要分为五个层次，分别为基本的生理需要、安全的需要、归属和爱的需要、尊重的需要、自我实现的需要。而尊重包括自尊和受到别人的尊重②。现代教育已基本能够满足学生生理、安全的需要，因此，更应注重学生情感的需要，开展尊重的教育，在教育活动中可以使学生感受到被尊重，获得归属感，激发更大的热情，从而引导学生在潜移默化中学会尊重自己和尊重他人。

---

① 转引自喻本伐、熊贤君：《中国教育发展史》，华中师范大学出版社 1991 年版。
② ［美］马斯洛（Maslow.A.H）著，许金声、程朝翔译：《动机与人格》，华夏出版社 1987 年版。

### (三)教育学依据

开展教育应遵循教育规律,教育的两大基本规律:一是教育要与社会发展相互适应与促进的规律,二是教育与人的发展要求相互适应与促进的规律①。教育应尊重学生的发展规律,反对统一标准,尊重个体差异,因材施教,发展优势,形成多元化的价值观与人才观,才能满足现今社会发展中多样化的人才需求,与社会发展相互促进。

### (四)法律依据

理念应有法律或规定的支撑才能得以顺利实施,无论是我国还是西方国家都有明确的法律条文来保障尊重的教育的落实。早在1954年,《国际教师团体协商委员会教师宪章》就对尊重理念下的师德有了明确的规范:教师必须尊重学生的思想自由,并鼓励他们发展独立的判断力。而在我国,《中华人民共和国未成年人保护法》第四条中"保障未成年人的合法权益,尊重未成年人的人格尊严,适应未成年人身心发展的特点",第十五条"学校、幼儿园的教职员应当尊重未成年人的人格尊严,不得对未成年学生和儿童实施体罚、变相体罚或者其他侮辱人格尊严的行为",以及《中华人民共和国教师法》中的第八条"教师要关心、爱护全体学生,尊重学生人格"②等等法律条文,都明确体现了在尊重理念下开展学生培养的必要性和必须性。

## 二、尊重理念下学生培养在中国的发展

我国对学生的培养正经历全面从应试教育到素质教育的转变,《国家中长期教育改革和发展规划纲要(2010—2020)》提出:关心每个学生,促进每个

① 瞿葆奎:《教育基本理论之研究》,福建教育出版社1998年版。
② 梁燕辉:《中学尊重教育研究》,山东师范大学学位论文,2009年。

学生主动地、生动活泼地发展,尊重教育规律和学生身心发展规律,为每个学生提供适合的教育,赋予了"尊重的教育"在学生培养方面的新的内涵,即尊重教育规律,尊重教育对象即学生。教育的本质是育人,学生不仅仅是被动的受教育者,还应真正成为教育活动的主体。这就要求教育无论在理念还是实践方面都应以人为本,以尊重为前提,尊重个性鼓励创新,将"尊重的教育"贯穿于学生培养的方方面面。

### (一)尊重教育规律

教育规律是不以人的意志为转移的教育现象同其他社会现象或教育现象内部各构成要素之间的固有矛盾或彼此间的内在联系①。教育的发展之道在于尊重教育规律,尊重教育规律是教育的"育人"本质的前提。在教育实践活动中,必须尊重并遵循教育的客观规律,不仅应尊重教育的内在发展规律,还应尊重教育与社会相适应的规律,教育发展与社会发展相一致。唯有尊重了教育规律,教育实践与教育改革才能沿轨道正确行进。

### (二)尊重教育对象

爱默生曾说过"教育成功的秘诀在于尊重学生",学生是教育活动中的主体,能否尊重学生的人格及发展,尊重差异,建立和谐的师生关系,直接关系到能否培养出身心健全、符合社会需求的学生。

#### 1. 尊重学生的身心发展规律

如何让学生的身心得到健康全面的发展,是尊重的教育的首要前提。在教育实践过程中应充分了解并尊重学生在不同时期的身心发展规律,尊重学生的生理与心理特征,依据规律分层次的设计开展教育活动,使之符合学生成长与发展需求,从而促进学生潜能的开发和能力的发展,培养学生健全的人格和正确的价值观。

---

① 张宏伟:《尊重教育规律,推进基础教育健康发展》,载《中小学校长》2011 年第 10 期。

2. 尊重学生的个性

多元智能理论认为不同的人会有不同的智能组合,因此其在兴趣、天赋上也会有所偏重。正如多元智能理论所述,每个学生都是独立的个体,具有不同于他人的个性和优势,尊重的教育应了解并尊重学生的个性,尊重差异,因材施教,通过发展学生的特长来激发其学习热情及创造力,让每一个学生都对自己充满信心。

3. 尊重学生的人格,建立互相尊重的师生关系

尊重不仅仅是一种行为,更强调一种互动的关系,即不仅需要尊重他人,也需要被他人所尊重。教师应认识到尊重的相互性,认识到与学生人格的平等性,尊重学生的人格,以关怀和爱对待每一位学生,建立相互尊重的平等的师生关系。正如罗杰斯所言,一旦建立起良好的师生关系,"学生就能离开僵化走向灵活,离开依赖走向自主,离开戒备走向自我接受,离开被束缚走向创造性。"①

4. 尊重学生的主体性

实施尊重的教育的关键在于充分发挥学生的主体性。无论是课堂教学还是校内生活,教育者都不能忽略学生的主体性。通过提供给学生展现自己的舞台,培养学生的自主意识,激发学生大胆思维的能力。通过给予学生选择权及参与权,明确权责关系,激发学生热情,充分发挥其主体性。

"尊重的教育"理念不是束之高阁的观赏品,而是实用品,"尊重的教育"理念不应是教育界的奢侈品,而应是必需品②。尊重的教育是适应当代学生发展的必然选择,是符合教育改革要求的实践模式。尊重的教育理念只有被充分理解并真正转化为实践活动才能实现其价值,把尊重教育者和受教育者

① 曾贞:《小学生自我概念的发展及其与心理健康的关系》,广西师范大学学位论文,2003 年。
② 罗广荣:《论新课改下的"尊重的教育"——马卡连柯的"尊重与要求相结合"的原则在当代的运用》,载《科技创新导报》2010 年第 10 期。

贯穿始终，才有可能真正实施素质教育，培养出新的时代所需要的人才。

## 三、尊重的教育理念下新杨中学的学生培养目标

在“尊重的教育”理念下，学校坚持“以学生发展为本”的原则，视尊重为核心内涵；坚持德育为先、能力为重、全面发展的思想，重视可持续发展教育。一切教育活动都从“以学生发展为本”出发，尊重人格培养规律、尊重认知发展规律、尊重身心成长规律，为每一位学生的充分发展服务，将“培养有个性特长的优质初中生”定为新杨中学的育人目标，就是要将促进学生全面健康发展作为学校办学的终极价值目标。

### （一）有个性，即有志、有德、有才、有能

1.有志：培养学生意志坚定、奋发图强的精神，谦虚执着、勇往直前的品质。

2.有德：培养学生理解尊重，践行尊重。尊重自己、尊重同伴、尊重师长、尊重自然、尊重社会，为人正直、与人诚信，树立良好的社会责任感。

3.有才：指导学生掌握扎实的科学文化知识，提高学习能力，培养学生的创新精神。

4.有能：培养学生互助团结、友好相处，相互协作、注重交流的社交能力，提高实践能力。

### （二）有特长，即尊重学生的个体差异，尊重学生的兴趣爱好，培养学生掌握一门技能

1.尊重学生的个体差异：正确看待学生之间存在的个体差异，为学生创造平等的参与学习的机会，让教育面向全体学生，满足全体学生的不同需求，使每位学生成为学习的主人，每位学生通过自主学习体验学习成功的喜悦。

2.尊重学生的兴趣爱好:充分发挥学生的主体作用,让"兴趣"成为激发学生主动学习的动力。

3.培养学生掌握一门技能:在尊重学生个体差异和兴趣爱好的基础上,通过学生自主选择,最终达到每一位学生能够掌握至少一门艺体技能的目标。

### (三)优质初中生

培养遵守《中学生日常行为规范》,扎实掌握科学知识,养成良好行为习惯,在品德、文化、体育、审美等方面都全面发展的自信、乐观、健康、有责任心的学生。

## 四、新杨中学在尊重的教育理念下学生培养方面的探索与实践

新杨中学近年来在"尊重"的文化引领下,构建了适合学生发展的课程体系及更新了教师的课堂教学方法,取得了一定的成效。

### (一)尊重学生成长规律,合理构建课程体系

在"尊重的教育"理念下,从尊重学生学习需求入手加强课程建设,学校的课程目标是尊重学生学习需求,以"四化工程"彰显尊重意识。优化实施基础型课程、整合拓展型课程资源、开发研究型课程,通过三类课程的设置与实施彰显尊重意识,构建具有融合学校"尊重——为每一位实师生的充分发展服务"办学理念的课程体系(图 3-1)。学校的课程体系由三类课程构成:基础型课程、拓展型课程及探究型课程。拓展型课程涵盖基础型课程二次开发、科技类、艺术类、体育类等课程。探究型课程则由主题探究与课题探究所组成。学校为学生提供了丰富多样的课程资源,总结来说,就是"着眼整体、关注个性、持续发展"。

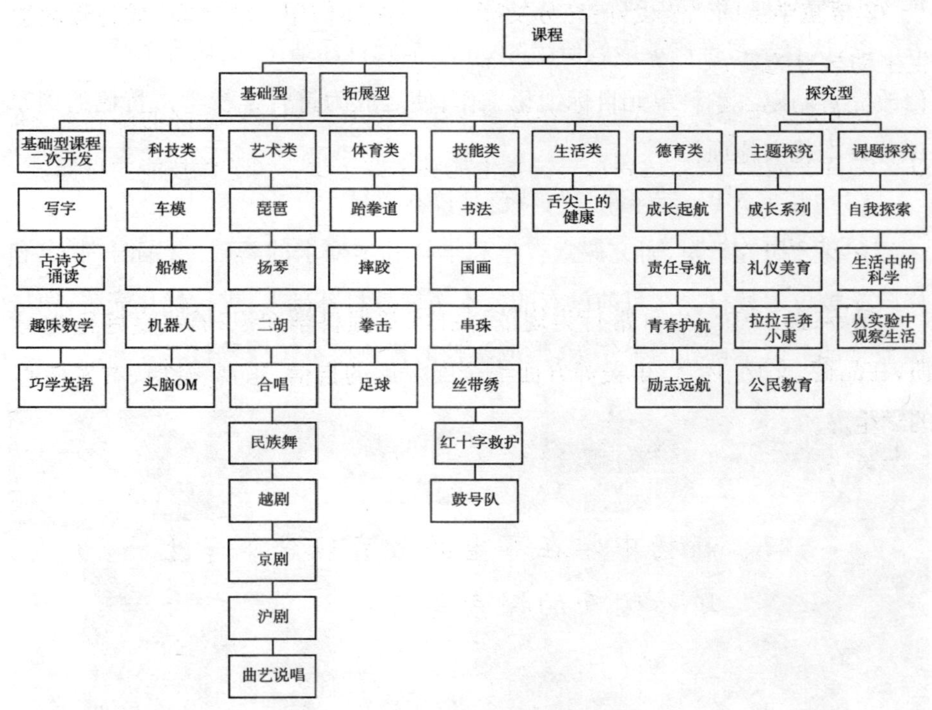


**图 3-1:新杨中学课程架构体系**

1. 尊重差异,基础课程校本化

(1)"关注差异、尊重差异",优化基础课程设置

总结英语、数学等学科实行分层递进"走班制"教学的成功经验,正视学生差异性的存在,进一步完善推行教学形式上的分层实施。

(2)"突出重点、化解难点",细化课程目标

基于课程标准对教学目标、教学内容进行细化,将国家课程进行校本化实施。

① 进一步修改完善数学、英语、物理课程导学案,使之更加符合我校学情,并强化导学案实施过程中的分层效果。

② 在"导学案"使用基础上,各学科总结具有学科特点的"四步教学方法",并对"四步"(即:自学—交流—指导—反馈)作出学科特点的诠释,最终

提炼形成具有新杨特色的“新杨四步教学方法”。

③ 认真学习推广英语教研组“八年级单元目标细化”的研究成果，进一步修改完善制定各学科单元目标细化工作，使之成为符合学校学情特色的国家课程校本化实施项目。

(3)“拓展知识、延伸课堂”，特色化校本教材

在深入研究教材、研究课堂教学和学科基本要求的基础上，编写、制定和修改学校校本教材。在目前已有的校本拓展教材基础上，进行优化完善，使之覆盖全部考试学科和四个年级，形成学校的特色校本拓展教材。

图 3-2:学校琵琶队在校园文化节上演出

(4)在基础型课程的学科拓展环节，对不同学力的学生进行分层要求

在预备、初一、初二年级中，对学有余力的学生开展学科拓展，语文学科引入名家名篇经典教学；数学学科增加思维训练，帮助学生拓展视野，提升思维能力；英语学科新增《新世纪英语》教材部分内容，帮助学生拓展英美历史文化教育及科学技术教育的内容，进一步丰富和提升校本教材。

在此，以新杨中学英语课题组的课题：《通过优化初中英语单元目标提高

图 3–3：书法课

英语教学有效性》为例，具体来看新杨中学如何尊重学生差异，细化课程目标，以优化基础课程设置。

## 浅谈通过优化初中英语单元目标提高教学有效性

陈　洁

多年来，我校在落实《上海市中小学英语课程标准》（以下简称《英语课程标准》）和《上海市初级中学英语学科教学基本要求与训练》（以下简称《初中英语学科基本要求》）过程中存在诸多困难，主要是由于我校学生学习能力层次差异较大，且英语教师普遍较年轻，教师队伍存在着对教材深度挖掘不够、对教材的整体把握能力不强；对英语学科的教法、学法研究尚不充分；制定、落实教学目标和重难点的能力较为欠缺。

因此，针对我校实际情况，制定清晰准确、符合我校学情的单元教学目标，有助于学生的有效学习，提升学生学习生活品质，也有助于我校英语教师群体系统地掌握初中英语整体知识架构体系、准确把握教材的重难点,从而提高课堂教学的有效性。据此,从2010年9月起,我校结合校本研修,开展了《基于学生学力的八年级英语单元目标制定和优化》的课题研究,通过国家课程校本化的实施,依据校情,针对学生特点,处理教材,挖掘教学资源,调整教学目标,彰显学校自身课程实施的特色。经过课题组成员的共同努力,取得了一定的成果。

## 一、优化单元目标的理论依据

20世纪初,莫里森的单元教学法提出了采用有效的教学措施,使学生掌握某一特定的学习任务。在此基础上,60年代末,芝加哥大学教授布卢姆提出目标教学理论,以教学单元为单位,确定教学目标,通过测定学生的实际情况,制定有效的教学措施,使学生掌握某一特定的学习任务。

科学设计单元目标,能有效地保障教学效果。教师应先以教学单元为单位,整体设计单元目标,理清重难点,再将单元目标分解到每一堂课,明确每课的教学目标,分析学生达到这个目标的难点是什么,并根据学生的学习基础,学习习惯、学习方法以及兴趣爱好,反复钻研教材,制定教学目标,确定每课的重点和难点,有的放矢地进行教学。教师必须了解、熟悉、掌握教学内容,明确教学大纲,通过分层教学,因材施教,使目标教学落到实处。

## 二、优化单元目标的几点尝试

(一)针对不同学力的学生制定不同层次的语言知识目标

在单元教学过程中,我们发现牛津英语庞大的词汇量和句型语法往往使学生望而生畏,基础较差的学生更是力不从心,对所有的学生采取"一刀切"的办法进行教学,会导致能力强的学生"吃不饱",能力差的学生"吃不了"。这是很多学生在进入中学后英语成绩出现分化的一个非常重要的原因。

我们首先依据学生对待英语学习的基础、态度以及能力对其进行分层。基本分为四个层次:一是基础薄弱,对英语学习信心不够、兴趣不高的学生,约占总人数的15%;二是有一定基础,但听说能力不强,对英语学习没有要求的学生,约占30%;三是有一定基础,积极、乐于表达,但尚未掌握有效的学习方法,约占总数的35%;四是基础良好,对英语学习兴趣较高且有一定的学习能力的学生,约占总数的20%。四个层次学生的划分经过一个阶段后,可依据学生的实际情况进行调整。

《牛津英语(上海版)》教材的特点之一就是以主题为线索,信息量大,知识体系以螺旋式上升的形式呈现。同样的主题,在不同年段反复呈现,使学生能够在应用中逐步积累,达到巩固提升的效果。但在实践中,部分年轻教师对初中英语教材整体结构把握不够,对语言知识目标分层不够合理,使学生处于"吃不饱"和"吃不了"的状态。于是,在认真学习《英语课程标准》和《初中英语学科基本要求》后,我们将语言知识目标分成识记、理解、应用三个层次,针对不同学力的学生制定不同层次的目标。

以《牛津英语(上海版)》8A Module1 Unit1 Pen friend 一课为例,本单元的词汇49个,重点句型3个,出现的疑问副词13个,包含阅读课文、听力捕捉信息、冠词的使用复习、口头表达介绍朋友以及写信给笔友五个教学环节,预设课时数为6节。这样复杂的教学要求和教学环节,对学生的学和教师的教无疑提出了较高的要求。经过课题组的反复讨论修改,经过优化后的单元语言知识目标如下:

| 语言知识 | | 应用 | 理解 | 识记 |
|---|---|---|---|---|
| 词汇 | own, owner, be keen on, enclose, weigh, weight, angry, one and a half metres tall, share sth.with sb., address, ambition, an honest person, height, Germany, German, all over the world, | √ | √ | √ |
| | architect, nearby, accountant, university, college, during, probably, attend school. | | √ | √ |
| | greeting, signature, postcode, sincerely, guitar, metre, badminton, baseball, rugby | | | √ |
| 句型 | 1.My hobby is playing chess.<br>2.My ambition is to be an architect or maybe an engineer.<br>3.I hope you will write to me soon. | √ | √ | √ |
| | 1.The boy lives in a country called theUK. | | √ | √ |

续表

| 语言知识 | | 应用 | 理解 | 识记 |
|---|---|---|---|---|
| 语法 | 1.正确使用不定冠词 a/an.<br>2.正确使用特殊疑问词 what/when/who/which/whose/why/how old/ how many/how/how much/ how long/how often/how far 提问。 | √ | √ | √ |

在这一课出现的词汇、句型和语法，我们将其罗列出来，基本词汇要求所有学生掌握，能够达到识记、在语段中理解和自主应用的要求；对于中等难度的词汇，我们要求学力较差的学生能够识记和在语段中理解；对于认知词汇，我们要求学力较差的学生能够记住词意即可。句型和语法也是类似的要求。

这样的分层要求，为学力较差的学生减轻了学习负担，使其可以集中时间和精力，掌握基本知识目标，保护了其对英语学习的兴趣和信心。同时，单元目标的制定要求教师熟悉《英语课程标准》和《初中英语学科基本要求》，充分把握教材内容，准确了解学生的学力水平，对教师教学能力的提升起到了直接的促进作用。

（二）层层递进落实语言技能目标

我们在制定单元语言技能教学目标时发现，教师对不同学力的学生听、说、读、写能力应达到何种程度比较模糊，对如何提高学生的听、说、读、写能力也存在很多的困惑。经过研究发现，四种能力之间并不是孤立存在的，通过“听”和“读”完成语言信息量输入的过程，用大声朗读来促进“听”的能力的提升；“说”和“写”是对输入信息的反馈，以“说”促“写”。在一个单元中，听、说、读、写的目标是层层递进、环环相扣的。课题组通过反复讨论和修改，制定四环节单元目标，并具体列出“学习过程”，以利于教师明确达成目标所需的方法和途径。

以《牛津英语（上海版）》8A Module1 Unit1 Pen friend 一课为例，本单元的语言技能目标是给笔友写一封信，向他介绍自己并告诉笔友你的喜好。为达到这一目标，我们对听、说、读、写四个环节做了详细的要求，经过优化后的语言技能目标如下：

| | 学习过程 | 目标达成 | 应用 | 理解 | 识记 |
|---|---|---|---|---|---|
| 听 | 通过听课文，能初步掌握Jon的个人信息。 | 能听懂一段关于个人爱好、学校生活和家庭情况、外貌介绍的文字。 | √ | √ | √ |
| 读 | 通过完成Before you read，学习通过读信中的地址、问候语和签名等抓住主要信息。通过阅读短文学习对个人情况、爱好、学校生活等的描述。 | 1.能用正确的语音语调朗读课文及对话。 | √ | √ | √ |
| | | 2.能流利准确地朗读课文，中等以上程度的学生能背诵课文主要语段和重点句式，程度较好的学生能用自己的语言复述课文。 | | √ | √ |
| | | 3.能在课文基础上完成拓展more practice. | | | √ |
| 说 | 通过阅读文本中的个人信息谈论是否愿意与他或她成为笔友。 | 能对身高、年龄、国籍、外貌等进行描述。<br>能灵活运用"like, love, be keen on"等词汇描述个人爱好。<br>能用正确的语言描述家庭情况和学校生活。 | √ | √ | √ |
| 写 | 掌握书信的正确书写方式，能够给笔友写信来介绍自己相关情况。 | 能根据给出的关键词和句型结构等完成一篇以*Write to Your Pen Friend*…为题的短文。 | | √ | √ |

在单元学习时，要求所有学生都能大声、流利、用正确的语音语调朗读课文；对于学力中等的学生要求能背诵课文主要语段和重点句式；对于学力较好的学生，在熟练朗读的基础上能用自己的语言对课文主要部分进行复述。流利的朗读有助于提升捕捉听力材料中信息的能力；有效的信息输入有利于增强语言表达能力，为提高写作能力打好基础。

### 三、实践后的反思

从2010年9月至今，我校在八年级进行了半年的《基于学生学力的八年级英语单元目标制定和优化》课题研究，我们完成了《牛津英语(上海版)》8A七个单元教学目标的整理工作，并给每个单元配以"单元语言知识检测练习"和与课文内容相关的朗读、阅读语段5篇。通过实验课、学生反馈、检测等多种手段反复验证、修改、优化单元目标，使其更加符合我校学生实际情况。

单元目标的优化，让不同学力的学生在学习英语的过程中都有了成功感，它使学力较差学生的学习针对性更强，减轻了他们的学业负担，对合格率的提升有很大的帮助，也保护了他们的学习兴趣和信心。层层递进的制定听、说、读、写单元目标，为提升学生的综合能力提供了有效的途径。教师在制定单元目标的过程中，研读《英语课程标准》和《初中英语学科基本要求》，钻研教材，提升了教师的教学水平和把握教材的能力，避免了因教师对教材把握不到位而产生的“亡羊补牢”现象。

我们在课题研究过程中也发现了一些问题，如：单元目标仅对语言知识和语言技能目标进行了优化，而缺少对学生自主学习能力培养方面的相关内容；初中阶段的学生差异性很大、可塑性很强，如何能在尊重学生个体差异的前提下实施动态管理，为学生的充分发展提供平台；如何能在阶段性目标分层的基础上进行多元化的评价等等，这些问题也将成为我们今后思考和研究的方向。

### 2. 尊重个性，校本课程精品化

确立以学生可持续发展为本的课程意识，积极开发课程资源，开设特色校本课程，优化品牌校本课程，培养有个性特长的初中生。

(1)体育类跆拳道、摔跤重竞技和足球课程，旨在锻炼意志，培养学生意志坚定、追求奋斗的精神，突出学生的“志”；

(2)德育类《成长启航》养成教育课程，旨在培养学生学会尊重，懂得尊重，规范学生的行为规范和学习习惯，注重学生的“德”；

(3)艺术类琵琶、二胡、扬琴弹奏课程，旨在激发新杨学子的学习兴趣，培养学生博学笃行、勤奋进取的品性，提升学生的“才”；

(4)科学类机器人、头脑奥林匹克、车船模课程，旨在加强学生动手能力，培养学生思考探索、相互合作的实践能力，拓展学生的“能”。

(5)生活类舌尖上的健康课程，旨在提高学生身体素质，养成健康饮食的好习惯，彰显其“情”。

### 3. 尊重兴趣，拓展课程特色化

学生的兴趣闪烁着主体的创新精神，学校重视学生的兴趣培养，尊重学生的兴趣选择。

(1)本着“尊重学生，有效学习”的宗旨，以“开放走班”的自主形式，开设学生“喜闻乐见”的自主拓展课，让学生自主选择，发挥学生学习的主动性。在原有22门拓展型课程的基础上淘汰部分不受学生欢迎的课程，并引进社区资源，探索与社区学校共同开发新课程的方式，加强民族精神教育与课程的整合。

(2)加强学科拓展。坚持和完善学科必修课中学科拓展渗透与专题拓展课相结合的拓展课程建设模式。学科教师在基础型课程的学科教学中，根据教学内容、学科特点和自身相对优势，对教学内容进行拓展。

(3)优化校本拓展课程。机器人、头脑奥林匹克、琵琶、二胡、足球和跆拳道等课程已经进入了日常课程教学，成为全体学生的校本拓展课程。下一阶段，规范校本拓展课程，使拓展课的课程具有更深厚的课程性背景，在区里形成一定的影响力将成为主要发展方向。

### 4. 尊重发展，探究课程社会化

探究课程为学生体验式学习搭建了平台，让学生在多元、动态、开放的课堂环境中，主动学习，学会如何去观察、如何去思考、如何提出问题、合作交流、如何去解决问题。学校推进探究课程社会化进程，将学校教学延伸到社会中，使学生发展能不断适应社会发展的需求，培养提高学生的“四种能力”，即学会求知、学会做事、学会共处、学会做人。

(1)通过不断推进探究课程社会化的进程，调整课程设置，加强实践活动，使探究课程不再只局限于校内

挖掘和利用社区课程资源，充分利用科技场馆、动植物园等开展研究型学习活动，探索将探究课程向社会生活领域和自然环境延伸的教学模式。在

“生活中的科学”和“生物多样性”课题研究中，学生走出教室，走出书本，走向自然，走向社会，开展调查研究，研究桃浦地区的生物特点，探索槎浦河的水质环境等，在社会的大环境里学习和探索，引导学生主动参与、探究发现、交流合作。为学生今后重视积累生活经验和积极参加社会活动起到积极的导向作用。

(2)关注社会热点问题，加强社会实践，提升学生社会责任感，完善探究型课程

充分发挥探究教师的作用，一班一课题，带领学生寻找社会热点，调查社区现象，规划个人发展。使探究型课程适合学生的个人发展，促进学生个性的成长，提升学生的综合素养和社会责任感、使命感，促进学生的全面、可持续发展和适应社会的能力。

关注社会热点问题，并利用身边资源，充分、合理地对课程进行“二度开发”，是学校探究型课程的一大创新亮点。如：在六、七年级的“绿箱子在行动”课程实施过程中，教师们结合国家“限塑令”这个社会热点问题，让学生走向社会，调查环保购物袋的制作过程，自编以“拒绝白色污染”为主题的宣传册。在儿童节期间，以“拒绝白色污染，保护绿色家园”为主题，举行大型的宣传活动，向广大市民宣传环保理念，并向他们赠送自己的作品——美化的“环保袋”和环保宣传手册，取得了良好的社会效应，增强了学生的社会观。

(3)加强研究型课程与信息技术的整合

充分关注信息技术在跨学科的内容整合和综合研究方面的作用，充分利用互联网，形成学校—家庭—社会的学习大环境，充分利用科研单位、高校、专家、社区等社会及网络资源，拓展学习时空、开阔学生视野，提高研究型课程的国际化、信息化水平。同时，充分关注学习过程中师生间、生生间互动讨论和学生研究探索形成的内容，并进行及时的信息化处理及存档，作为对课程内容的补充和扩展。

在“手拉手奔小康”课程、“机器人”课程和“我们的上海”专题研究等课程中，信息技术的运用成为引导学生完成学习任务的载体，拓展了学生的视

野,对课程内容进行了补充和扩展,更重要的是提高了学生的学习兴趣,培养了学生合作探究和解决问题的能力。

## (二)尊重学生主体地位,构建有效教学模式

现代教学思想强调尊重学生的主体地位,把学生作为教学中心,使学生在整个学习过程中保持主动性:主动发现问题,主动思考问题,主动提出问题,主动探索问题。在此基础上,新杨中学提出了"四步教学法",即:"自学—交流—指导—反馈",通过师生之间和学生之间动态的信息交流,真正实现师生互动,互相影响、互相补充、互相促进,最终达到共同进步的目的。

"四步教学法"把自学能力作为逻辑思维能力、计算能力、空间想象能力、分析与解决问题能力等一切能力的基础能力来培养,训练学生多种感官并用的能力,使学生在教师的引导下主动思考问题,逐步实现变学生"学会"为"会学",为学生的可持续发展奠定坚实基础。

"四步教学法"由"自学—交流—指导—反馈"四个部分组成,注重于知识的探究,学生的体验,能引发学生的态度、情感和意志,能激起学生的求知、创新欲望,挖掘学生的潜能,培养学生的创新能力。

"四步教学法"总体要求是"三少三多",即:讲解少一点,思考多一点;追问少一点,探究多一点;强求一致少一点,培养个性多一点。

### 1."四步教学方法"简介

自学:主要是为了培养学生自己主动学习的习惯,通过自学能让学生了解所学知识,帮助学生听懂和掌握老师所教知识,能激发学生学习的主动性。从实践结果来看,如果能很好地落实这一环节,的确可以提高课堂教学效率。

交流:课堂中的交流应是生生、师生、组生、组组之间立体式交叉互动的过程。课堂应该有一个能让同学之间自由开展交流的良好的、宽松的氛围,让同桌之间、小组之间、全班同学之间都可以自由地进行交流。

指导:即"指示教导,指点引导"。课堂中的指导应是教师帮助学生从教

学内容中理出头绪，抓住中心，突出重点，突破难点，理清知识技能点。教学时应指导学生抓住新旧知识之间的衔接点和发展点，促进知识的正迁移，对他们进行学习能力的培养。

反馈：课堂中的反馈是对课堂教学效果的评价，是课堂教学结束前的综合性检查。这里的反馈是指让学生进行课堂小结，教师对学生进行课堂评价，并通过反馈训练、反馈提问等手段加深学生对课堂所学知识的理解。

2.“四步教学方法”实施过程

自学：

强调导学稿在精简内容的基础上，对不同层次的学生提出不同的要求，绝不采用“一刀切”，切实提高学困生的学习信心，同时培养有能力的学生的学习自主性；突出导学稿“先学后教”的功能，对于有能力的学生，导学稿应课前先发，培养学生课前预习，自主学习的能力。

对于提早下发的导学稿，教师会在上课前予以检查，查看学生的预习情况，以便在课堂上了解学生预习情况的基础上因材施教，加快课堂教学进度。

制作微视频，利用现代化信息技术手段，用最简洁、有效的方式讲解，提高学习课前预习工作的效率。

交流：

导学稿在设计上创设了学生自主探究的平台，杜绝不着边际的无效探究，又不束缚学生的有效探究。导学稿作为学生探究的引导，让学生在预习新课或学习了某一知识点后，能够经过深入思考提出问题，并能积极参与交流，这样就建立了有效课堂交流的基础。

课堂上教师要善于抓住动态生成的问题，及时创设探究环境，从而演绎出精彩的课堂交流。对于经常参与课堂交流的学生在思考能力、表达能力等方面都会有所提高，同时师生之间交流得多了，师生关系也会更加融洽。

指导：

每堂课都有交流中无法解决或解决不到位的问题，这时候教师就要做正确引导,重点讲解,让学生在相互讨论中掌握知识。并且帮助学生明确学习重点,突破学习难点,引导学生寻找规律,有效预防易出现的问题。

同时,教师对学生的疑难问题,或者具有普遍性的问题要做好记录,可以在今后的教学过程中加以强调,并在测试中可以有所体现。

反馈:

每堂课上完之后,对于这节课的内容可以有一个及时反馈,比方说通过学生对于当堂课的小结以及对学生的训练或提问,了解学生掌握知识的情况,有助于教师及时调整教学内容。

第二个反馈反映在学生作业的完成情况方面,教师在批阅作业后,可根据学生作业的反馈情况及时调整相关内容的教学,从而提高课堂效率。

第三个反馈反映在及时的测试中,根据一个单元的学习后的测试,了解学生对此单元知识及学习方法掌握的情况。并且对于每次测验还应该有个小结,看看通过一段时间的学习,学生对于这个单元的整体掌握情况如何,以便及时巩固。

下面,分别以学校语文学科、历史学科以及英语学科的"四步教学方法"的操作细则为例,具体来看学校是如何将这种教学方法运用在各科教学中,在校本教研中注重尊重的教育、保证学生的主体性、增强学生的主动性,构建有效教学模式的。

### 案例一:新杨中学语文组四步教学操作细则

步骤一:自学——阅读、圈划、批注、摘录。

阅读:阅读能力向来是语文教学的基本任务之一,学生所有对文本信息的摄取也都首先源自于阅读。阅读的方法有多种,朗读、速读、扫读、默读、跳读、诵读……因文本和学生的特点,需要采取不同的读书方法。

圈划:读书,就得动笔,或圈点,或勾画;这既是一种良好的阅读习惯,更是一种行之有效的读书方法。我们应该重视这一种阅读方式,掌握它,并养成"不动笔墨不读书"的阅读习惯。

批注:是常用的读书方法。阅读的时候把读书感想、疑难问题,随手批写在书中的空白地方,以帮助理解,深入思考。1.注释:在读书时,遇到不认识或难懂的字、词,查字典、找参考书,弄清词义,指明出处,写在空白处。2.提要:边看边思考,用简练的语言概括中心思想,把握文章脉络,提示语言特点。3.批语:读书时,会有各种思想、见解、疑问产生,这些内容可随手写在空白处。

摘录:摘录式就是把我们看到的一些精辟的,富有哲理的,对我们很有启发的内容抄录下来。是一种省时省力积累知识的好办法。摘抄可以加深理解和记忆,日后查找起来,面对茫茫的书海,你就能体会到作摘录的优点了。每条抄录应当“少而精”。“少”指字数较少,“精”指内容把握要点。要忠实原文。一段话中,前后和中间不需要摘录的文字,可以用省略号表示。

步骤二:交流——启发、表达、质疑、讨论。

启发:即“启发式教学”。教师在课堂教学中教师通过引导,激活学生思维,通过思维的整合而领悟。它作为一种教学方式,长期以来,因其对学生思维发展的独特作用而备受青睐。

表达:语言与思维有着密切的关系,语言在思维活动中的主要职能是参与形成思维,没有语言思维无法进行,而思维活动的成果,必须用语言表达出来。学生思维能力的发展和语言能力的发展是同步进行的,他们掌握语言的过程也就是思维发展过程;而思维的发展,又促进语言的构思能力、逻辑能力和语言表达能力的发展。

质疑:教师应充分发挥自己的主导作用,有意识地建立一种“提问”的课堂气氛,学生提出的问题,教是要能从中发现其思维方法、分析问题和学习中存在的不足,并及时得给予有针对性的指导。对学生提出的问题,教师应进行适度的调控,针对教材要求,把矛盾集中,使学生散落在教材不同“角落”的注意力集中到一个问题上来。

讨论:要发展学生的个性,在学生学习过程中,有自主、合作、探究的精神和习惯,培养学生的创新意识,使每个学生都能得到发展。在课堂教学中,让学生围绕中心议题展开讨论,能充分展示学生的主体地位,使学生从“学会”向“会学”方向转化,促进学生主动开放地学习。

步骤三:指导——修正、追问、点评、讲解。

修正:课堂上学生回答出错,是最常见的事情了,教师要指出错误,一起分析原因,避免学生再次出错。有经验的教师还会再构设出类似的问题,让学生回答,以确定学生真正掌握。

追问:就是追根究底地问。它是教师针对某一内容或某一问题,为使学生弄懂弄通,在学生有了一定的理解之后再次补充和深化,穷追不舍地问,直到学生能够理解透彻。以疑问激起学生正确而深入的思考,引导学生“跳一跳摘到桃子”,从而有效开发学生的最近发展区,提升学生的认知潜力,促进学生的发展。追问对于引导学生深入思考、透彻理解课文内容、养成深思熟虑的思考习惯有着重要的作用和意义。

步骤四:反馈——积累、归纳、迁移、展示。

积累:聪明在于勤奋,天才在于积累。对于要掌握的基本古诗词、古文、汉字的书写等,要背诵、默写,真正学会。

归纳:学生要能总结一堂课学习的内容,重点、难点,学会听课。

迁移:将所学知识与运用结合起来,完成由知识到能力的转化过程。(1)拓展运用。(2)学、练结合,强化阅读技巧。(3)学用结合,写作运用。迁移训练内容不固定,应围绕学习重点、难点灵活掌握。

展示:课堂展示是学生学习交流的平台,预习案可以展示,学习目标可以展示,小组合作学习的成果可以展示,小组评价的结果也可以展示。课堂是一个开放的、透明的、师生共同促进的课堂,绝不是过去的一言堂。展示哪些内容,这些内容如何展示,展示到什么程度,需要展示的内容如何分配,在课前都要有适当的预设。每一个内容都有它的教学价值,只是展示的程度需要老师掌控,有些内容只要一带而过,有些内容却需要深入追究,这样才能突出重点、突破难点。展示方式有:屏幕投影、书面展示(板书)、口头展示(语言)、行为展示(表演)。屏幕投影可以将学生预习作业中典型的样本展示给全体学生,树立榜样或暴露问题。书面展示,要求能将展示的内容条理化,能较好地反映问题的要点和逻辑关系,便于其他同学阅读和理解题意和解题过程；口头展示要求在讲解、讨论和交流的过程中能用简洁、流利和通俗的语言表达自己的思想，能选择较好的切入点阐述自己的观点；行为展示则是希望通过适当形式的表演，让更多的学生参与。展示类型分为静态展示和动态展示两种。静态展示即学生经过小组讨论后将需要展示的内容抄写在黑板上；而动态展示则是学生互动交流过程中的展示，这个过程展示的是学生的语言组织和表达能力、面对其他同学提出问题后的应对能力以及相应的形体和行为表演等，它需要学生对所涉及的问题有比较全面而深入的思考，它反映了学生课前准备得是否充分和思维的敏捷性。

## 案例二：新杨中学历史学科"四步教学法"操作流程

按照学校"四步教学法"的指导思想，根据历史学科教学特点，体现"尊重的教育"之尊重学生学习规律的要义，历史学科具体落实"四步教学法"的操作流程如下：

第一步：找一找，体现"预习"之功能，理论支撑：史由证来。具体阐述：历史是证据的集合，要上好一节历史课，必须让学生寻找到充分的证据，从而培养学生收集史料的能力，知道历史必须来自史料。具体做法：让学生搜集每课相关的历史人物故事，历史事件经过，可以通过网络、图书、访谈等多种形式，最后把搜集的相关史料存于教室的电脑里，以便于上课时展示和同学之间共享。

第二步：读一读，体现"交流"之功能，理论支撑：左图右史。具体阐述：地图、文物图片、绘画、漫画等图片等在历史学习中具有重要作用，让学生读懂历史地图和图片，与史实相互参照，相互应对，从而培养学生在历史图片中提取历史信息的能力，从而理解历史。具体做法：让学生在课堂上结合读课文，去读图片，从中提取相关历史信息，并阐发出来，培养学生的表达能力，所谓"读图说史"。

第三步：讲一讲，体现"指导"之功能，理论支撑：口耳相传。具体阐述：历史最初的流传方式就是口耳相传，所以讲授历史是历史教学最基本的教学形态,因为基本的历史信息,不太适合探究等。让教师和学生在历史教学中讲述历史,展现的不仅是历史老师讲历史的能力,也是学生的沟通能力。具体做法:教师在历史教学中要充分发挥讲述的能力,把一些基本的,有趣的历史知识以学生喜闻乐见的方式讲给学生听,同时教师也要让学生在课堂上讲述自己搜集的相关历史知识,避免一言堂。

第四步:评一评,体现"反馈"的功能,理论支撑:证史一致。具体阐述:初中历史的高级活动就是要证明史料和历史的一致性,一切用史料说话,在此过程中培养学生的思辨能力。具体做法:教师在历史教学中要组织学生以小组讨论的形式,充分讨论"证史一致"的问题,以此来反馈学生对基本历史知识的掌握程度,对历史思辨方法的运用程度。

总之,历史教学中落实"四步教学法"而采取的具有学科特点的四个步骤,不是僵化的步步实施,而是结合不同的教学内容,可以采用不同的实施步骤,也可以针对一个历史知识点,才有四个步骤小循环的形式,层层推进,从而达到较好的教学效果。

## 案例三:新杨中学英语组四步教学操作建议

我校英语教学自2009年以来就开始实行导学案的教学方式,至今已有四年了。通过这四年的实践,基本形成了课前预习、课堂学习以及课后巩固的英语导学案使用模式,根据不同的课型以及教学对象,教师们也会做出相应的改变,积累了一定的使用导学案的经验。

另外,从2010年第一学期开始至今,英语组也已经进行了三轮课题研究,分别为《八年级单元教学目标的制定与优化》、《六年级任务型教学production环节的设计》以及《协作学习环境下课堂交流策略的实践研究》,都取得了一定的成果,形成了新杨中学各年段单元目标细化表、六年级各单元production环节活动设计参考集以及课堂交流策略汇总等材料。

在这一系列实践中,教师们的课堂教学效率都有一定的提高,但是为了使我校英语课堂教学更为规范,课堂效率更为优化,现制定以下“四步教学模式”,以进一步提升学生英语水平。

英语“四步”教学模式“自学—交流—指导—反馈”解读:

## 一、自学

对于英语学科来说,“自学”这一环节有些难以实施,尤其对于低年级以听说课为主的课型来说,如果学生在课前已经对于生词和句型有所了解或掌握,那课上的时间就比较多余,学生也会因为缺乏新鲜感而失去兴趣。所以自学这一环节,针对不同课型和年段的学生,我们有不同的定义和要求。

(一)六、七年级听说课

对于低年级学生的听说课来说,自学环节还是体现在课堂上的pre-task preparation环节上,通过教师设计的各式活动,帮助学生激发兴趣,回忆旧知,并建立起新旧知识的联系,帮助学生尽快进入英语学习的状态,为本堂课的新授做好准备。

对教师的要求:

1.设计适合学生、能激发学生兴趣的活动,尽快使学生进入英语学习状态。

2.设计问题或是练习,能够有效激发学生对于与本课新授知识点相关的已有知识,为接受新知做好准备。

3.给出学生熟悉的情境,主题指向更明确,让学生能更快集中注意力。

对学生的要求:

聆听老师的要求,积极思考,主动参与,完成老师布置的任务。

操作建议:

与本堂课主题相关的English songs(英文歌曲)、Flash(动画)、Guessing games(猜谜游戏)、Brainstorming(头脑风暴)、Competition(知识竞赛)、Free talk (自由交流)等形式。

(二)八、九年级阅读课

对于高年级的学生来说,课型主要以阅读课为主,对于这样的课型,学生可以在课前进行一些预习工作,但这并不是要学生把较长的课文先读一遍,把生词的意思都查明白,这样就失去了上课的意义,更没有阅读技巧可言,对于学生来说是百害而无一益。所以对于阅读课的自学内容,是与课文内容相关的背景知识、文学常识、体裁特点等方面的了解,可以通过一些问题或是练习来要求学生进行课前的预习。

对教师的要求:

1.根据文本特点,设计问题或是练习,让学生在课前通过浏览课外书籍或网上材料,寻找与课文相关的背景知识,并对于这些内容进行一定的了解和认识,为更好地理解课文打好基础。

2.根据课文内容,设计一些话题性的问题,让学生对于即将阅读的课文所涉及的内容,在不看课文的情况先进行自己观点的阐述和表达,并在课上进行交流,这样有利于对于课文的更深刻的理解。

对学生的要求:

借助各类工具,如课外书籍、字典、网络等,对于老师提出的问题和练习进行解答,积极发挥自己主观能动性,表达自己的观点和看法。

(三)操作建议

自学内容可以是:

1.与课文内容相关的背景知识类:如人文、地理、历史等。

2.文学常识类:如作者介绍、写作背景、出处解读等。

3.体裁特点类:如小说、报刊文章、说明文、采访报导等。

**二、交流**

有了一定预习或是自学的基础,学生就能用已学的知识对于第一阶段的内容进行交流,老师也能根据学生的回答情况,及时调整教学进度和内容,以适应学生的需要,使课堂教学更有针对性。

之后进行的应该就是新授内容的指导环节,但是在英语课堂上,指导和交流两个环节是没有办法绝对分开,或者孤立进行,而是有机结合,相辅相成的。在一定的指导后,即有了一定的 input 后,学生就需要进行一些交流,把老师教授的知识进行加工和吸收,也就是 intake,然后教师再进行一定量的input,学生再交流,再加工,再吸收,如此循环往复,最终对于整堂课的内容有较好的掌握。对于如何让学生能够更好地进行交流,形式也是多种多样的,需要教师根据课程的需要进行分类和设计,并在学生交流的过程中进行及时的干预和监控。

(一)对教师的要求

1.设计适合教学内容的交流形式,形式要富于变化,促使师生、生生、组生、组组之间有更多的交流机会。

2.在学生交流过程中,教师要经常巡视学生的交流情况,及时干预和指导,及时根据课堂交流与互动出现的新情况,进行灵活的调整,确保课堂交流的正确方向和教学目标的实现。

3.教师应特别注重交流过程中学生互帮互助,协调合作的作用,真正做到让学生之间互动,尽量减少机械操练。

4.注重提问的技巧,提高提问的有效性,问题的设计也应关注学生的差异性,尊重、鼓励每位学生,有智慧地处理学生的回答。

(二)对学生的要求

1.在教师的指导下,按要求完成任务,每个人都认真积极参与其中。

2.由于是在英语课上,尽量要求学生用英语进行交流。

3.对于group-work,学生要交流合作,形成最佳成果。完成后,各小组展现提升,其他组的同学分享成果,或者在其他小组展现时受到启发,补充和提高自己小组的成果。

(三)操作建议

主要交流形式:pair-work(结对活动)和group-work(小组活动)

主要交流内容:sentence structures(句型结构)、functional dialogue(功能性对话)、opinions on one topic(主题讨论)等。

## 三、指导

在这一环节,老师根据教学内容及重难点,分层次分步骤地进行指导教学,当然在这之中始终与交流不断交替进行。

(一)对教师的要求

1.按英语教学的基本流程 pre-task(reading) preparation, while-task (reading) presentation 以及 post-task(reading) production 进行指导。

2.在这一过程中,要注意各类教学技巧的综合使用。

3.针对不同课型,采取不同的指导方式。

这些都要求教师在备课中充分吃透教材,可参考《新杨中学各年段单元教学目标集》,来针对学生情况精心准备教学内容、方法和步骤。

(二)对学生的要求

1.认真聆听,积极思考,按教师要求完成相关任务。

2.如遇不理解的问题也应及时向老师提问,得到解答和提高。

(三)操作建议

根据不同课型,应采取不同的指导方式,以下仅供参考。

1.听说课:创设真实情境,融词汇和句型教学于真实情境之中,体现语言的交际功能。

2.阅读课:重视阅读技巧的指导,包括 skimming(跳读)、scanning(扫读)等。

3.听力课:要求学生捕捉关键信息并做好记录。

4.写作课:对于文章结构进行指导,并帮助学生建立语料库等。

**四、反馈**

在英语课上,说到反馈,通常就是指整堂课最后 production 环节的呈现,这是对于整堂课所学内容的综合呈现,其重要性不言而喻。但事实上"反馈"并不仅仅局限于此,其实在每次的指导和交流之后,学生的回答和表现都属于反馈的一部分,这些阶段性的反馈同样重要,它们直接关系到学生是否真正吸收了本堂课的教学内容,是否能够在最后综合运用,达到较好的 output。所以在英语课堂上,指导、交流、反馈这三个环节紧密相连,环环相扣,每一个环节都必须精心设计,以提高课堂有效性,帮助学生巩固知识,提高学生语言技能。

(一)对教师的要求

1.对于反馈的内容,教师应认真准备,紧紧围绕本课重难点,可参看

《六年级 production 环节活动设计集》,并在教学过程中根据学生实际情况增减学习难度,充分调动学生的积极性,以使课堂教学处于一种良性的互动状态,使反馈更有针对性、层次性和实效性。

2.教师应设计多样的反馈形式,让学生能更好地参与其中,更好的展现学生的收获,让学生感受不断进步和成功的喜悦。

3.教师鼓励学生进行课外拓展和探究,并及时给予指导和帮助。

(二)对学生的要求

1.在老师的指导下进行反馈,能够在教师的引导下进行自我总结、自我提问,从而加深对所学内容的理解和掌握。

2.在教师的统一要求下,学生之间围绕学习内容进行互检互测等教学活动,并及时与老师沟通,把疑问和困惑及时反馈给老师。

3.学生自主选择与主题相关的课题,进行课外拓展和探究活动,充分发挥学生主观能动性和创造性。

(三)操作建议

反馈形式:poster-making(海报制作)、report(报告)、interview(采访)、debating(辩论)、role-play(角色扮演)等。

以上案例主要以各学科围绕"四步教学方法"为主要教学模式进行细则说明,接下来则以新杨中学一位英语教师关于某一节课程的教学设计实施为例,从具体教学实践方面来详述四步教学过程,以期能呈现出更直观具体的做法及感受。

## 新杨中学英语课堂四步教学法实施案例

### 一、教学背景与设计

| 学科 | 英语 | 所用教材 | 牛津上海版 | 任课教师 | 陈冉 | 年级班级 | 八年级二班 |
|---|---|---|---|---|---|---|---|
| 课题 | | 8B Unit5 Blind man and eyes in fire drama | | | | | |

续表

| 学科 | 英语 | 所用教材 | 牛津上海版 | 任课教师 | 陈冉 | 年级班级 | 八年级二班 |
|---|---|---|---|---|---|---|---|
| 本课教材分析 | 本课是牛津英语 8B Unit5 Blind man and eyes in fire drama 的第一课时。文章讲述了一个盲人和他的导盲犬被困在着火的旅馆中最终获救的故事。从文本的结构和内容来看,文章分为两个部分。<br>第一部分向我们讲述了火灾发生前,盲人 John 带着他的导盲犬 Charlie 入住旅馆时,由于旅馆规定宠物不得进入,Charlie 遭到服务台接待员的阻拦。旅馆经理得知此事后立刻允许 John 带着 Charlie 一起入住,并且亲自带领他们去房间,向盲人描述房间布置。<br>第二部分是 John 以第一人称的形式向我们讲述了火灾中发生的一系列事情。在火灾中,导盲犬叫醒了熟睡中的 John。在消防员来之前,John 通过各种方法进行自救。在消防员到达后,又一次因为会触犯规则,消防员一开始不愿救狗,在 John 向消防员做了解释后,最终 Charlie 和 John 才一起获救。 | | | | | | |
| 课标要求及解读 | 《上海市中小学英语课程标准》提出了课堂教学应体现学生主体性原则。怎样的教学才能培养出具有主体精神、富有创新和个性的人呢?回归教育的本质,作为素质教育的延神和补充的"青少年的生命教育"已经刻不容缓了,因为真正的教育是为了唤醒人的内心对生命的情感和对生命的责任。英语学科虽然是生命教育的隐性课程,它仍然蕴涵着丰富的生命教育内容。帮助学生认识生命、珍惜生命、尊重生命、热爱生命,促进中小学生身心健康发展,迫切需要系统科学地开展生命教育。<br>在这节课的设计中,我试图选择课本中一个很小的切入口把它作为本节课生命教育的立足点,对学生进行珍惜生命、尊重生命、热爱生命的教育教学活动。另外,从尊重生命的存在和差异性,珍视生命价值、实现生命意义的角度出发,这堂课也是我对"构建充满生命气息、促进生命自由发展的课堂"的一次大胆尝试。这不仅仅是一节基础型英语阅读课,更是一节以英语语言为载体的主题性生命教育课。 | | | | | | |
| 本课教学目标 | 在对教材进行认真分析的基础上,我将本节课的教学目标定为:<br>1.知识目标:引导学生对文章进行整体理解的同时,教授学生学习几个影响文本大意理解的核心词汇,如:lead,personally,sensible,describe 等。<br>2.能力目标:学生通过观察、阅读和理解逐步掌握文本大意,最后能以 Talk show 的形式做简单的故事复述以及表达事件中人物行为背后深层次的原因。<br>3.情感目标:渗透生命教育。通过挖掘文本内涵,挖掘故事背后的育人价值,让学生领会:当我们的生命处于危险时,一切规则都是可以被打破的,生命比规则更重要,生命是最宝贵的,从而教育学生认识到生命的可贵,尊重生命,热爱生命。 | | | | | | |

续表

<table>
<tr><td>学科</td><td>英语</td><td>所用教材</td><td>牛津上海版</td><td>任课教师</td><td>陈冉</td><td>年级班级</td><td>八年级二班</td></tr>
<tr><td colspan="2">学情分析</td><td colspan="6">八年级的学生,在经过了一个多学期对长篇课文的阅读训练后,已经具备了一定的阅读技能。我班大多数学生对英语学习很感兴趣,充满热情。因此在这节英语阅读课的教学过程中我试图培养他们的阅读技能,同时,为了激发他们的学习兴趣和参与课堂的主体意识,我邀请学生共同完成一个脱口秀的任务,加强学生的团队合作能力。</td></tr>
<tr><td rowspan="2">四步教学实施过程</td><td>自学</td><td colspan="6">对于八年级的学生来说,课型主要以阅读课为主,对于这样的课型,学生可以在课前进行一些预习工作,但这并不是要学生把较长的课文先读一遍,把生词的意思都查明白,这样就失去了上课的意义,更没有阅读技巧可言,对于学生来说是百害而无一益。所以对于阅读课的自学内容,是与课文内容相关的背景知识、文学常识、体裁特点等方面的了解,可以通过一些问题或是练习来要求学生进行课前的预习。<br>根据本课的文本特点,我设计了如下自学活动:学生通过观察图片、阅读标题和第一段,猜测故事中发生的事件并对故事结局做出预测,解读标题。目的是通过读前活动激发学生的阅读兴趣,带着目的积极地投入阅读。</td></tr>
<tr><td>交流</td><td colspan="6">在英语课堂上,指导和交流两个环节是没有办法绝对分开,或者孤立进行,而是有机结合,相辅相成的。在一定的指导后,即有了一定的 input 后,学生就需要进行一些交流,把老师教授的知识进行加工和吸收,也就是 intake,然后教师再进行一定量的 input,学生再交流,再加工,再吸收,如此循环往复,最终对于整堂课的内容有较好的掌握。<br>这节课中,我按照事件的发展顺序和文本结构,指导学生运用 skimming(跳读)、scanning(扫读)、predicting(预测)等策略进行文本阅读,在阅读的过程中通过师生交流、生生交流等形式组织教学活动。<br>Part I 的教学分四步进行。<br>首先,学生运用略读的方法阅读第一部分,快速找出故事中出现的人物。接着,学生细读第一部分回答问题并思考:旅馆服务台接待员和经理有没有让 John 带着 Charlie 入住?为什么?通过比较接待员和经理两种截然不同的做法,引导学生分析其中的原因并引导学生自己得出结论:John 是盲人,Charlie 是 John 的眼睛,导盲犬对盲人非常重要,因此经理才打破旅馆规则。然后,通过问题:经理还为 John 做了些什么事情?为什么?过渡到七到十段的教学。学生细读七到十段回答 worksheet 上的问题。通过英文解释的方式教授生词:lead, personally, location, sensible 和 describe。通过分析经理的行为,引导学生认识到经理对 John 的关心,对盲人的尊重,对生命个体差异的尊重,由此升华到对生命的尊重的育人价值。最后,学生齐读第七段到第十段,目的在于进一步感受经理对生命的尊重。</td></tr>
</table>

续表

<table>
<tr><td>学科</td><td>英语</td><td>所用教材</td><td>牛津上海版</td><td>任课教师</td><td>陈冉</td><td>年级班级</td><td>八年级二班</td></tr>
<tr><td></td><td>指导</td><td colspan="6">指导学生通过四次阅读文本完成故事第一部分的学习。<br>Part II 的教学分五步进行。<br>1.学生阅读第二部分快速找出发生了什么事件以及 John 最后的结局,此时学生之前对故事结局的猜测得到了验证。接着学生找出是谁救了 John,接下来的教学环节就是围绕这个问题展开交流。<br>2.学生快速阅读第十二段,找出 Charlie 是如何救 John 的。通过图片教授生词 bark。<br>3.通过问题 What did John do in the fire? 引入对 John 自救段落的学习。学生齐读课文十二到十四段后,在图片的提示下完成动词填空,这一部分主要抓住了 John 在自救过程中的动作描写。John 作为一个残疾人,他在自救过程充分体现了不放弃生命,对生命的珍惜。再一次对学生进行情感态度的教育。<br>4.文本十三段中的两个句子十分精彩,描写了 John 被困于火灾中当时的感受。学生通过想象和听火警警报体验当时 John 的心情。<br>5.消防员终于到了,但是却出现了一段小插曲。学生阅读十四段后回答问题:消防员一开始想不想救 Charlie? 为什么? 这里再一次出现面对规则和生命孰重孰轻的选择。消防员一开始不愿救狗因为会违反规则,但是 John 不放弃 Charlie,他成功地说服了消防员。学生想象自己是 John,怎样说服消防员救出 Charlie 呢? 再一次让学生意识到 John 是个盲人,Charlie 是 John 的眼睛,是 John 生命不可割舍的一部分。最后消防员被说服,他打破规则的行为也再一次体现了对生命的尊重。<br>指导学生通过五次阅读文本完成第二部分的学习。</td></tr>
<tr><td></td><td>反馈</td><td colspan="6">在英语课上,说到反馈,通常就是指整堂课最后 production 环节的呈现,这是对于整堂课所学内容的综合呈现,其重要性不言而喻。<br>本节课的 production 环节活动设计如下:学生四人一组进行讨论:假设你是 John, the clerk, the manager, the fireman, ICS 的 Talk show 节目邀请你做专访,谈谈火灾当天发生的事情以及你当时的个人感受。为了降低难度,要求每组只讨论其中的一个角色。最后,每组选派一个代表参加访谈。作业分为口头和笔头。朗读课文两遍后完成关于课文大意的概要补全填空。概要内容为课堂上 Talk show 小组活动中四个人物角色讲述发生的故事。由于在课堂上每组学生只就文中一个角色进行讨论和分析,因此回家作业中有必要对其他三个人物所做的事情进行描述和分析,从而达到让学生进一步巩固所学,检测学生对全文理解的目的。</td></tr>
<tr><td colspan="2">教学重点</td><td colspan="6">帮助学生理解文本大意,掌握新授单词。</td></tr>
<tr><td colspan="2">教学难点</td><td colspan="6">挖掘文章的育人内涵和对学生情感、态度的培养。</td></tr>
</table>

## 二、实施过程

Ⅰ.Pre-reading preparation

Ask students to look at the title, the pictures and read the first paragraph of the story.

Students look, read and predict.

(To arouse students' interest in reading the article.)

Ⅱ.While-reading procedure

*Part I*

1.Ask students to read Part I quickly and answer the questions.

Students read and find out.

(To find out the characters in Part I by skimming.)

2.Ask students to read part I carefully and answer the question.

Students read, think and answer.

(To get detailed information by scanning.)

3.Ask students to read paragraphs 7-10 and complete the sentences.

Students read, think and learn.

(To get detailed information and learn the new words.)

4.Ask students to read aloud paragraphs 7-10 together.Students read aloud together.

(To consolidate.)

*Part II*

5.Ask students to read part II quickly and answer the questions.

Students read and answer.

(To know the ending of the story by skimming.)

6.Ask students to read paragraph 12 and answer the questions.

Students read and learn.

(To get detailed information and learn the new words.)

7.Ask students to read aloud paragraphs 12-14 together and then fill in the blanks with verbs.

Students read, answer and learn.

(To get detailed information and learn the new words.)

8. Ask students to read paragraph 13 carefully and find out two sentences to show John's feelings in the fire.

Students read and understand.

(To understand the character's feelings.)

9. Ask students to read paragraph 14 carefully and answer the questions.

Students read and answer.

(To get detailed information.)

Ⅲ. Post-reading activity

Ask students to have a discussion in groups and then give a talk show.

Students work in groups. Have a discussion and then give a talk show. (To practise what they have learned and get a better understanding about the text.)

Ⅳ. Consolidation

1. Read the text aloud twice.

2. Complete the summary of the text.

Students read and write. (To consolidate what they have learned.)

### 3. 学生与教师对“四步教学方法”的评价

四步教学法的提出是为了适应新杨中学学生的基本情况，其推广获得了全校师生的普遍认同。学生们认为，课堂学习方式的转变帮助他们培养了自学能力，培养了良好的学习习惯，开阔了思维方式。教师们则强调四步教学法更好地促进了他们的专业发展，提高了课堂有效性。“先学后教”不是让学生毫无目的自己预习，而是对教师备课、课堂教学、课后反思以及教师对学生的评价等方面提出了更高的要求，这种教学方式的更新突破了传统的授课形式，将课堂还给学生，能够更加充分地关注学生在教学过程中所表现出的兴趣、态度、成就感等诸多因素，真正让课堂翻转过来，从而改变学生的学习方式和教师的教学方式。以下是两位老师和一位学生对四步教学法的感悟：

## 用"四步教学"促课堂转变

数学组　杨　冰

我们数学教研组是学校第一批试行"四步教学方法"的组室，从实践的第一天开始，"转变课堂教学模式"、"先学后教"、"促进学生自主学习"的理念就不断地回响于耳边，撞击着我们固有的授课理念。"先学后教"不是让学生毫无目的自己预习，而是对教师备课、课堂教学、课后反思以及教师对学生的评价等方面提出了更高的要求。在备课过程中，要求我们要更为详细地分析学情、预设效果、因材施教；在教学过程中，将课堂还给学生，做到充分关注学生在教学过程中所表现出的兴趣、态度、不经意中喷发的思维火花等因素并加以记录分析；在课后反思中，要在剖析真实情况的基础上，寻求教学中的不足以及影响质量的诸多因素，并加以改进；在对学生的评价上，要更为科学和全面，不光单从学业成绩上评价，还要考虑到学生的学习兴趣和动力、学习过程中的喜悦感和成就感等诸多因素，真正体现"轻负担高质量"的教学。这些都需要我们在专业发展上有所提高，从不同角度，对学生的心理、学习环境、学习兴趣、创造力和思维能力等方面加以深入的了解和研究，把素质教育要求真正落到学校层面、落到课堂教学之中。

我校"四步教学法"的施行正是对于绿色指标的践行。"四步教学法"总体要求是"三少三多"，即：讲解少一点，思考多一点；追问少一点，探究多一点；强求一致少一点，培养个性多一点。

自学—交流—指导—反馈："自学"使学生养成独立思考、主动学习的习惯；"交流"提升学生对数学知识的分析、提炼、概括、表达能力；"指导"则有针对性地对重点、难点、易错点进行指导，提高了课堂有效性；

"反馈"则及时对学生的学习情况进行评价。通过四步教学法的使用,践行了绿色指标的要求,体现了我校"尊重"的教育理念:

**一、在参与中学习**

教师不再是课堂中的指挥者、领导者,而是组织者、策划者、引导者、调控者;学生则作为探究者、体验者、合作者、表演者,替代教师组织课堂,完成教学任务、目标、知识点以及解疑、评价,这样把学习的主动权还给学生,激发和调动学生学习的积极性,培养学生积极的能动性,减轻学生的负担。

**二、快乐学习**

要培养学生浓厚的学习兴趣和求知欲望,营造生动活泼的课堂气氛,课堂上老师要善于利用学生的好奇心,引导学生挖掘各科教材的兴趣点,使学生形成比较稳定的学习动机,把抽象的知识形象化为可操作的实践化知识。尊重学生的情感,尊重同学们的个性,创造各种条件激发学生的创造力和潜能,使每个学生都有机会在其"天赋"所及的领域最充分地发展自己的才能。

**三、自主学习**

传统课堂是教师主宰着话语权,而"四步教学法"把提倡自主学习、合作学习和探究学习,对学生的尊重,化成了学生的行动,满足了学生探究的需要;获得新的体验的需要;获得认可与欣赏的需要;承担责任的需要。学生的主体地位真正得到落实。

**四、合作学习**

桌对桌,面对面,以便于学生分组、交流、合作。组内合理分工,明确职责。通过交流,每个人都展示了自己,思维火花的碰撞,使教学效果产生良好的效果。交流讨论是课堂走向自主必不可少的重要手段。

**五、分层学习**

注意教学设计的层次和梯度,让差一点的学生"吃饱",好一点的学生"吃好",优秀的学生"跳一跳",为实现课堂教学的立体交叉互动创造必备的训练条件,使不同层次的学生都能够在学习中有足够的信心与收获,这样更加能够刺激学生学习的兴趣。

四步教学法,使学生逐步养成了良好的学习习惯:一是独立思考的习惯;二是积极参与、踊跃发言的习惯;三是认真倾听的习惯;四是对于知识抽象概括的能力。

教育是门大学问,我们且行且摸索,我们期待通过"四步教学法"的实施,让教师华丽转身,课堂真正转型,培养学生主动学习、自主发展的能力,让学生在学习中体会到快乐与成功!

## 四步教学提高课堂的有效性

综合理科组　曹　丽

为了让教育适应社会转型的需要,为了进一步践行上海市绿色指标,我校根据学生的具体情况,特别提出适合本校实际情况的四步教学法——预习,指导,交流和反馈,目的在于通过提高每节课的课堂效率来减少学生的学习负担,从而提高课堂的有效性。

为了响应学校的号召,我综合理科教研组经过多次的讨论,探讨适合学科特点的四步教学,最后以公开课的方式得以呈现,下面就这节公开课(特别)的备课思路和各位老师进行交流,以此共勉。

这节课的教学内容是"用电流表电压表测电阻",是一节实验课,实验原理不难理解,但教学难点在于如何保证实验的准确性,减小实验误差,如何实现多次测量。

**预习:**

关于预习,我教研组也经过多次的讨论,可以说也是一点一点对预习有了更为深刻的理解。物理和化学是以实验为基础的学科,因此,很多知识的习得需要通过教师课堂上的演示,学生要通过观察和思考才能够得出结论,因此,在刚刚探讨四步教学法的时候,我们认为物理和化学的教学是无法实现预习这一环节的。通过多次讨论以及孙校长给予的意见和建议,我们逐渐认识到预习不仅仅局限在让学生在家里这样一个简单的空间以及让学生自己看书这样一种简单的形式,而是教师根据所要学习知识的内容和特点选择适合学生自己学习的内容从而完成自学的过程。因此，在本节公开课的预习环节中，教师先把导学稿发给学生，让学生自己设计实验电路图，因为学生之前学习过“探究导体电流和电压关系”的实验，和本次实验有很多的相同点，只有一个电路元件是不同的，因此，很多学生在上一个实验的基础上可以有一点自己的想法，设计出了两种实验方案，一种是完全照搬之前的实验电路图，一种是用了一个新的电路元件，教师则在上课之前看了学生所设计的两种不同电路，对学生的预习情况有了一定的了解。

**指导和交流：**

在学生预习的基础之上，上课时，教师让学生呈现两种不同的电路图，并各自发表意见，说说自己设计的初衷以及对他人的电路图给予一定的评价，让学生充分的交流。学生在交流的过程当中能够认识到他人设计的意图，并与自己的相互比较，教师则在学生充分发表意见的过程当中给予指导，最终让正确电路的得出水到渠成。

**反馈：**

在得到正确的电路图之后学生开始做学生实验，整个过程由于学生对电路图的得出经过自己的思考，因此，对电路十分熟悉，连接也比较顺畅，最终很顺利地完成整堂课的教学。从最终学生通过题目的反馈来看，学生较好地掌握了实验的基本原理和操作，这为后续的教学工作打下了较好的基础。

公开课结束之后我们对四步教学法也进行过进一步的探讨，应该说四步教学法的提出是适应我校学生的基本情况的，如果每一节课都能够按照四步教学法来实施，对学生思维的开阔以及能力的培养都有一定的好处，但这同时也对教师提出了更高的要求，如何在有限地课堂时间中根据学科特点更好地实施四步教学法，也是我们日后需要不断思考和总结的。

## 四步教学助我成长

初二3班　孙慧玲

自从我进入到新杨中学读书开始就接触到四步教学这种新颖的教学方法并且受益匪浅。在每天的新课前一天的晚上,数学老师都会预先发一张导学稿。导学稿上的内容分成四个部分:学习目标,复习引入,学习新知和巩固练习。我们只需要在老师授课前翻书预习新课内容并且完成复习引入和学习新知的指定题目就可以了,每个晚上只需要20分钟就可以完成预习作业,期间如果看不懂的地方或者不是很明白的地方都要做好记号,有待在第二天学习中作为重点去学习。虽然预习任务花费的时间很少,但是这样的预习对于第二天的学习确有着很大的帮助。因为事先预习过,对于新课内容不陌生,老师讲课速度就快了,我们学习起来游刃有余。而多余的时间,老师则会对我们的问题答疑解惑并且拓展提高。数学课上,老师讲的内容主要围绕着导学稿上的学习新知部分。而到了巩固练习部分大多数都是由学生来说,我们要讲清楚拿到这道题首先是怎么考虑的,打算怎么做,题目中的条件给了我们什么联想,最后将自己解题的思路清晰的说一遍。如果自己可以把一道题讲的清晰透彻,那么这道题便是真正地理解了。而遇到难题时,大部分同学刚开始都没有思路。老师会给我们一些思路,让我们在自行思考无果后和周围的同学讨论,交换思路。一段时间后,班级同学开始有一些同学有了思路。这时老师会让他们一个一个上来说。大家各种不同的方法都说完以后,同学们会选择一种相对于自己简单的方法思考并记下详细过程。老师则总结这道题目和各种方法,从不同的角度思考出的方法必定有繁有简。老师会分析在遇到什么类型的题目时哪些方法是简洁的,而又有哪些方法是通法,所有题目都适用。每一节课的最后几分钟就是小结,先由同学来说这节课学了些什么,有什么要注意的地方。老师会告诉我们这节课用了什么数学思想。每一节课在生动活泼的课堂气氛中,我们学习的内容虽多,却感觉十分轻松。课后,老师会对我们的学习情况进行评价。并且会及时对我们掌握不好的知识点，易错点，难点，重点进行再一次讲解，直到所有同学都弄懂。四步教学让我们的学习变得轻松，让我们对每一天的学习都充满了兴趣和动力。

四步教学法其实是在很大程度上培养了我们的自学能力，并且培养了我们良好的学习习惯，让我们越来越喜欢学习。这种能力的培养也是会受益终生的。同学们都很喜欢这种教学方法！

## （三）尊重人才培养规律，优化评价制度

学生的学业评价制度建设是学校发展的重要保障。上海市推出《上海市中小学生学业质量绿色指标》，就是要破除陈旧的观念，摒弃落后的机制；就是要建构新的评价理念，促成新的评价机制，树立全面、正确的学业质量观，引导教育工作者既关注学生的学业，又关注影响学业的因素，以及学生为学业水平所付出的代价，从而为推进素质教育提供“再生动力”，为学生全面发展健康成长提供“绿色生态”。

新杨中学为每位学生提供了成长记录表，关注学生的作业情况、课堂表现、行为规范以及家庭表现。学校要求每位教师填写学科知识目标落实情况反馈表，要求教师针对学生的学习情况进行总结与反思，并且提出下一步具体的改进措施，以期为学生的学习成长提供更好的支持与帮助。

**表 3–1：新杨中学成长记录表**

| 日期 | 作业 | 课堂表现 | 行为规范 | 家庭表现 |
| --- | --- | --- | --- | --- |
| 年　月　日 | 书写认真<br>○是　○否<br>按时完成<br>○是　○否<br>准确率高<br>○是　○否 | 专心听讲<br>○是　○否<br>举手发言<br>○是　○否<br>善于合作<br>○是　○否 | 不迟到早退<br>○是　○否<br>认真<br>○是　○否<br>文明休息<br>○是　○否 | 专心写作业<br>○是　○否<br>作业不拖拉<br>○是　○否<br>生活习惯好<br>○是　○否 |
| 年　月　日 | 以下同上 | 以下同上 | 以下同上 | 以下同上 |
| 年　月　日 | | | | |
| 年　月　日 | | | | |

表 3-2:新杨中学学科知识目标落实情况反馈表

教师:________ 学科:________ 年级:________ 时间:________

| 本周主要知识点 | 落实情况(好/改进) | 改进措施 | 备注 |
|---|---|---|---|
| | | | |

学校还对学生开展了“学生学业质量评价”,目的是引导教师主动关注学生学习过程,激励学生主动参与学习过程,调动家长主动关心学生学习过程,达到以评促教、以评促学的效果,促进各类学生在原有水平的基础上更加全面的发展。在评价方案中关注学生在学习过程中所表现出的态度、兴趣、意志品质、学习方法和所掌握的知识、技能及能力的有效性,提高日常性评价对促进学生不断在学业上取得进步的激励作用。以下是新杨中学学生学业质量评价方案(草案),具体的评价原则及方法在此文件中加以详述。

## 新杨中学学生学业质量评价方案(草案)

### 一、指导思想

以《中共中央国务院关于深化教改推进素质教育的决定》、《教育部关于积极推进中小学评价与考试制度改革的通知》精神为指导,学生学业质量评价是积极贯彻素质教育精神,全面提高学生基本素质的重要手段,是学校加强宏观指导,全面控制教育教学质量的重要举措,也是在全校树立衡量学生的标准,为师生确立工作和学习的奋斗目标、为家庭教育提出明确要求,促进学校、家庭和社会教育和谐统一的需要。

学生学业质量评价的目的是引导教师主动关注学生学习过程,激励学生主动参与学习过程,调动家长主动关心学生学习过程,达到以评促教、以评促学的效果,促进各类学生在原有水平上全面发展。

### 二、评价的依据

评价工作按照校办公会议讨论通过的《新杨中学学生学业质量评价指标体系》(以下简称“评价指标体系”,见附件)进行。

《评价指标体系》可以作为学校对毕业生进行学业综合评价时使用，也可以作为年级组、班主任和任课教师对学生进行学年评价、学期评价等时的参考，还可以作为家长及时了解学生行为表现和学习状况的重要资料。

**三、评价的原则**

（一）方向性原则

对学生的评价要与党和国家的教育方针、规范、政策和法律法规中规定的教育目标、德育目标等相一致。评价指标体系要具有导向作用，把学生的学习、实践活动引导到实现德智体美劳全面发展的教育目标上来。

（二）客观性原则

对学生的评价是根据国家教育方针和学生德智体美劳全面发展的要求，以事实为准绳，按照统一标准进行。

（三）科学性原则

对学生的评价要尊重身心发展规律，除了评价指标要客观之外，评价者也不能根据自己的好恶、从主观意愿出发进行评定，评价时要尊重学生的个体差异，应主要看其在各种具体问题上的行为表现，从实际出发，针对不同的阶段，不同年龄，不同对象的特点，做出科学合理、切合实际的判断。

（四）动态评价原则

中小学生正处在不断变化发展之中，他们现在的表现只是一种暂时的表现。动态性评价能科学准确地显现学生在集体中的相对位置，能够更清晰地再现学生发展变化的历程。

（五）发展性原则

评价是面向全体学生、对德智体美劳的全面评价；是根据学生发展的不同阶段客观确定不同发展水平的指标，循序渐进地提出合理要求、激发学生主动发展的意识，面向未来的评价方式。

**四、评价的方法**

（一）学生评价工作主要由教导处和政教处统一领导，由班主任和各任课教师具体负责实施。

(二)评价要与每日教学常规的落实和遵守行为规范相结合。既要对学生德、智、体、美、劳等方面状况进行整体评定,又要反映学生课内外、校内外各方面的表现。

(三)综合运用多种评价方式、包括教师评价、学生自评、学生互评,家长评价、社区评价等。

(四)具体方法:

1.行为观察记录法:

以班级为单位,由班主任或小干部根据每位同学当日在作业、课堂表现、行为规范等方面的表现记录并填写《成长记录表》(见附件一),并当日反馈给家长;由家长根据学生在家完成作业和生活习惯的表现填写《成长记录表》,并于次日反馈给老师。

2.分年段学科目标落实情况评价法

以班级为单位,以一周为时间段,由任课教师对本周内学生学业知识的落实情况进行反馈,并填写《学科知识目标落实情况反馈表》(见附件二)。

3.学业考试成绩评价法

以年级为单位,以一个学期为时间段,根据学生期中和期末两次考试成绩的具体情况进行评价。

值得一提的是,在学校尊重学生成长及培养规律,不断优化评价制度及方法的大环境的引领下,新杨教师也积极探索更高效更适宜于学生发展的评价方式,下面以《语文合作学习的过程性评价初探》研究为例,来展现新杨中学如何将创新型学生学业质量评价方式与"尊重的教育"相结合运用在教学实践中。

## 语文合作学习的过程性评价初探

孙　莉

### 一、问题的提出

合作学习作为自主学习的一种形式,因能充分体现课改"以学生为本”的核心理念，具有培养合作精神、提高自学能力、促进创新思维等作用而越来越受一线教师重视。在时下的语文教学中，经常可见以小组讨论、交流为载体的合作学习。然而，随着合作学习在教学中的普及，各种问题也逐渐暴露，其中为教师们公认的有：合作流于形式；学生参与度参差不齐；无法完成预设目标；合作中学生缺乏主动性。笔者认为这些问题可以归结为：合作学习的形大于质。究其原因，主要有三方面：首先是分组较为随意，未能充分考虑学生的学习基础、学习特长、个性特点；其次是受时空因素的制约，教师无法对所有小组给予及时的指导与评价；第三，亦是最为根本的是缺少针对合作学习本身的评价标准和方法。由此可见，要想充分发挥合作学习的作用，实现其应有的教育价值，必须在明确其注重过程的本质的前提下，采用一种综合指导、评价、激励功能的手段，以保障合作学习的有效实施。基于上述思考，笔者尝试了采用学习档案袋对合作学习进行过程性评估的实践。

## 二、学习档案袋内容的确立

学习档案袋采用描述性的评估，包括教师评价、学生自评和互评。针对合作学习的档案袋，是通过对学生在合作学习不同阶段的表现，如参与程度、信息交流、方法技能、学习效果等方面的记录，使教师和学生都清楚这种纵向对比，引导学生成为评价的主体，从而提高学习的自主性，最大程度发挥合作学习的效用。合作学习的档案袋应包括以下内容：

### （一）学习小组成员表

相对固定的小组是合作学习的基本单位，合作学习的档案袋自然也应以小组为单位。学习小组成员表要记录小组每位成员的姓名、阶段测试成绩、组内的分工等基本情况。

### （二）评价量表

评价量表是评价的关键，它直接关系到评价的效度与信度。语文教学中合作学习的形式多种多样，评价量表应有针对性、侧重点，每一类评价量表的维度虽不尽相同但都须包含自我评价、组长评价以及教师评价三个层面的评价。

（三）阶段性反思

通过一阶段的学习、评价之后，每位学生应根据评价内容、数据进行反思并形成语言描述，以明确自身的学习状况，为下一阶段的学习做准备。

## 三、在行动研究中实践档案袋的运用

（一）基于学生个体的学情分析

合作学习的过程性评价旨在通过对学生在合作学习的过程中所表现出的学习态度、方法和效果进行持续、综合的评价，从而给予学生符合三维目标的全面地评价并激发学生的学习动力，使合作学习提高学生自主、合作、创新能力的目标落到实处。科学的分组是有效合作学习的前提，这就需要对学生的学情有正确地分析，有了学情分析也为过程评价确立了起点。笔者通过问卷调查，访谈的形式对任教班级学生在学习方面有何特点、通常采用何种学习方法、学习习惯如何、有哪些学习兴趣，现阶段的学习成绩如何，语文学习的最大困难等方面进行了全方位的调查。

（二）异质分组

在充分了解学情的基础上，笔者根据"组内异质、组间同质"的原则进行分组。任教班中共34名学生，其中男生19人，女生15人，考虑到环境、教师关注能力等因素，将学生分成了固定的六组，每一小组自主推选一名组长，组长也可根据学习内容临时调换。小组成员的分布，兼顾了学生思维发展的不同水平，使各组构成达到合理配置，以期产生更多的合作性思维，更多的信息输出与输入，以促进组员的互助与合作为前提，以组内每位学生的发展为目标。

（三）评估量表的设计

语文教学丰富而广阔的内容决定了合作学习的形式也是种类繁多。要想用一种量表以应万变当然是不可能的，但是如果每一种形式都设计一种量表在操作上又会有诸多不便。在参考了相关文献之后，笔者设计了自主阅读、作文互批、综合活动三大类评估表格。

**自主阅读评估表**

| 阅读形式:理解、质疑、释疑、归纳、赏析、其他____ | | | | 评价日期: | | |
|---|---|---|---|---|---|---|
| 小组成员 | 信息提供者 | 信息记录者 | 大组交流者 | 自我评价 | 组长评价 | 教师评价 |
| | | | | | | |
| | | | | | | |
| | | | | | | |
| 评价标准: | 1.能否主动参与阅读(能5分;否0分)<br>2.能否根据学习目标提供正确地信息(能5分;否0分)<br>3.记录是否准确、迅速(是5分;否0分)<br>4.交流时是否流畅、准确(是5分;否0分)<br>5.是否受到教师肯定或表扬(是5分;否0分) | | | | | |

**作文互批评估表**

| 作文题目: | | 评价日期: | |
|---|---|---|---|
| 小组成员 | 自我评价 | 组长评价 | 教师评价 |
| | | | |
| | | | |
| | | | |
| 评价标准: | 1.能否独立完成批改(能5分;否0分)<br>2.能否从中心、材料、语言、条理四方面给予评价和修改意见(能5分;否0分)<br>3.书面表达是否清晰,准确、迅速(是5分;否0分)<br>4.批改意见是否得到小组成员的认同(是5分;否0分)<br>5.有无独到见解(有5分;无0分) | | |

**综合活动评估表**

| 活动形式:朗诵、辩论、表演、探究、其他____ | | | | | | 评价日期: | |
|---|---|---|---|---|---|---|---|
| 小组成员 | 活动策划者 | 材料准备者 | 活动参与者 | 大组交流者 | 自我评价 | 组长评价 | 教师评价 |
| | | | | | | | |
| | | | | | | | |
| | | | | | | | |
| 评价标准: | 1.能否积极主动参与活动(能5分;否0分)<br>2.能否听从组长安排(能5分;否0分)<br>3.是否能根据学习目标完成任务(是5分;否0分)<br>4.活动中有无突出表现(0—5分) | | | | | | |

(四)课堂实施

首先,让每位学生明确档案袋的意义与作用,并了解评价量表的使用方法。其次,在合作学习前教师将本次学习的任务与目的阐述清楚;在合作学习之时,教师应该或尽量对于每一小组都有一定的即时指导;合作学习之后,教师从教学目标和学习过程两方面进行课堂评价。第三,给予每次合作学习充分的时间保证。通过实践,笔者认为一般控制在15—20分钟为宜,这样既有利于学生的充分思考与交流也不影响整堂课的教学节奏,作文互批时则时间可以更长一些。最后,及时填写量表,如课堂上时间允许学生自评与互评环节应在下课前完成,如果时间有限也应在当天完成,教师评价环节也应是"堂堂清"确保信息的正确完整。

(五)学习档案的管理

过程性评价的要求决定了它所牵涉的时间周期较长。出于对合作学习质量的考虑,笔者选取每一单元的一篇重点课文作为合作学习的文本,作文互批定为一学期2次,加上固定的《每周一诗》的探究学习,这样基本保持每周1—2次的合作学习频率。每学期的期中与期末分别由学生自主对档案袋中的数据与信息进行一次统计、小结、反馈,便于学生及时总结、反思与提高。档案袋应妥善保管,由于出现过学生漏填与遗失的情况,故笔者最终采用了统一收发的形式。尽管随着信息技术在教学中的普及,电子档案袋也颇受欢迎,但因无法保证及时填写故目前尚未采用。

## 四、实践反思

经过一年的实践,学生们对这种采用档案袋的过程性评价从陌生到熟悉,从被动执行到主动参与,评价量表也在实践中多次修改。在具体实施的过程中,笔者对档案袋在语文教学中的作用有了更进一步的理解,对过程性评价的内涵有了深刻的体会。

(一)档案袋的运用使学生参与合作学习的兴趣与效果明显提高

小组学习不再是个别学生的一言堂;学习任务下达之后,学生观望和消极等待教师讲解的现象大大减少。以《每周一诗》的合作学习为例:每周一诗的合作学习形式是,每一小组自由选择一首古诗,在一星期时间内搜集相关资料进行自主学习，在接下来的周一语文课上由一位组员向全班汇报学习成果。在采用过程性评价法之前，这项学习异化成了部分电脑技术较好的学生的个人任务，汇报变成了PPT的展示，其余同学则坐享其成。推行档案袋之后，组长给每位同学布置一定的任务，明确分工，由于最终的评价落实到每一个同学，所以每位同学的积极性都被调动起来，参加汇报的也不再是固定的几位学生，无论是汇报内容的深度和广度还是汇报的形式都有了长足发展。由此可见，正是关注了合作学习的过程，并且关注了学习时每一个同学的具体表现，合作学习的优点才得以充分体现。

（二）档案袋的运用促进了学生听、说、读、写、思的全面发展

由于每位学生在档案袋的使用过程中既是评价者也是被评者，因此合作学习的过程中学生学会了仔细倾听同伴的发言，同时无论对自己的口头表达还是书面表述的质量都更为重视，尤其是代表小组在全班交流的同学还要对组内的信息进行分析、梳理、总结，思维能力得到极大锻炼。每学期两次的反思让学生通过相应的数据直观地了解自己在语文学习中的不足与进步。

（三）评价维度的确定是档案袋运用的难点

合作学习的过程性评价维度，不仅应针对知识与技能层面的评价如：学习任务完成与否、完成质量何如，更为重要的是应包括对学生学习态度与方法层面的评价，这是过程性评价的意义所在。然而，在具体实施过程中，笔者发现这部分的标准是最难设计的，因为态度与方法的直观表现很难量化，但是如果不量化，又很难进行评价。目前，笔者主要采用的是“是与否”的二维判断，如何能真正反映学生的动态学习过程，还需进一步思考与改进。

（四）评估结果的运用应是多方面的

一学期结束之前，教师要结合过程性评价的材料对每一位学生的学习情况作一个分析，为学生指明下一阶段的努力方向，同时也让学生对评价保持重视。这个分析可以记入学生的成长册，也可以折合成相应的分数计入学生的平时成绩，以此来调动学生的积极性。

# 第四章

# 尊重理念下的教师专业发展

随着我国教育事业的蓬勃发展和教育改革的逐步深入,教师素质的提高也日益成为关系到教育事业发展和教育改革成败的核心问题,"教师专业发展"作为一种理念应时而出,并得到了广泛的关注和研究。教师是学校宝贵的财富,新杨中学以尊重的理念为指导,为每位教师的成长规划了个性化的专业发展方案。

## 一、教师专业发展的含义

教师专业发展就是教师的专业成长或教师内在专业结构不断更新、演进和丰富的过程。① 要帮助教师实现主动的专业发展,不仅需要教师的主体自觉,还需要外因的作用。在基础教育课程改革背景下,学校应当把"师生的主动发展"作为办学理念和价值追求,要体现出教师对于自身专业发展的内生性、自觉性。此外,在发展的过程和状态上还应体现非终结性。学校作为教师工作、生活和学习的主要场所,应当积极为教师的主动发展提供良好的外部环境,创设激励教师主动发展的氛围。学校要通过一系列立足于校本的教育实践活动为教师提供主动专业发展的载体;通过建设新型的教师组织样式、革新

① 叶澜、白益民等:《教师角色与教师发展新探》,教育科学出版社 2001 年版。

各种学校管理制度为教师提供主动专业发展的保障；通过积极倡导先进的教育理论为教师提供主动专业发展的行动理念。①

## （一）教师专业化

教师专业化是指教师个体和教师群体的专业水平提高以及教师职业的专业地位的确立和提升的过程。具体包括三个层次：一是指教师个体的专业水平提高的过程；二是指教师群体的专业水平提高的过程；三是指教师职业的专业地位的确立和提升的过程。② 三个层次紧密联系，相互促进。忽视任何一个方面，就会阻碍教师专业化的进程。

## （二）教师专业发展的定义

教师专业发展是指教师内在专业结构不断更新、演进与丰富，成为成熟专业人员的过程。③ 主要指专业知识与技能技巧的丰富与娴熟，专业信念与理想的坚持与追求，专业情感与态度的深厚与积极，教学风格和品质的独特与卓越。④

## （三）教师专业发展的内容

教师专业发展五大内容包括：专业知识、专业技能、专业伦理、专业精神、专业智慧。它们在教师专业发展中相互联系，相互促进而有机融为一体。其中，专业知识和专业技能是教师专业发展的基础，专业精神是教师专业发展的动力，专业伦理是教师专业发展的保障，专业智慧是教师专业发展的最高追求和集中体现。

### 1. 教师专业知识

从认知心理学的角度来看，教学活动是一种认知活动，⑤教师知识作为教

① 王健：《立足于学校管理层面的教师专业发展策略浅探》，《青年教师》2005 年第 3 期。
② 刘捷：《专业化：挑战 21 世纪的教师》，教育科学出版社 2002 年版。
③ 叶澜、白益民等：《教师角色与教师发展新探》，教育科学出版社 2001 年版。
④ 王鉴、徐立波：《教师专业发展的内涵与途径——以实践性知识为核心》，《华中师范大学学报》（人文社会科学版）2008 年第 3 期。
⑤ 林崇德、申继亮、辛涛：《教师素质的构成及其培养途径》，《中国教育学刊》1996 年第 6 期。

师认知活动的一个基础，主要包括四方面的构成：一是学科专业知识，包括学科基础知识和基本技能技巧、学科发展历史和趋势、学科认识世界的独特视角和方法、相关学科的知识；二是教师专业知识，包括一般教育学知识、一般心理学知识、学科教育学和心理学知识；三是实践性知识，包括情境性知识、操作性知识、人际知识、自我知识；四是普通文化知识，包括人文社会科学类知识、自然和技术类知识、工具类知识、艺体类知识、劳技类知识、时政知识。①

教师良好知识结构的主要有以下特征：第一，多元性，多元性是指教师知识结构的多样性与综合性；第二，动态性，教师知识结构的动态性是指教师的知识结构处于不断的变化过程中，是指知识结构的开放性和超前性；第三，发展性，教师知识结构的发展性是指教师的知识结构向着有利于学生发展、有利于教师自身发展的方向发展；第四，整体性，教师知识结构的整体性是指教师专业知识各构成部分之间并非独立成块，而是融合为一个有机整体，彼此相互联系、相互影响、相互作用、相互依赖，发挥着协同效应。

2. 教师专业技能

教师专业技能是指教师在一定教育思想指导下，在已有知识经验基础上，通过实践练习和反思体悟而形成的顺利完成教学任务的一系列教学行为方式和心智活动方式。具体包括三层含义：第一，教师专业技能是一系列教学行为方式和心智活动方式的整体体现。第二，教师专业技能的形成是内外兼修的结果。第三，教师专业技能是教师在已有知识和经验的基础上形成和发展起来的。

教师专业技能的构成有：备课技能、教学设计技能、课堂教学技能、教学方法技能、教学语言表达技能、教学媒体选用技能、学法指导技能、检查学习效果技能、说课与听评课技能、教学评价技能、教学研究技能和教学反思技能。

3. 教师专业伦理

教师专业伦理是指从事教育教学工作的专业人员遵守的一套行为规范和

① 余文森、连榕：《教师专业发展》，福建教育出版社 2007 年版。

为实现美好生活而培植的内在品格和德性。具体说，是教师担负起教师角色品质，即实现教师之特殊性目的的品质，能充分实现教育潜能的品质；是履行教育教学责任和义务过程中所体现出的道德力量；是教师在体验为师之道的基础上所形成的内在的、运用自如的教育行为准则。第一，教师专业伦理是规范伦理。第二，教师专业伦理是教师内在的自我德性。第三，教师专业伦理是外在规范与内在德性的统一。

4. 教师专业精神

教师专业精神是指教师对自己所从事的教育事业的敬畏与自豪，对社会、对学生的一种强烈的责任意识，对教育工作的一种精益求精的态度，对自己的一种严格要求和自我发展的意识，是一种专业自律和自我教育的力量。专业精神集中体现在教师对教育事业的忠诚和个人自身价值实现的追求中，体现在教师的专业进取和创新中，充分表现了教师的人格风范和活力。

教师专业精神有其独特的作用和意义：第一，它是教师专业价值与功能充分发挥的保证。第二，它促进教师个人的成长与完善。第三，它是影响学生的主要因素之一。第四，它是树立教师良好形象、提高教师社会地位的重要手段。

教师专业精神的构成包括：第一，专业自我，是指教师个体对自我从事教学工作的感受、接纳和肯定的心理倾向。第二，专业理想，是教师对成为一个成熟的教育教学专业工作者的向往与追求。第三，专业情操，是教师对教学工作带有理智性价值评价的情感体验①。它是构成教育价值观的基础，是构成优秀教师个性的重要因素，也是教师专业情意发展成熟的标志。

5. 教师专业智慧

教师专业智慧是教师学识、能力、经验、人格等方面的专业要求在教师身上高度综合的结果，又是教师在长期教育教学实践中不断体验、感悟、反思、探索、创造的结果，表现为对教育教学规律的把握，深刻洞悉、深度思考，合理判

① 教育部师范司组织编写：《教师专业化的理论与实践》，人民教育出版社2003年版。

断与抉择,以及灵活机智应对的综合能力。

教师专业智慧的构成包括:第一,知性智慧,是基于教师对教育的整体感知、直觉把握所形成的智慧。第二,理想智慧,是教师基于对教育理论的思考和教育规律认识的基础上形成的智慧。第三,情感智慧,是教师基于职业感、道德感、人际交往和师爱基础上形成的特殊智慧。第四,实践智慧,是教师基于个体实践经验积累、体验感悟和教学反思的基础上形成的智慧。

## 二、以尊重的理念,指导校本研修实践

“尊重——为每一位师生的充分发展服务”是新杨中学多年来秉承的办学理念。尊重教师发展规律和需求,关注教师职业发展规划,确立教师队伍建设在学校发展格局中的优先地位,是提升学校教育质量的基础。因此学校将“尊重”理念全面贯彻在校本研修的实施过程中,以“四个关注”为指导思想,拓宽研修渠道,丰富研修内容,促进教师专业的可持续发展。

### (一)尊重需求,关注研修内容的分层化

教师因岗位、年龄、职称的不同,对校本研修的需求也不同。学校尊重教师的不同需求,在研修内容的确定上做到层次分明,条块结合。

新杨中学校本研修主要分为育德能力、教学能力、科研能力三大块。在育德能力的研修过程中,班主任与非班主任分两条线实施:班主任侧重于班级管理实务培训以及班级文化与温馨教室建设的能力提升上;非班主任侧重“两纲”课堂渗透的实践研究。教学能力的研修为所有教师的必修内容,根据教师的不同职称,学校设计了不同内容:新教师与初级教师注重“课堂规范”与“学校教学质量保障体系”等常规知识与理论的学习和实践;中级教师重点参与“好课标准”、“尊重理念在课堂中的体现”、“有效教学的课堂设计”等反思性项目的实践研讨;高级教师的研修则以开设主题论坛、教学精品课展示、师徒结对等活动为主要抓手。科研能力的主要研修渠道为教研组活动,在学校“尊重的教育”的

总课题之下每个教研组都有自己的子课题，教师结合自身的学科教学实践开展研究。研修内容的分层设计确保了研修的全员参与，供需对接。

### （二）尊重个性，关注研修形式的多样化

开展校本研修，是要给教师一种与教师个性成长相匹配的环境，在尊重教师专业发展个性的基础上，加速教师的成长。教师的个性特长各有不同，研修的参与方式以及成果呈现方式也有所不同。因此对于同一内容的研修，学校提供了不同的方式，总的来说可以分为听、说、读、写四大类。听，即听专家讲座、听辅导报告、观摩各类教学展示课；说，指开设讲座、上课说课、评课研讨、主题活动展示；读，主要是阅读各类教育教学理论书籍；写，范围包括科研报告、心得体会、教学反思、课例分析等。这些形式又可分为必修与选修两类。

以教学能力板块中“课堂教学中教师的尊重意识与行为研究”这一研修主题为例。学校邀请了华东师范大学教育管理学系的教授做了系列讲座，组织了同课异构教学展示周，开设了主题论坛，推荐了阅读书目。其中讲座为必修内容，其余部分为选修内容，教师既可以选择参加论坛作交流发言，撰写以“课堂尊重意识与行为”为主题的小论文或读书心得，也可以开设一节渗透“尊重”理念的教学展示课，还可以提交一篇相关内容的教学反思或课例分析，总之教师可以根据自己的实际情况选择最适合自己的形式，只要达到标准，学校都给予相应的学分认定。

### （三）尊重情感，关注研修评价的人性化

校本研修的目的是让教师在日常的教育教学活动中，有效获取经验、积累教育智慧、内化理论、转化行为，从而促进教师的专业成长，也就是“在做中学，在学中做”。研修需要教师的自觉投入，特别是情感的投入，研修的评价也需要体现人性关怀。因此对于教师校本研修的评价不仅要关注结果更要关注过程，并且要尊重教师的付出与情感认同需求，体现人性化原则，达到激励和导向的作用。学校采用了“过程+量化”的评价模式，综合评价每一位教师研修的质量。

为了帮助教师更好地保留研修轨迹，学校设计了教师研修手册。手册分

为校本研修要求及评定、个人研修计划、自学笔记（心得）、报告讲座记录、课堂实践及反思、论文及调研报告、主题教育活动方案及反思七大板块，这样既考虑到了研修过程中的文字记录也兼顾了研修成果的书面呈现。其中评定板块包括自我评价和集体评价两部分。学期末首先由教师针对个人研修计划的达成情况进行自我评价，然后由研修组长（年级组长或教研组长）根据教师的客观成果与主观态度进行打分，最后由教导处予以学分认定。通过科学的评价，增强教师的研修动力，提高自我发展的主动性。此外，学校在评优评先、绩效考核等方面优先考虑研修工作成绩突出者。

### （四）尊重实效，关注研修管理的精细化

精细化管理是校本研修取得实效的外部保证。学校从精细研修计划，精细研修过程两方面入手力求提高校本研修的实效性。

校长是教师培训的组织者、领导者。每学年初校长依据市、区教师队伍建设的任务和方向，围绕学校发展目标，对校本研修进行总体规划并落实保障性措施。教导处根据校长的规划制定详细的学期研修计划，明确研修内容。每位教师再针对性地制定个人研修计划，选择研修方式。学校校本研修管理团队由师训专管员、教导主任、政教主任、年级组长、教研组长组成。教导主任、政教主任负责研修内容与项目的开发；年级组长、教研组长负责不同层面研修活动的具体实施；专管员负责时间的安排与调控、资料的收集与整理、数据的统计与录入，以及收集、反馈教师对于研修活动的意见与建议。团队成员的分工合作使校本研修的实施有条不紊。

总结学校的师训工作，可以清楚地看到校本研修只有真正做到以尊重教师的发展为本，紧密结合教师的教育教学实践，才能最大限度地激发教师的兴趣与热情，从而成为教师追求专业发展的持续、自觉的选择。

## 三、"尊重"理念下教师专业发展的特色内容

新杨中学以"为了每一位教师的专业发展"为理念，着力提升每一位教师

的综合素质，突出骨干教师的引领作用，着力发挥领军教师示范辐射效应，面向全体，整体推进，精心培育，逐渐形成了具有新杨特色的教师专业发展路径。

### （一）教师专业发展的指导思想

以科学发展观为指导，以“为了每一位教师的专业发展”为理念，实施“人才兴校、人才强校”战略，创新教师培养与成长模式，推进学校人事制度改革，提升教师的教育境界和专业能力，着力优化均衡教师结构，夯实底部、提升中坚、打造高端，为实现新杨中学强校跨越奠定扎实的人力支持和人才保障。

### （二）教师专业发展的行动目标

着力打造适应素质教育要求、能满足区域教育现代化发展需要的师德高尚、业务精湛、结构优化、梯次分明、可持续发展的教师队伍。

### （三）教师专业发展的主要任务

将“尊重”的理念贯穿于教师专业发展，应尊重教师的个性、顺应教师的发展规律，这就要求学校在充分了解校情的基础上，面对不同层次的教师进行分层管理，既关注每一位教师的发展与提升，尊重其个人发展需求，又注重骨干教师的培养，发挥其领军示范作用，以促进全体教师的专业发展。

1. 面向全体，整体推进，着力提升每一位教师的综合素质

新杨中学的教师专业发展的制定是面向全体教师，由学校整体推进，着力提升每一位教师的综合素质，具体措施如下：

（1）完善制度，加强师德

将师德教育列为教师培养培训的重要环节，进一步修订“教师文明公约”，完善师德建设规章制度，指导教师学习《国家中长期教育改革和发展规划纲要（2010—2020年）》，牢固树立育人为本、德育为先的理念，通过进一步完善《上海市新杨中学教师考核奖励制度》、《上海市新杨中学爱生模范评比实施方案》、《上海市金爱心教师评选方案》，引导教师热爱学生，尊重学生人

格、平等公正对待学生;淡泊名利,乐于奉献,甘为人梯;以身作则,言传身教,为学生树立做人的榜样;严格要求自己,自尊自励,以自己的人格魅力、学识魅力和卓有成效的工作赢得全社会的尊重。

在此,以家校合作的项目课题为例,来具体展现新杨中学在"尊重的教育"的引领下是如何开展教师在师德方面的专业素养的提升。

## 家校合作中,教师的尊重意识与行为研究

### 一、总体设计思路和背景

根据《普陀区中小学、幼儿园教师"十二五"培训工作实施方案》的精神,注重每个教师的发展,注重以育人为本的教师师德修养、教育境界和专业素养的提升。学校以教研组为单位,以校为本,深化校本研修,努力提高教师的职业认同和教育教学实践能力,通过完善教师培训体系,促进教师专业发展。特制定实践体验课程实施计划如下。

课程目标:通过实施本课程,从家校合作入手,从家校联系的路径、师生帮教的案例、家长学校的建立等方面积累经验,从而提升家教合作的能力,让教师在教育教学的实践中贯穿"尊重"的理念,用"尊重的教育"引领学生健康发展,使教师真正成为育德能手。

研修内容:家长学校的建立与家校联系;怎样建立畅通家校联系的路径;班主任如何密切家校联系并取得信任;学科教师如何开展家访。

### 二、具体要求如下

| 评价对象 | 研修重点 | 呈现方式 | 学分 |
|---|---|---|---|
| 新教师或初级职称的教师 | 以教育实践经验量的积累为重点 | 撰写一篇教育个案 | 1分 |
| 中级职称教师(含中教教龄25年以下) | 以关注学生的发展、关注育德的成效为重点 | 一篇典型教育事件分析 | 1分 |
| 高级教师或教龄25年以上资深教师 | 以提升自身育德水平,深化自身的班级管理科研能力为主 | 一篇与研修内容相 | |

**三、评价要点**

（一）评价目的

借助家校合作平台，提高教师自身育德水平

（二）评价内容是整体性与个体性相结合

班主任与非班主任具备不同的评价内容。班主任侧重于班级文化建设上的育德能力。非班主任侧重日常教学的育德能力。

（三）评价手段多样化

研修课程要求完成一定数量的论文、随笔、反思等，评语等级分为优良、合格与不合格。

（2）结合校情，优化结构

目前，学校共有专任教师69名，其中35岁以下的中青年教师为24人，占总体人数的35%，是教师队伍发展的中坚力量。同时，具有研究生学历的教师有14人，占总体教师人数的20%，这就决定了学校教师既有发展的意愿又有发展的潜力，因此在学校的发展中必须尊重教师发展规律，确立教师队伍建设在学校发展格局中的优先地位，关注教师职业发展规划，合理配置教师资源，并在教师队伍年龄、职务、学科结构等方面进一步优化，改善班师比和生师比，保证配足、配齐教师，开足、开齐课程。通过建立教师激励机制，以“名师工程”为突破口，努力造就一支师德高尚、理念先进、业务精湛、锐意创新的高素质教师队伍。

（3）能级管理，提升能力

加强教师能级管理，赋予不同层面的教师不同的要求：初级教师能熟练掌握课堂教学常规，站稳讲台；中级教师能具备各学段学科教学把关能力，站好讲台；高级教师能有扎实的教育教学科研及带教能力，形成自己的教学风格，享有较高的知名度。实施教师能力提升计划，以增强教师创新意识、创新精神和创新能力为重点，搭建课堂教学、课题研究、创新实践、异校带教、跨校留学等教师专业能力提升平台，引领每一位教师专业成长。

2. 突出骨干,精心培育,着力发挥领军教师示范辐射效应

学校以骨干教师为核心,精心培育,着力发挥他们作为领军教师的示范辐射作用。

(1)完善骨干教师发展序列

健全和完善三级(校级、区级、市级)骨干教师发展序列相应的评定标准。鼓励学校优秀教师参加区教坛新秀、教学(教育)能手、高级指导教师、学科带头人等区级骨干教师评选。力争五年内学校校级骨干教师达到85%,区级骨干教师(即区教坛新秀、教育教学能手等)达到30%,市级骨干教师(即区学科带头人、市优秀青年教师等)达到5%。

(2)成立教育教学研究小组科研团队和教师专业发展协作组

2006年2月,学校成立了由校长为第一负责人的教师教育研究小组,组内成员由学校在教育教学研究上有突出表现的骨干教师组成,其中包括两位研究生学历的教师。到2013年,学校在总结前期经验成果的基础上,进一步成立了教师专业发展协作组,由学校四位骨干教师担任导师,18位青年教师为学员,构成一个教学相长、协作发展小组。小组成员对全校在编在岗的教师按照初、中、高级职称进行全面了解,对学校以往教师教育情况进行了系统的梳理,在此基础上制定了《新杨中学"十二五"教师继续教育五年规划》。

为了促进教师自我研修的主动性,学校采取由点到面的方式让教师制定个人发展计划,先从不同职称教师中选择积极性比较高的教师作为样本,对他们进行如何撰写教师自我发展三年计划的专门培训辅导。研究小组成员对这些教师制定的三年计划样本进行细致的可行性分析,通过与这些教师的交谈,与教师共同研究并帮助其修改计划。经过这样反复分析、反思、讨论,再由这些教师去指导同职称教师,由此保证了教师的个人发展计划的质量。

(3)打造四类骨干教师

一是学科专业发展教师。深化教师学科专业发展,推荐教师参加区骨干教师实训和研修,参加异校带教指导,形成学习共同体,激励和引导教师聚焦课堂、着力课程,找到持续促进自身专业成长的生长点和发展点。

二是育德能力培养教师。健全德育工作规范,完善德育课内外课程体系,构建由班主任、心理健康教师等为主体的德育骨干教师发展序列,推荐学校优秀班主任骨干教师参加区德育实训基地和研修,培养区级德育骨干,为学校德育特色与品牌形成提供人力保障。

三是创新素养培养教师。重视挖掘现有学科以及创新课程资源的开发与利用,建立符合学情校情、能为学生提供自主选择的创新实验课程,在实践中打造创新素养培养教师。

四是信息技术应用教师。以基于信息化教育能级提升为导向,以融教学、研究、资源、管理、学生发展、质量保障等为一体的信息服务系统为平台,以加强课程教学与信息技术的有效整合为重点,加快培养学校信息技术骨干教师,推动学校教育信息化发展。

以下是关于教师专业发展研究的项目文件摘选,意在通过文件提出学校在教师专业发展方面,面向全体教师统筹兼顾、重点培养的具体任务需求。

## 教师专业发展与教学创新研究

### 一、抓好"名师工程",稳扎稳打三步走

一是通过教学观摩,关注教学中的重要事件,学习如何落实教学目标、提升教师应变能力、获得教师的教学机智、把握学生的接受程度,真正获取讲课经验和教学艺术,结合自身特点,形成独特的教学风格。二是通过教学竞赛,选拔、培育教学名师;提炼、深化教师的日常教学,在实施、反思中熟悉专业知识,提升教学能力,领悟教育本真;在专家提携指导下,整理、积累、内化教学本领以提升专业素养;在教研组共同研讨,在教材处理、教法和文本把握上彰显教学智慧。三是通过教学研究,发现问题并自我反思、研究,创造性地教学。

### 二、教师队伍整体提升,要有保障不松懈

建立同一学科间、不同学科间教师的互动机制,在知识共享、共同建构中相互合作、相互包容。组建教学团队,搭建教师互助平台,突出团队优势。营造宽松环境,实现民主平等。

## (四)新杨中学专业发展的主要措施

为落实以“尊重的教育”为统领的教师专业发展体系,学校以“为了每一位教师的专业发展”为理念,尊重教师主体地位和专业发展的需求,结合教师自身教学实践,以专家引领、同伴互助、自我发展等三种方式来完善校本研修,激发教师专业发展热情,提升教师专业水平,以打造师德高尚、充满活力的高素质专业化教师队伍。

### 1. 重点培养,专家引领

学校邀请校内外专家及知名教授为教师进行讲座与指导,为教师的课堂教学及科研项目出谋划策。

(1)专家把脉,重点培养

邀请语文、英语、数学特级教师,华东师范大学和教科院专家,以及本校退休语、数、英高级教师和教育教学研究小组成员,对全体教师进行全员、全程、全方位的地毯式听课,诊断课堂教学,帮助教师定位;对个别教师进行有针对性的跟踪式听课、研讨,为课堂教学把脉,加快骨干教师成长,提高教师专业水平,加强课堂教学有效性。

(2)能力分层,整体提升

通过专家名师的全员、全程、全方位听课,科学地分析教师专业发展水平,把教师分为教学基本功扎实,教学效果好、教学基本功扎实,教学效果一般和教学基本功和教学效果都一般三种类型。给教师诊断分析的目的不是要评价教师,而是帮助教师定好位,更好地促进专业发展;最后针对各类型教师分别制定专业发展目标,采取针对性措施,如,先对第一类教师进行焦点提升,然后让他们以师徒结对、互相听课等方式带教第二类教师,我们重点对第三类教师进行全面提升。

(3)“名师工程”,创新模式

为营造有利于优秀教师脱颖而出的人才成长环境,学校通过“名师工程”,以“请进来+走出去”的方式,培养语文、数学、英语等重点学科的优秀中青年学科带头人,并推行"学科带头人+团队"的组织模式,形成业务精湛、锐意进取的创新团队,培养优秀青年骨干教师。

2. 提炼焦点,同伴互助

(1)收集经验,分享智慧

为了提炼经验、挖掘有价值的教师教育教学经验,继续开设教师沙龙、班级管理论坛、青年教师座谈会、专题研讨等多种形式的活动,或开展主题鲜明的教研组、备课组活动,让教师积极参与经验总结,提炼教育教学实践智慧,让更多的教师在交流中互通有无,兼收并蓄,获得智慧,全面发展。

(2)勇于实践,鼓励创新

英语、数学组教师尝试"导学稿"形式的教学模式,为全面的引导和支持该项目、支持教师专业发展,学校为教师提供相关书籍,为教师提供参观学习的机会,为教师搭建实践研究的平台,帮助教师探索以学生为主体,以问题和课题为核心的教学模式,促进课堂教学内容、方法和评价改革,也为学生学习能力的提高提供保障。

学校教师基于"导学稿"形式的教学模式做了较多研究,意图提升教师专业研究能力、构建新型课堂教学模式,以一篇四步导学教学设计的研究方案为例。

### 基于导学案的四步导学教学设计研究

**一、研究目的**

促进我校各学科的课堂改革,充分体现学生主体性的思想,让课堂充满生机和活力,提高课堂教学有效性;构建符合我校特色的"四步导学教学设计"方法,建立新的课堂评价标准。

**二、研究主要内容**

1.导学案科学设计研究

包括导学案的结构体系;导学案的编写程序;导学案的使用策略等。

2."四步导学教学设计"方法主要特点、模式流程和操作策略研究

通过经验总结法,概括出基于导学案的"四步导学教学设计"主要特

点，提炼出在各学科的模式流程和操作策略，是本课题研究的重点。

3.“四步导学教学设计”方法的评价研究

探讨如何评价一节课教师是否合理运用了“四步导学教学设计”并制定评价标准。

**三、研究的主要方法**

1.文献资料法：通过对资料信息的分析与研究，准确地界定课题研究的价值性、可行性及关键概念的内涵与外涵，并制定研究目标与实施方案等目的。

2.调查分析法：主要调查本校在该课题研究之初，课堂有效教学的现状、师生理解情况以及对研究过程中、研究之后的状况进行详细跟踪调查，为研究的顺利进行提供事实性依据。

3.个案分析法：主要从某一学科出发，针对某一课例、某一教学阶段或者某一学生发展时期等进行个案研究最终提炼出共性的结论来。

4.经验总结法：即在教与学的过程中，边实践，边探索，边检验，边完善，把研究与实践紧密地结合起来，边归纳，边总结，最终探索出“四步导学教学设计”主要特点和操作策略等，积累丰富的“四步导学教学设计”实践经验。这是本课题研究的最重要方法。

3. 借力提升，自我发展

(1)个人规划，教师与学校携手共进

教师根据校五年规划制定个人发展计划，表达个人在评职称、提高学历或积极入党方面的需求，学校根据教师需求，制定人才培养计划，并与教师讨论设定发展目标。学校指导教师规划好自己今后三年的专业发展方向。起初教师们对于自己的发展规划的设计只有一个笼统模糊的概念。有的教师目标制定不很符合现实情况；有的教师对自我的分析与学校的评价存在很大的差异。甚至许多教师并没有根据自己的实际情况制定合适的个人发展规划。如今50%的青年教师都提出了学历进修的要求，而学校倡导先打好学科教学基本功再进一步提升学历层次，力争做到所学即所需。校长采取与每位教师面谈的方式，帮助其设计发展路径。首先共同分析教师本人的长短处、在校发展空间，结合学校对教师的发展期望和激励性手段，设定合理的阶段性目标。再由教师自行修改，重心放在专业发展目标和行动措施上，以便遵照未来发展目标确定今日的行为。经过这一过程，教师们真正理解学校的发展与教师的个人专业发展是密不可分的。

规划的制定还只是一个起步，要想使教师自觉将个人专业化发展与学校发展相结合，产生认同感，形成内驱力，学校还必须为教师提供岗位实践，使其进一步明确专业化发展的目标和措施，使教师专业化团队的形成与学校教育教学岗位的需求更加吻合。

(2)对外交流，兼收并蓄

增加教师与外界交流的机会，拓宽教师视野，继续开展“跨区县、跨省市”的同课异构活动，加强与优质学校教师的教学切磋交流，每个学期新杨与虹口区北虹初级中学在语文、数学、外语三个学科开展同课异构活动，在教师说课、专家点评后授课教师与听课教师都受益匪浅，教学技能稳步提高；同时学校积极拓展外省市资源，与香港圣贞德中学开展“一课两讲”教学交流活动，与北京十一中开展“同课异构”教学实践活动，与深圳南山前海学校进行“三地四校同课异构”教学实践活动。

### （五）教师专业发展的评价

由于教师劳动是一项复杂的过程，具有人物多样性、教学过程复杂性、劳动的集体协作性、劳动成效的长期性等一系列特点，这就要求教师专业化评价必须以教师为中心。

1. 树立发展性教师评价观，以教师的成长和发展为根本导向

学期初，学校要求教师制定个人发展目标，这不仅帮助教师明确自己所处的发展阶段，制定相应的切实可行的行为目标，激发教师专业发展的热情和需要，也是日后学校提供培训机会的参考，既尊重了教师的人格和尊严，也把教

师个人目标与学校发展规划作了充分的融合。

2. 倡导评价主体多元化，突出评价对象——教师在评价中的主导作用

校领导与教师是一种合作关系，而非上下级不平等的关系，通过教师评价强调教师之间、评价者和被评价者之间的民主、平等和团结，学校开展的教师自我反思和建立教师成长档案袋是开展教师自我评价的有效途径。

3. 教师自我反思

教师自我反思是教师在教育教学实践中，以自我行为表现及其行为之依据的"异位"解析和修正，进而不断提高自身教育教学效能和素养的过程。教师对个人发展计划建立自我剖析档案，并与其他教师交流、分享与合作，使教师自觉发现问题并主动地改进和提高，有利于消除评价对象、评价者之间的对立情绪，也有利于收集到准确的教师评价信息，做出客观科学的判断。

4. 教师成长档案袋

教师成长档案袋充分体现教师工作的复杂性，教师自主选择资料，包含了教师按照评价标准与要求收集的各种信息，这些信息来源能解释教学技能知识、成就、个性以及各种教学与学习经历，证明其教学实践能力与水平，并突出了每个教师之间的个性差异，充分发挥出教师的主导地位，发展自我价值，使教学富有个性，形成独特的教学风格，有助于教师表达自己的感觉、思想、奋斗过程、理论、价值观等，充分体现教师的自主性，使教师成为知识的生产者、开发者、创新者，而不再仅仅是知识的传授者。

**上海市新杨中学教师专业发展评价标准(一)**

(评价主体:教师自我、同行教师、主管领导)

尊敬的老师：

您好！请您认真阅读下表中的内容，根据被评教师的实际水平做出选择。如果做到"评定标准"栏等级内容中的4项，请在"评定等级"栏填

A；如果做到等级内容中的3项，请填B；如果做到等级内容中的2项，请填C；如果只做到等级内容中的1项或1项都没做到，请填D，并且在做到的等级内容上大"√"。谢谢您的合作！

| 评价对象 | 指标体系 | | 权重 | 评定标准 | |
|---|---|---|---|---|---|
| | | | | 等级内容 | 评定等级 |
| 教师专业发展 | 教育理念 | 1.尊重学生方面 | 0.1153 | 1.根据学生的基础提出学习要求 2.与学生关系融洽 3.能公正公平对待每一个学生 4.批评学生有较好的艺术性和人性化 | |
| | | 2.尊重同事方面 | 0.1148 | 1.能虚心向同事请教 2.同事相处融洽 3.能主动与班主任或其他老师沟通解决问题 4.能自觉学习其他教师的长处 | |
| | | 3.为学生发展服务方面 | 0.1130 | 1.熟悉每一个学生 2.关爱每一个学生 3.主动帮助学生克服学习上的困难 4.重视教会学生如何做人 | |
| | 培训成绩 | 4.专业知识方面 | 0.1171 | 1.达到培训要求 2.学到了以前不具备的知识和技能 3.学到了能直接用于教学的有效方法 4.学到了能直接用于管理学生的有效办法 | |
| | | 5.教学技能方面 | 0.1171 | 1.教案撰写规范 2.能较为顺利地完成课堂教学 3.能根据学生的实际灵活运用教学方法 4.有自己的教学特色和良好的教学效果 | |
| | | 6.教育科研方面 | 0.1017 | 1.能完成老师布置的作业 2.能撰写教学反思或总结 3.能撰写学术论文，且与同行进行学术交流 4.有公开发表的学术论文 | |
| | 学生学习成绩 | 7.学习态度方面 | 0.0967 | 1.百分之九十以上学生没有迟到、早退或旷课现象 2.班级课堂纪律良好 3.百分之八十以上学生能认真听讲 4.百分之八十以上学生能按时按量完成作业 | |
| | | 8.学习能力方面 | 0.1118 | 1.学生上课回答问题踊跃 2.班级半数以上学生敢于和善于提出问题 3.班级半数以上学生能较好地收集和处理信息 4.班级学生能合作完成小课题 | |
| | | 9.学习成绩方面 | 0.1125 | 1.学生成绩排名没有下降 2.学生成绩排名略有提高 3.学生成绩排名提高幅度较大 4.学生成绩排名继续保持领先 | |

另外，请您回答以下问题：

1.您认为自己专业发展的优势和不足表现在哪些方面？（自我评价时回答）

2.您认为自己的专业发展有何打算？（自我评价时回答）

3.您认为该教师专业发展的优势和不足表现在哪些方面？（同行和领导评价时回答）

4.您对该教师专业发展有何建议？（同行和领导评价时回答）

## 上海市新杨中学教师专业发展评价标准（二）

（评价主体：学生）

亲爱的同学：

您好！请您认真阅读下表中的内容，根据被评教师的实际水平做出选择。如果做到"评定标准"栏等级内容中的4项，请在"评定等级"栏填A；如果做到等级内容中的3项，请填B；如果做到等级内容中的2项，请填C；如果只做到等级内容中的1项或1项都没做到，请填D，并且在做到的等级内容上大"√"。谢谢您的合作！

<table>
<tr><th rowspan="2">评价对象</th><th rowspan="2" colspan="2">指标体系</th><th rowspan="2">权重</th><th colspan="2">评定标准</th></tr>
<tr><th>等级内容</th><th>评定等级</th></tr>
<tr><td rowspan="4">教师专业发展</td><td rowspan="2">为人师表</td><td>1.人格魅力方面</td><td>0.1523</td><td>1.衣着整洁得体 2.仪表举止大方 3.待人和蔼可亲 4.为人诚实守信</td><td></td></tr>
<tr><td>2.尊重学生方面</td><td>0.1421</td><td>1.熟悉每一个学生 2.针对学生已有基础进行教学 3.能公正公平对待每一个学生 4.批评学生有较好的艺术性和人性化</td><td></td></tr>
<tr><td rowspan="2">育人工作</td><td>3.学生管理方面</td><td>0.1400</td><td>1.与学生关系融洽 2.控班能力较强 3.关注每一个学生的发展 4.有效发挥班干部的作用</td><td></td></tr>
<tr><td>4.育人效果方面</td><td>0.1540</td><td>1.上课时讲一些做人的道理 2.心理的想法愿意向该教师倾诉 3.老师的教育使我思想有了根本的转变 4.喜欢上该教师的课</td><td></td></tr>
</table>

续表

| 评价对象 | 指标体系 | | 权重 | 评定标准 | |
|---|---|---|---|---|---|
| | | | | 等级内容 | 评定等级 |
| 教师专业发展 | 课堂教学 | 5.课堂教学过程方面 | 0.1358 | 1.授课通俗易懂和重点突出 2.授课内容条理清晰和逻辑性强 3.课堂学习气氛活而不乱 4.作业有梯度且批改认真及时 | |
| | | 6.课堂教学效果方面 | 0.1364 | 1.考试成绩没有下降 2.考试成绩略有提高 3.考试成绩有较大幅度提高 4.对该学科学习有较大兴趣 | |
| | 课外辅导 | 7.课外辅导方面 | 0.1394 | 1.发现问题及时辅导 2.辅导不增加学习负担 3.辅导占用时间能接受 4.辅导效果较好 | |

另外,请您回答以下问题:

1.您认为该教师教育工作的长处和不足有哪些?

2.您对该教师改进教育工作有何建议?

## 上海市新杨中学教师专业发展评价标准(三)

### (评价主体:家长)

尊敬的家长:

您好!请您认真阅读下表中的内容,根据被评教师的实际水平做出选择。如果做到"评定标准"栏等级内容中的4项,请在"评定等级"栏填A;如果做到等级内容中的3项,请填B;如果做到等级内容中的2项,请填C;如果只做到等级内容中的1项或1项都没做到,请填D,并且在做到的等级内容上大"√"。谢谢您的合作!

| 评价对象 | 指标体系 | | 权重 | 评定标准 | |
|---|---|---|---|---|---|
| | | | | 等级内容 | 评定等级 |
| 教师专业发展 | 学生学习作业 | 1.教师布置家庭作业情况 | 0.1570 | 1.有家庭作业 2.作业量合适 3.作业内容有梯度 4.有课本意外的扩充题目 | |
| | | 2.教师批改作业情况 | 0.1778 | 1.每次作业都批改 2.指出题目做错之处一目了然 3.作业必改无差错 4.作业必改有评语 | |
| | | 3.孩子完成作业情况 | 0.1773 | 1.这门学科的作业最先做 2.清楚老师布置的作业 3.能当天完成该学科作业 4.能及时和独立地完成作业 | |
| | 学生学习成绩 | 4.孩子的学习态度方面 | 0.1628 | 1.回家先做作业再做其他事情 2.做该学科作业的积极性没有变化 3.做该学科作业的积极性有所提高 4.做该学科作业的积极性有较大提高 | |
| | | 5.孩子的学习能力方面 | 0.1665 | 1.学习比以前主动和自觉 2.主动提出购买学习书籍的要求比以前多 3.感觉孩子在学习上脑子比以前灵活 4.能用所学知识应用于实际生活 | |
| | | 6.孩子的学业成绩方面 | 0.1586 | 1.考试成绩没有下降 2.考试成绩略微上升 3.考试成绩提高幅度较大 4.考试成绩名列年级前三十位 | |

另外,请您回答以下问题:

1.您认为该教师教学工作的长处和不足表现在哪些方面?

2.您对该教师教学工作有何建议?

## 四、打造合作互助的教师专业化发展平台

学校自2006年提出"尊重"的理念之后,"尊重的教育"的核心价值观已渐渐深入了每一位教师的心中。至"十二五"规划制定时,学校将原办学理念"尊重——为了每一位学生充分发展服务"改为"尊重——为每一位师生的充分发展服务",一字增添体现的是学校办学观念的升华。确实,没有优质的教

师队伍无法实现高效管理;没有优质的教师队伍提高教学质量就是一句空话。

### (一)专业发展协作组成立的逻辑起点

新杨中学的青年教师所占比例比较大。青年教师对学校的发展和学生的培养起着举足轻重的作用,而青年教师本身的专业水平又是其中至关重要的因素。那么,学校如何为教师的专业发展服务呢?很长一段时间中,学校采用了传统的"老带新,一对一"师徒带教制。然而,由于这种方法收效慢,且不确定因素较多,因此已明显不适用于当今学校形势。经过反复商讨,在2013年9月学校决定成立"教师专业发展协作组"(以下简称"专协组"),以"引进专业机构,借助专业人才,互助抱团发展"的全新模式,为教师的专业发展打造一个专业的平台。

### (二)专业发展协作组的组织框架

专协组是与教研组同级别的临时性教师团队,一般以三年为一届,由教导处负责日常管理。专协组由三方面人员组成:由华东师范大学教育管理学系专家组成的顾问团;由学校中各学科带头人组成的导师团队;由12位硕士研究生及其他6位各学科的青年教师组成的学员团队。

学校校长室负责与华东师范大学签订合作任务书,由教育管理学系确定顾问团人员。顾问团每月至少来校一次进行实地指导。教导处负责起草章程并制定专协组每年的工作计划,每学期末对导师和学员进行考核。

导师与学员依据章程开展活动。每学期,导师根据教导处的计划确定自己学科的活动内容与形式。每学期期末与学员分别提交活动的过程性材料。

专协组每年的研究经费为1.5万元,用于学术顾问、导师津贴、外出参观学习、研究成果奖励等。

### (三)专业发展协作组的活动内容

专协组的目标是促进教师专业能力的发展。因此,活动围绕提升教师的教育能力、教学能力、评价能力和教研科研能力四大方面展开。具体内容为:

1. 培养教育能力

职业精神、文化底蕴是教师从事教育工作的最基本条件，一个没有爱心，不爱事业的教师不会全身心投入到工作中；一个没有扎实学科知识，没有丰厚文化底蕴的教师无法适应教育教学的需要。具备了这些才具备了教育的基本能力，教育才会有智慧，有魅力。因此，学校特聘荣获普陀区"最美教师"称号的王莉蓉老师担任专协组的德育导师，专门组织开展育德能力方面的活动。

2. 提升教学能力

教学能力又可细分为：教材分析能力、学情分析能力、教学设计能力、教学实施能力。学校聘请了校内语、物、英三位高级教师和一位普陀区教学能力大奖赛一等奖获得者担任学科导师。每位导师结合自己的学科性质带领组员教熟悉教材，研究教材，全面了解教材的知识体系，培养对教材的解析能力，把握教材各部分之间的内在联系，要在"吃透教材"之后，还可以"利用"教材，"整合"教材，"补充"教材和"更新"教材。带领青年教师了解学生的个性心理、学习意志、学习信心、学习情绪并学习从方法和思维、认知特征、解决问题等诸多因素来分析学生的学习情况。指导组员正确解读课程目标，把握整体目标和阶段目标，设计出符合教学内容的三维目标，及根据学生个性差异所提出的梯度问题。所有学员都要学习创设与学生生活实际密切相关的教学情境，研究有效达成教学目标的教法和学法；构建民主、平等和谐的师生关系；培养处理生成性教学资源的能力；巩固信息技术与学科课程的整合能力；以及最基本的设计练习布置作业的能力。

在此，我们将以下面这篇项目设计为例，来看新杨中学是如何通过尊重的理念在课堂教学中的渗透，来增强教师的尊重意识，提升教学能力，促进专业化发展的。

## 课堂教学中，教师的尊重意识与行为研究

### 一、总体设计思路和背景

以《教师个人五年发展规划》为依据，以贴近教师最近发展区为出发点，以解决教育教学中常见的“疑难杂症”为突破口，以促进教师积累直接经验为主要内容，以教育教学实践需求为导向，运用观察记录、诊断改进、专题讨论、课题研究、成果展示等方法进行研究。

课程目标：通过实施本课程，从课堂教学入手，从备课、上课、作业、辅导、评价教学“五环节”等方面积累经验，让教师树立正确的尊重意识与行为，促进教师在懂得尊重、善于尊重、获得尊重中发展自己，并以“尊重”为理念，加速自己的专业化发展。

研修内容：（教师可选择一至二个研修内容）

学科教学中如何形成教师优良的尊重意识与行为；

学科教学中如何有效设计、布置面批作业；

学科教师如何调控课的过程和评价；

学科教师如何进行分层教学分层辅导；

学科教师如何把握好教材及有效备课；

目前课堂教学中教师尊重的意识与行为缺失与偏差现状调查研究。

实践载体：课堂教学实践与展示、课堂教学诊断、专题教研、课堂教学观摩。

### 二、具体安排如下

| 评价对象 | 研修重点 | 呈现方式 | 学分 |
| --- | --- | --- | --- |
| 新教师或初级职称的教师 | 以教育实践经验量的积累为重点 | ①两篇教案与教后反思<br>②校级汇报课一节<br>③ 一篇课案例 | 1分 |
| 中级职称教师（含教龄25年以下） | 以关注学生的发展、关注教育的成效为重点 | ①两篇具有一定质量的教案与教后反思<br>②一节组级以上展示课<br>③ 一篇课案例 | 1分 |

续表

| 评价对象 | 研修重点 | 呈现方式 | 学分 |
|---|---|---|---|
| 高级教师或教龄25年以上资深教师 | 以提升自身教育水平，深化自身的科研能力为主 | ①两篇具有一定质量的教案与教后反思<br>②一节校级以上示范课或研究课 | |

## 三、评价要点

（一）成立以教研组长牵头的师训业务工作小组专门负责本学科教师各板块的业务活动开展和活动记录。

（二）学校教导处定期汇总教师实践体验课程的书面资料（电子稿）并进行评价，并组织优秀作品进行展示交流或向区级以上出版物推荐发表。

（三）教师课案例或论文等必须与新课程理念紧密结合，通过亲身教学事件、教学行为、教学心得等，充分反映教学事件及其冲突，语言表达清晰，篇幅适当。评语等级分为优良、合格与不合格。

以下是新杨中学关于提升教师课堂教学技能的实践探索，根据课程实施中教师不同技能的需求，探索在教学实践中的教学技能提升的主要研修方式及研修结果评价方式，以达到促进教师专业发展和有效教学的目的。

# 提升教师课堂教学技能的实践探索

## 一、课程设计的原因

教师课堂教学技能是教师为了实现教学目的，完成教学任务，促进学生身心发展，掌握教学技术的教学行为方式。教学技能的优良程度直接影响教学效果，提高教师课堂教学技能就是提高教师课堂教学实践能力。

学校在新的三年发展规划中对教师教学基本技能提出了新的标准，要求课堂教学坚持"四个带进"与"四个多"原则，"四个带进"即把诚挚的微笑带进课堂，把主动的探究带进课堂，把学习的情趣带进课堂，把现代信息技术带进课堂;“四个多”即多思考,多提问,多讨论,多活动。因此学校课程实践主要围绕新的标准开展研修活动。

## 二、课程分段实施的具体研修形态

(一)课程实施主要包括三个内容

1.备课中教学目标与教学内容设计的基本技能

目的和要求:教师科学合理地设定教学目标与设计教学内容,强调教学目标与教学内容的可操作性。学校通过优秀教案点评加强教师教学目标设计的基本技能,通过骨干教师研究课展示加强教学内容设计的基本技能。

2.课堂教学中教师的管理技能

目的和要求:从我校生情上看,学生自律意识、学习习惯等的能力的养成对提高学习效率尤为重要,因此强调加强课堂教学中教师的管理能力的提升,对确保课堂教学的顺利进行非常有必要。我校开展的课堂教学中教师的管理技能主要包括教师的自我管理、教师对学生的管理、教师对教学内容的管理以及教师对课堂环境的管理等。

3.课堂教学中创设教学情景的技能

目的和要求:目前学校的教学硬件设备齐备,每班都能利用多媒体进行教学,这为学生直观感受教学内容、体验教学过程的发展提供了便利的条件。学校要求教师能根据教学内容创设适当的教学情景,借助各种直观手段创设与教学内容相应的教学环境和氛围。利用这种教学环境和氛围来丰富学生感知、启迪学生的探究、激发学生的学习兴趣,为实现课堂教学目标服务。

(二)课程实施的主要研修形态

第一阶段:学习研究阶段。

以教研组为单位,结合我区课堂教学基本要求指导纲要的学习,重点结合本学科的特点制定研修计划。

第二阶段:观摩研讨,实践反思阶段。

以“有效教学”为载体,通过“项目引领、专家指导、骨干示范”以点带

面辐射带动全体教师。主要形式有

1.论坛研讨

以主题发言、合作交流、案例分析、情感体验、读书感受为主要形式，以解决特别问题为目的，探讨教育教学规律，分析教育教学现象，发表教育心得，促进教师积累反思素材，自觉调整教与学的行为和方式。

2.专业引领

主要有两种形式，一种是由区内有影响的教学专家引领；一种是由学校骨干教师为导师，指导和培养青年教师，以拓展教师的视野，提高教师的水平，使其成长为各自专业的学科骨干。

3.课堂观摩

组织教师观摩校内外的展示课、研究课，如“862”课堂教学展示、区内专题课堂教学展示等，通过对具体的教育教学情景的观摩、学习、交流，开阔教师的视野，使教师在分享别人经验的基础上，研究自己积累反思素材，提高教师解决教育教学实际问题的能力和提高自我觉察水平。

4.主题教研

开展以“课例”为载体的行动研究，以问题解决为切入口，通过课例分析、探究学习、任务驱动、现场诊断等形式，让教师在教育行动中成长。

5.专题讲座

请专家、有经验的教师来校开设讲座，解决学校与教师发展的需要。在学习中我校重视选择相关专题学习内容，以某一学科、某一专业领域或某一“热点”、“焦点”问题为中心，使教师有针对性地得到相关知识。

6.跨校留学

安排教师到延河等学校定期学习，还分批输送教学骨干到香港开展“一课两讲”教学交流，到北京、江苏等地观摩学习先进的教育教学理念、方法。返校后及时消化、总结、汇报学习收获，供我校教师借鉴，以此拓展教师视野，推动教师队伍整体素质的提高。另外学校还非常重视开展与区域学校之间的教学切磋活动，通过互助学习，交换信息、经验共享、联动提高等形式，使学校教师在互补共生中成长。

**三、研修结果评价方式**

（一）评价目的

为了教师提高课堂教学实践能力。

（二）评价手段多样化

研修课程要求完成一定数量的论文、随笔、反思等，评语等级分为优良、合格与不合格。定量和定性结合评价。

3. 加强教育评价能力

教学评价能力不仅包括对学生的学习效果评价能力还包括评课能力、教学反思能力、撰写教学课例等。这一方面的能力是新教师和青年教师较为缺乏的能力，因为它需要一定的教学经验作为背景。专协组的导师通过各种形式将自己的经验辐射给学员，将自己的方法手把手教给学员，使他们能迅速驾驭各种评价。

4. 发展教研科研能力

专协组学员以硕士研究生为主体，因此进行分析研究、撰写研究报告是他们的强项。导师主要从选题的角度以及如何将研究项目与日常教学紧密联系的维度给予帮助，使学员的研究能力进一步发展。

下面以学校在有效教学策略方面的实践研究项目为例，来看新杨中学是如何在教学实践中设计研修课程，从而提高教师教育科研能力，以达到提升教学质量的目标的。

**有效教学策略实践研究**

**一、课程设计的原因**

学校形成较浓厚的研修氛围，开展过多次形式不一的教育教学研讨活动，并形成了一些受教师欢迎的固定研讨项目：如各年级定期召开专题的教学总结研讨活动、各学科考试题型分析与针对性复习研讨等。

学校于2006年开展"学生学力现状及有效教学策略探索"区级一般课题研究。这项研究促成"有效教学策略实践研究"课程的产生。"有效教学策略实践研究"课程与课题研究的背景相同,立足于学校学情,从学生实际和教师实际出发,设置具有本校特色的课程内容,旨在切实提高教师教育科研能力,提升学校教学质量。

## 二、课程分段实施的具体研修形态

(一)课程实施主要包括三个内容

1.备课中关注教学目标与教学内容设计的策略研究

目的与要求:主要包括三维目标整合策略,教学资源整合策略,教学结构板块设计策略,教学练习设计策略,教学内容整体把握设计策略,学习方式的选择与教学内容相匹配的策略等,并通过教师的不断实践、反思与总结,形成自己的实践智慧。

2.课堂教学中问题行为的有效管理策略研究

目的与要求:提高教师发现教学问题、研究与解决教学问题的意识和能力。开发各学科课堂教学的典型案例,掌握对课堂教学中问题行为的管理方法,从理论学习的角度指导具体教学问题,又从具体问题总结有效管理经验,提高教师对相关问题的研究能力。

尊重学习过程的多样性和学习个体的差异性。

3.课堂中有效创设教学情景的策略研究

目的与要求:教师通过研究途径丰富课堂中有效创设教学情景的方法,能够营造民主平等的课堂教学氛围,让学生在自由空间中表露。展现生活化的课堂教学情景,让学生在实际经验中感悟。通过不断的创设教学情景,教师深化课堂有效创设教学情景的认识,形成有自我个性化的系统研究。

(二)课程实施的主要研修形态

第一阶段:经验总结、优秀课例归纳阶段。

科研室和教导处总结学校开展"有效教学策略实践研究"的经验,各教研组结合本组的研究成果,形成具有本组特色的优秀课例。

第二阶段:研究成果实践运用、推广阶段。

各教研组通过对学校“有效教学策略实践研究”经验和成果的研究总结,加强研究探索的成果在课堂实践中的推广工作。

第三阶段:反思、提升、总结阶段各教研组根据成果的实践应用情况,不断反思、总结,形成更具有新杨特色的研究成果,以备下一阶段的推广应用。

**三、研修结果评价方式**

(一)评价目的

为了提高教师教育教学和科研能力。

(二)评价核心

注重教师的自主学习,培养教师自主递进式的学习。

(三)评价内容

整体性与个体性相结合。

(四)评价手段多样化

研修课程要求完成一定数量的论文、随笔、反思等,评语等级分为优良、合格与不合格。定量和定性结合评价。

## (四)专业发展协作组的活动形式

新杨中学专业发展协作组的活动形式主要有以下五种:

1. 以课堂教学为先导,定位专业水平的新起点

一是开展备课研究。这里所说的备课,不是单纯的分析教材和形成教案,而是提倡创新。学校以学科组为单位,实行备课汇课制,组内“同一课”研讨活动依据学科特点,深入开展新课型和有效教学的探索。二是开展听评课活动。通过上课、听课、评课活动,一方面,使导师直接了解学员的课堂教学情况,便于发现教师课堂教学优点,并进行总结推广,同时对教师教学存在的问题直接给予指导;另一方面,通过导师与学员、学员与学员之间听课、评课,使

大家互相学习,互相帮助,共同提高。

2. 以课题研究为引领,占领专业水平的制高点

课题研究是教师提升专业水平的有效途径。学校多年来进行"四步教学法"的探索,2013 年又正式申请加入了教育局关于"微视频"在课堂教学中运用的研究。因此,专协组就以"微视频"在四步教学法中的运用为重点,结合日常教学开展"翻转课堂"的研究。目前已开设了这方面的研究课 18 节,撰写相关文章 18 篇。

3. 以展示竞赛为激励,激发专业水平的兴奋点

观摩课是体现教师集体智慧和研究成果的舞台,也是引领青年教师提高的途径。每年学校都组织一定数量教师做观摩课,专协组教师与导师都参与其中。2013 学年专协组开设观摩课共 31 节。各种教育教学竞赛是提高教师专业能力的舞台,除了学校定期开展教学技能比赛活动之外,专协组学员还代表学校参加了区青年教师教学基本功大赛、"桃浦杯"教学比赛等,都获得了等第奖。

4. 以信息技术为依托,打造专业水平的创新点

随着近几年教育技术的发展,教师信息技术水平成为教师专业化水平的显著标志。能否运用新技术对信息进行收集、整理、加工和发布,成为衡量教师现代化的重要依据。学校为部分专协组学员配发了 IPAD MINI2 的最新设备供学员学习与运用。目前,这些学员基本做到了在课堂内基于 IPAD 的五指化教学,即除了 IPAD 之外不再使用粉笔、电脑、摄像机等其他辅助设备。

5. 以终身学习为载体,开发专业水平的持续点

教师专业化发展是一个可持续发展的过程,其中不断学习,更新知识,优化能力结构是根本保障。专协组要求教师树立终身学习思想,及时掌握教育改革与发展的新动向,掌握教育研究的最新方法和相关的理论知识。学校每半年都会为专协组及时购买提供新书目,以保证教师阅读质量。同时,针对学

科不同、年龄不同，专协组还会采取分层次规定学习书目和任务的方法，引导学员在原有水平上，通过读书都能有所提高。

专业发展协作组成立近一年以来，取得了较显著的成绩，真正体现了互帮互助，共同提高的宗旨。在未来的实践中，我们将在活动的聚焦性、创新性上继续努力。

以下将通过学校专协组的一位导师针对学期内专协组的重点任务和工作情况进行的工作小结选摘，来具体展示专协组在学校的实际运作情况以及教师本身对打造合作互助的教师专业化发展平台的热情和努力。

图 4-1：专业发展协作组成立大会

## 协作组导师工作小结选摘

孙　莉

### 一、确立小组研究专题

为了加强专协组日常活动的实效性以及听评课的针对性，本学期小组根据区教研室的工作重点以及学校主要工作，确定了“课堂教学问题设计的研究"的专题。专题研究分以下几步进行:1.设计研究量表。在参考大量资料以及小组讨论之后,我们初步设计出了用于评价问题设计的量表。2.课堂实践运用。本学期小组内开课,每位教师在通常的听评课记录之外都另外填写问题设计评价表,我在组织评课时以量表数据为具体评价依据,指导教师改进提问方式与质量,提高课堂效率。

## 二、相互观课评课

本学期,小组内依旧每星期活动一次,每月至少听课评课一次。本学期重点评课为:1.李小凤的视频展示课。从微视频的制作、使用以及古诗词教学三个方面入手,尝试微视频与课堂教学的整合,并研究知人论世的古诗词学习方法。2.茅莉莉的区级展示课。主要研究目的是叙事性文本的教学重点地确定,先后三次听其试讲,最终取得较好效果。3.说明文复习展示课。我在5月初,开设了初三说明文总复习课供学员老师参考,大家对于说明文的复习也提出了自己的看法。其他还听了近10节家常课,一样也组织了组内的研讨,主要是发扬长处,相互交流。

## 三、一模卷和二模卷的研究

一模结束后,由我起头,对一模卷进行了总结梳理。将一模卷分为古诗词、说明文、议论文、记叙文、作文五个板块,将各区的题型进行概括归纳整理。我完成了前三分之一,由其他三个学员分别完成剩下的部分。此举让尚未任教初三的老师能树立一种全局意识,为日常教学确立方向。二模后,我们对于二模试卷也进行了相同的分析,并就一模和二模的区别展开讨论,尤其关注今年中考的新的题型:综合运用。

## 四、增加阅读量

本学期,专业阅读的内容除了结合学员各自的特长与兴趣之外,定向推荐阅读两本杂志《语文学习》与《中学语文教学研究》。这两本杂志是目前业内较为权威的杂志,刊登的文章既有前瞻性又有指导性,篇幅也适合碎片化阅读。《上海教育科研》、《上海教育》也是非常好的教育类杂志,由导师推荐相关文章供学员选读。

## 五、感悟和下学期工作方向

一学期又将过去。相比上学期,这学期的专协组活动更有针对性了,每一次听课都能有预定的内容,使听课不再盲目,评课也不会泛泛而谈。一模二模卷的梳理对我自身也有很大的帮助,确立了一种立体思维方式,既有横向的不同文体的板块式的分析也有纵向相同问题不同题型的演变的分析,使中考知识点在脑中更全面而清晰。但是在这一学期中也有比较遗憾之处,因为任教初三,一模过后基本都是练习课以操练讲评为主,所以只为学员开了两节所谓的示范课,且质量平平。而且,回顾一学期的研讨,除了讲述问题之外,给与学员的建议和指点还不够,这恐怕也与自己的水平有关。所以在暑假中我也要继续充电,使自己的专业水平更上一层楼,真正符合导师的身份。

# 第五章

# 尊重理念下的家校沟通

伟大的教育家苏霍姆林斯基说过:“生活向学校提出的任务是如此的复杂,以致如果没有整个社会,首先是家庭的高度的教育素养,那么不管教师付出多大的努力,都收不到完满的效果。”①学校教育要实现促进学生“和谐全面的发展”,离不开“两个教育者”,即学校和家庭的密切联系以及协调一致的配合。所以,家校沟通的核心是避免家庭教育与学校教育之间存在互相脱节的现象,学生的发展应该是在学校和家庭的共同助力下向着梦想起飞。

## 一、学校的困境与“家、校、社一体化”的设想

新杨中学地处上海市西北部的桃浦地区,这是一个“动迁人口导入区、弱势群体集聚区、城郊结合薄弱区”的教育洼地。特殊的地域使学校汇聚了越来越多的来自低收入的工薪阶层家庭;随着社会转型期的结构调整,外来务工人员的家庭逐年增加;又随着离婚率的连年攀升,单亲缺损、隔代教养的家庭

① 于漪:《教育魅力》,华东师范大学出版社 2013 年版。

也越来越多。学校的生源状况参差不齐，不容乐观，怎样在这样一个地区争取学生家长和社区的支持，共同为孩子的成长营造健康、温馨、和谐的发展环境值得我们深思。

### （一）困惑呈现

#### 1.“亲子沟通”，双方消极应对

学校不少学生所处的家庭，父母子女的关系不能做到融洽亲密，家长不能经常性地主动与孩子沟通。我们发现，家长缺的不是时间，而是与孩子成长同步的积极有效的行为跟进、对孩子的价值观的正向引领以及点亮孩子心灵之灯的智慧。孩子们缺的则是一份对父母“尊重、责任、感恩”的自觉主动地回报。曾听孩子们戏言：“我与父母无法沟通，因为青春期碰上更年期了。”我们发现，在亲子沟通时，有部分家长面对孩子成长中的烦恼缺乏对策，容易紧张，感到困难，消极情感的体验，让两代人之间产生了隔阂。

#### 2.“社会压力”，家长错位选择

我们在实践和调查中发现，在目前“就业压力、升学压力、生存压力”日趋激烈的情况下，家庭的发展不得不调整方向，始终是全心全意地“以孩子为中心”，绝大部分的家长希望孩子考上理想的高中，在激烈的竞争中“先求生存再求发展”，而希望自己再有所作为的家长仅占小部分。

常常听到不少家长这样说：“我这辈子已经没有什么指望了，孩子是我的唯一希望。”孩子有出息，父母则颜面有光、内心宽慰、满心欢喜，“宁可自己没有，也要让孩子拥有”，已成为家长的追求。但是，家长用牺牲自己来成就孩子，这种苛求、无奈的选择反而增加了孩子的心理和精神负担。

其实，爱的本质不是牺牲，父母不应只是孩子这朵花的肥料，而应该是孩子的引路人，父母爱自己的事业、爱自己的生活，追求自己的价值和目标，孩子才会走好生命中的每一步。

3.“遭遇困难”,缺乏情感支持

在困难面前,不少家庭经受不起挫折,常常互相埋怨、牢骚、发泄、甚至逃避,最终造成家庭危机。经常会有学生向老师求助,“我妈妈又离家出走了”、“我爸爸又好久不回家了”等;也会经常听到家长向老师诉苦,“我家孩子真不懂事,不会体谅父母”;等等。我们也发现部分家长习惯于在孩子面前说“我很忙”、“我很累”、“别烦我”之类的话,拒绝与孩子一起学习。孩子们面对“朋友聚会、精彩电视、娱乐休闲”等诱惑,难以克服来自自身的惰性,无法突破时间障碍。

其实,良好的家庭氛围离不开彼此的情感支持,家庭中的每一个人都要有一颗在乎对方的心,当家庭中的某一人遇到挫折或家庭发生变故时,彼此之间要相互慰藉、相互支持,因为只有给予情感支持才能产生家庭凝聚力,促进家庭更加稳固、更加幸福美满。

4. 社区依托,缺乏长效保障

从学校层面讲,家庭教育的指导工作,虽然一直以来都比较重视与社区的相互配合,但是,这主要是以活动开展的“短时合作、即时合作”为主,缺乏持续的规范协作。学校要拓展和延伸家庭教育的指导,就需要与社区的创建工作联手,加强学校、家庭、社会三结合教育中最薄弱的一环,即学校与社会的联结,争取更多的支持和保障。

家庭是社会的细胞,家庭教育指导工作依托社区,加强外部的指导活动与家长的主体活动紧密联系,可以使家庭的社会化进程更加快速。高尚、文明、规范的社区生活对家庭生活起健康、积极的影响,能促进家庭生活方式的改善和优化,以社区的发展带动家庭的发展。

## (二)明确家、校、社合作方向

基于学校的现状,我们逐渐意识到要“突围”,就必须“协同作战”,共同把桃浦地区的家庭教育办好。基于学校“尊重的教育”办学理念,我们既要尊重家长对学校发展的知情权、参与权、话语权；也要尊重家长对孩子成长的关注意识、关怀之意、关切之举；更要重视让家长通过完善自我、努力达成现代教育环境对家长的要求。近年来，学校有意并着力通过架构“家、校、社一体化建设”来推进家校沟通。

1. 为“办桃浦人民满意的教育”而努力

为办桃浦人民满意的教育，实现“做强西北部”的战略目标，需要通过“家、校、社一体化”建设的良性互动，资源整合，形成合力，共同营造良好的社区教育大环境，凸显学校教育对社区的辐射功能，促进桃浦教育的优质发展，真正实现办桃浦人民满意的教育。

2. 为实践“尊重的教育”理念而努力

通过问卷调查，我们发现，制约学校发展的重要诱因是家庭教育缺乏“尊重”意识，即尊重教育规律、尊重孩子成长规律、尊重人格人性等。要想实现学校的可持续发展，只在校内搞好“尊重的教育”是远远不够的，我们要改变家庭教育“尊重”缺位的现象，让“尊重”从学校走进家庭、跨入社区、把“尊重的教育”理念与家庭和社区的发展紧密结合起来，实现社区教育大环境的根本转变。

3. 为构建“现代学校制度”而努力

现代学校制度的建立依赖于“科学发展的办学态度，民主开放的办学形式”，学校要发展，必须通过“借天、借地、借资源”，通过开放办学，促进办学资源的最大化，办学效果的最优化。新杨中学“家、校、社一体化”下的沟通模式，就是在学校发展的基础上，广泛听取社区的意见，取得社区帮助和支持，改进和提高办学质量，着力提升学校内涵发展的“多边互动”的共建共享办学模式，是建立现代学校制度的有益尝试和现实需要。

## （三）确立“家、校、社一体化”目标愿景

学校的“家、校、社一体化”建设，以由“社区干部、共建单位代表、家长代

表、校友代表、学生代表"等相关人员参加的"社区听证会"为载体,广泛听取意见,取得多方支持,改进办学质量,促进学生和学校的优质发展。借助于"社区听证会"这个平台,学校努力构建"家校沟通"的多元平台:汇报学校发展的展示平台;检验办学效果的评估平台;听取各方意见的接受平台;发布学校信息的宣传平台;采纳合理建议的协商平台;规划美好前景的共建平台。

学校明确在"家、校、社一体化"建设中必须遵循以下原则:"发展为本"的目的性原则;"提供榜样"的示范性原则;"鼓励参与"的主体性原则;"立足现实"的实效性原则;"知行统一"的实践性原则;"尊重差异"的个性化原则;"资源共享"的互动性原则;以及"双赢提高"的绩效性原则;

## 二、"家、校、社一体化"的实践

近年来,学校直面学生家庭教育的现状,"家校共建"与"社区共建"并驾齐驱,逐渐形成了家、校、社长期合作的一体化机制,采取相应的家校合作的举措来促进家校互动,建立了家长学校制度,组织开展了各类亲子活动,开展了颇具特色的"社区理事会"的探索,以及加强了"社区听证会"的建设。

### (一)"家、校、社一体化"建设,以"家校合作"为基础

传统的家校合作只局限于和学生家长的互动,在空间上局限于家庭和学校,而不能把教育拓展到更大的社区环境。此外,家校合作只局限于学校和家庭,甚至就是班级和家庭,不能拓展到影响教育的社区所有人。同时,家校合作局限于学生学习与学校教学,而不能拓展到影响教育的更多因素上。随着现代教育的发展,传统的家校合作模式已经不能满足学校的发展,当代家校合作的空间要求越来越大,要求更广阔的社会资源;而家校合作的对象要求也越来越多,越来越多元化,要求社会各界人士的参与;另外,家校合作的内容也越来越丰富,以期为学生的成长与学校的发展提供更加有力的支持。

近年来,新杨中学直面家庭教育的现状,采取相应的家校合作的举措来促

进家校互动，如建立家长学校制度，形成规范化的家校管理机制；建立家长委员会，使家长之间形成合力，共通教育资源；组织各种形式的家长会，搭建双赢的家校沟通桥梁；开展各类亲子活动，加强家长与孩子的沟通理解；加强中小学教育衔接，形成家校教育的延续性等等。这些家校合作的举措都很好地促进了学校的发展，促进了家校沟通。

## （二）“家、校、社一体化”建设，从“社区理事会”发展而来

为了改进以前家校合作的种种不适应，新杨中学开展了“社区理事会”的探索和实践，把“家庭和学校”、“社区和学校”两个部分并列发展，以适应教育发展的需要，适应学校发展的需要。“社区理事会”就是由学校召集，以社区文教干部为理事，形成社区理事会。每学期开始和结束时召开理事会，主要的工作就是通报工作计划和办学成绩，让作为理事的文教干部协助学校完成假期工作，团结文教干部做好宣传工作。这样的社区理事会虽然有别于家长委员会，但是，他的人数少，人员构成单一，只是学校办事的需要，缺乏代表的广泛性和工作的主动性。所以，社区理事会必须发展，以适应教育的发展和学校的发展。

现在，学校推进的“家、校、社一体化”建设，让“家校共建”和“社区共建”并驾齐驱，因为这两项工作是学校发展重大的支持力量和配合力量，社区资源和家长资源的有效利用对学校的发展提供了极大的保障。“家、校、社一体化”建设让学校更有教育的“使命感”和“责任感”，办人民满意的教育应该成为学校的核心工作和常态工作。

## （三）“家、校、社一体化”建设，以制度规范为保障

为了确保家、校、社合作顺畅进行，学校完善了家校合作制度规范，制定了例会制度、提案制度、交流制度、反馈制度、评价制度、流程制度、分层制度等一系列配套制度。

### 1. 例会制度

按照事情的轻重缓急，新杨中学的家校沟通分以下三种形式：

(1)常规工作——协作听证

每年9月以"庆祝教师节"为契机,进行上学年工作成效汇报和新学年工作愿景展望;每年2月以"春节迎新年"为契机,进行学年中期工作推进互动,调整完善教育教学节奏,营造共建共享氛围。

(2)重要工作——协商听证

每年寒暑假前,布置"关爱下一代"工作,落实"家、校、社"三级联动;

每年3月中小学衔接,开展"牵手联谊恳谈会",为新杨的持续发展做好宣传和奠基工作;每年校园的"文化节、儿童节、少代会、红歌会、毕业式"等,都热诚邀请"社区听证会"成员参加并议政,共享主题教育活动的精彩与喜悦。

(3)突发事情——协助听证

当遇到重大的校园安全隐患、学生伤害事故处理、家校矛盾调解、偶发、意外事件解决等,本着"实事求是、尊重谅解、公平公正"的原则进行听证合议。

2. 提案制度

每次"听证会"的家校沟通,学校都下发提案表,希望家长就学校发展的重要事项提出合理化建议,学校在广泛听取意见的基础上积极地加以整改。提案制度形式多样,便于启发家长畅所欲言,我们的基本做法是:开学初发放"我的期望"意向表,请代表们充分表达对学校发展的要求愿望;学期中发放"我的建议"征询表,请代表们实事求是指出学校发展不足之处;学期后召开"你我反馈"座谈会,请代表们认真听取并检测学校整改措施。

原先家长关心的是"孩子午餐、放学时间、同学关系"等相对浅显的问题。现在家长越来越聚焦孩子的"学习现状、交友情况、师生关系"等。有的家长在"意向表"和"征询表"上慎重提出要求学校加强对"手机、早恋、网瘾"等问题的关注、引导和处理。

3. 交流制度

每次听证会的家校沟通之前,由校长室通报议题的具体内容,构建交流的平台，大家就议题展开充分讨论，在交流讨论的基础上达成共识。交流不是"泛泛而谈"，而是力求"言之有物"、"言之有理"，起到"抛砖引玉"的作用，

学校开设"听证讲坛"，针对学生与家长在"成绩评价、价值取向、生活观念、交友态度"等方面存在代沟的现状，以及学生与家长在"家庭美德、健康心理、亲子沟通"等方面的缺失和盲区，邀请专家、有经验的家长、社区干部现身说法，共同探讨怎样当好"开明家长、务实家长、幽默家长、智慧家长"，认识到"家校携手，助子成才"的重要性。

4. 反馈制度

学校尝试的"家校沟通"的反馈制度主要有以下四种：会议反馈、书面反馈、公示反馈、问卷反馈。

5. 评价制度

学校力求营造对学校发展"主动关心、积极参与"的良好氛围，促使学生的发展得到正向的最大激励，保证新一轮的听证工作持续有效地推进，让"雪球"滚起来。每年"六一国际儿童节"评选"新杨好家长"和"社区好干部"，评选时采用"互荐、直推"的方式，以"现场表彰"、"鸿信快递"、"事迹演讲"、"展板宣传"等喜闻乐见的方式进行。

6. 流程制度

"听证会"形式的家校沟通牢牢把握以下环节，并环环相扣，主要内容如下：

(1)宣传解读学校"发展规划、工作目标"等纲领性发展愿景；

(2)下发提案表，广泛征求家长对学校教育教学的意见和建议；

(3)家长们充分表达对学校发展的诉求、愿望，指出不足之处；

(4)学校把意见、建议进行汇总、分类、整理，形成整改方案；

(5)依据整改方案，确立下次听证讨论主题，发布听证会议题。

7. 分层制度

为了使"社区听证会"的家校沟通的效果更具有鲜明的针对性和实效性，让家长们从见证孩子的发展到更主动地关心和参与到学校的各项工作中去，需要学校为家长架构更好的听证平台，所以，学校逐步完善分层的"年级听证会"和"班级听证会"模式，更直观地聚焦问题、更直接地解决问题。

(1)年级听证会

学校从"德育目标、课程设置、专题教育、发展预期"等方面开展调研、听取意见、确立议题，体现年级组的特点和功能，让家长明白：孩子在这个大家庭中与时俱进、快乐成长需要家长的关心和支持，需要家校的牵手合作。家长对孩子的关心、对年级组工作的关注，会有利于学生健全人格的塑造和养成，

(2)班级听证会

学校从"班队建设、习惯养成、情操陶冶、个性发展、能力培养"等方面征询意见、修改方案、确立议题，体现班级的特点和功能，让家长明白：孩子的"情感、态度、价值观"离不开班集体这个小社会的熏陶和浸润，家长要主动见

**图 5-1：社区听证会**

证孩子在班集体中的“表现、进步”，从而增强主动关心学校发展的意识，主动参与到学校的各项工作中去。

无论是“年级听证会”还是“班级听证会”，都是在传统家长会的基础上，进行着“观念上的改变”、“形式上的改变”、“内容上的改变”、“对话方式上的改变”——老师们以“听”家长说为主，尊重家长的话语权，鼓励家长的参议，让家长充分感受到学校教育孩子的满腔赤诚，从而信任学校、支持学校，这也是学校依托“社区听证会”办学的宗旨。

下面一位老师的家长会的改革创意设计方案显示了新杨中学听证会的新思路：

## 家长会由“冷”到“热”的嬗变

——家长会的改革创意设计

教师　陈仲星

### 一、背景设计

学校家长会是学校德育工作的重要窗口。召开家长会意在与家长沟通交流，形成家校教育合力，更好地促进学生身心健康发展，它理应成为教师、家长、学生之间沟通心灵的桥梁和纽带，成为促进学生身心健康的重要媒介。

但长期以来，我们的家长会也被“应试教育”打上深深的烙印：首先从家长会现状来看，家长会总是在考试前或考试后召开，家长会成了教师与家长之间，有关考试要求和复习范围“动员会”或学生成绩的“通报会”。

其次，从家庭教育现状看，随着时代的发展，大多数家长对现代教育，普遍感到茫然和困惑。不少家长根本没有接触过心理学、教育学，在家庭教育中摸着石子过河，普遍存在着几种不当的教育方式：溺爱型、否定型、过分保护型、放任型和暴力型等。加上一些家长的知识更新难以跟上学生，与孩子很难有共同语言，很难进行有效沟通。有些家长甚至认为，我为孩子创造了良好的学习条件，就是尽了责任和义务，因此，除了关心孩子的学习成绩以外,至于孩子的心理需求,情感需要,品德操行,根本无暇顾及。

另外,从学生身心理发展规律看,目前的初中生正处在生长发育提前,心理成长叛逆时期,这些在“电脑和电视机前长大的一代”平时与家长缺少交流和沟通,在有效的“饭桌交流”中,又往往被家长“讨伐”,容易形成与家长的隔膜,滋生叛逆情绪。而大多数教师和家长将关注目光更多的投向了学习,长此以往,学生容易形成心理疾患,产生诸多心理和行为问题。

为了改变目前家长会的“三多三少”现象:老师告状的多,提要求的多,讲成绩排名的多;而表扬的少,家长讲得少,家校信息传递得少和一次家长会两个小时下来,过于“冷清”的局面。如何使家长会由“冷”变为“热”? 成为学校德育重要抓手,真正成为学校、家庭携手共育的合力。我校自2006年起开展了《以尊重的教育,提升初中办学能力》课题研究以来,提出了“扬尊重之风,建和谐校园”办学目标,并以“尊重,为每一位师生充分发展服务”的办学理念,逐步深入到学校教育的全过程,做到全覆盖、全方位。改革和创新家长会就是我校其中的一个举措,我们采取先在起始年级试点而后逐步推开,取得了良好的效果。

**二、创意思路与设计目标**

新杨中学是地处宝山、嘉定、普陀三区交界处,由于学校周边环境复杂,教育环境较差,学生家庭背景和家庭教育环境较差,特殊家庭多,随班就读学生多,经济困难学生多等因素,造成了学生一方面缺乏来自家庭、社区的尊重,同时又极其渴望得到尊重的现象突出,探索能体现学生充分发展和主动探究为特点的教育模式,使每一位学生都能在不同基础上获得成功,提升学生的整体素质将是学校需要重新审视和解决的重点工作。我们的目标是:

“亲情式”家长会,让家长感到真诚;

“颁奖式”家长会,让家长感到自豪;

“话题式”家长会,让家长感到轻松;

“网络式”家长会,让家长感到自由。

(一)“亲情式”家长会

主要对象为刚入学不久的预备年级学生。班主任老师可以在这种场合中更多、更直接地了解家长与孩子在亲情接触中的表现,初步了解该家庭教育的价值观。因为中华民族历来就是注重道德价值的民族。自古流传下来的家庭教育典籍,传递着人类美好的、善良的行为典范。而这些道德价值观正式通过父母的言语举止,显现于平日居家活动之中,而子女自然而然是父母施教及影响的对象。我校举办“亲情式”家长会目的就是营造起家校携手共育氛围,家长也可在这种亲情氛围中,体谅到学校对教育重视的真诚。

(二)“颁奖式”家长会

主要是学校表彰学生在德智体美劳全面发展进程中取得的成绩。我校开展的尊重的教育,就是通过教育,使学生懂得尊重是一种幸福,学会尊重是一种美德,并让其成为学校的一种文化。

(三)“话题式”家长会

主要是让家长参与学校教育管理方法的讨论,从而达成优质管理的共识。家长会,就是让家长了解孩子在校的情况,让教师了解学生在家的情况,以树立正确的教育观、人才观、育子观。而针对某一现象,采用讨论的方式,让家长们畅所欲言,不但使家长们进行了沟通,而且会活跃家长会气氛。

(四)“网络式”家长会

主要以网络和多媒体为支撑,由教师设计好班级网页“挂”在校园网上。班级网页的内容包括,(1)班级总体情况、每位学生的个人档案(学习情况、在校活动图片或录像剪辑、获奖情况、心里话以及教师对学生的评价等)。(2)每位任课教师的基本情况含电子邮箱、联系电话。(3)优秀家教的经验介绍、优秀学生学习经验介绍等资料。开家长会时,家长只要登录新杨中学校园网,轻点鼠标,就可以察看自己孩子的情况。也可以察看其他学生情况,以便对照。家长们还可以相互之间用电子邮件或聊天的方式进行交流或通过《家校互动平台》与教师单独进行交流，让家长真正感受到网络的便捷和高效。

## 三、实施程序与操作要点

(一)"亲情式"家长会

在实施和操作上要做到，一要让孩子与家长坐在同桌，更显出家庭亲情感，有效提高新生家长会效益。二要在教室的布置上显得更温馨给每位家长送上一杯水，家长来到时，孩子主动上前问好，请家长同入座，喝水。班干部可主动介绍某位学生在校的情况，包括好人好事，让家长沉静在亲情氛围之中。三要物色好主持人，简要介绍本次家长会主题：向家长汇报班级近况可以用表演或其他形式。四要求班主任调控好家长会内容，把握好教育主题，要向家长讲清楚学校的一日常规、班级管理的要点、作息时间安排、学校的特色课程等，使亲情式家长会开得既温馨又真诚，起到家校携手共育目的。

注意事项——亲情式家长会适用于新生入学教育的家长会，主要体现学校的一种关心和关爱的亲情。还可以适用于举办毕业班家长会，主要是体现一种感恩的情怀，让学生感恩家长、感恩学校、感恩教师、感恩社会。

(二)"颁奖式"家长会

在实施和操作上要做到：

1.每学期期末举行一次。班主任在开会前两天，让学生共同拟定"奖励评价标准"，如奖励学习中有创新意识的学生、奖励关心集体默默做好事的学生、奖励为校争光添彩的学生，奖励有显著进步的学生等。

2.家长会当天可让受奖学生与父母同坐在一起，无需过多的话语，由几个主持人和学生干部颁奖。如"你积极要求进步，为校为班级争光，而且活泼开朗，给班级带来了欢笑"，"你的成绩很好，但你的助人为乐的精神更令人难忘"。

3.尽量让全班所有的学生和家长都有从台下走上台上的机会。

4.主持人将写满全班师生共同认定的评价书和奖状，颁发给家长，再由家长颁发给学生本人，拿到评价书和奖状的学生会十分感动。

5.可以根据情况让获奖的学生本人和家长自己走上讲台发言。学生、教师、家长坐在一起，暂时抛开升学和成绩的重负，放松心情，放飞心灵。

注意事项——“颁奖式”家长会同样适用于体育运动表彰。阳光体育开展以来，

我校的田径、柔道、摔跤等项目取得了骄人的成绩，学校通过家长会进行表彰，让这些为学校争得荣誉的学生和家长们都得到张扬和尊重。

（三）“话题式”家长会

在实施和操作上要做到：

1.要班主任和任课教师做好充分的准备，明确本次家长会要讨论的话题和注意事项等。

2.要针对当前学校和社会关注的热点和倾向性问题展开讨论并形成共识。

3.要安排好家长和教师轮流发言，围绕主题，让更多的家长发表看法与建议。

如针对“减负增效”问题要辩证的分析，既要倾听家长对孩子作业量和时间的看法，又要看到二期课改后，对提高学生综合能力有了新要求，教师在布置作业和辅导中更注重有效性和针对性，让“减负”在提高效率上做到良性循环。又如针对孩子消费观念展开讨论：如何使用零花钱？在提倡消费前提下，如何培养学生的勤俭节约品德？在饮用水方面是多喝开水好，还是喝饮料好？这些都要听听德育专家和营养专家的建议，使学生和家长能摆脱误区，形成科学的方法。

注意事项——“话题式”家长会，还可以聘请优秀学生家长为大家“做报告”，谈谈怎样当好家长的体会，让更多的家庭受益。

（四）“网络式”家长会

在实施和操作上要做到：

1.要在召开网络家长会之前设计好一份调查问卷，收集并整理家长

所关心的热点问题，进行归纳。

2.要确定好网络家长会的主题，在网络平台上设计好导语，把要讨论的主题、目标清晰地告知家长，让家长明确自己要做的事情。

3.要给家长提出要求，如请每位家长准时参加并积极参与讨论，讨论时要围绕主题一个个展开，尽量不要脱离主题随意讨论。

4.要注意时间节点，网上时间有限，不可能一下把所有问题都讨论好，如有需要放在私下继续交流。五要适当留给家长自由提问，班主任做总结的时间。六要及时收集、归纳、整理家长的意见，为今后召开类似的会议，提供宝贵的经验。

注意事项——"网络式"家长会，还可以通过屏幕展示我校优秀班主任和学生家长在《家校互动平台》上典型的留言和互动案例，为更多的家长提供信息。

**四、效果与评析**

通过实践，总结出以下几条经验：

（一）收获"感情"，用科学方法携手共育

亲情式家长会，就是要拉近学校教师与家长的"距离"，找到学校教师和家长的共同"话语"。切实把"尊重的教育"落实在家校联手上，相信家长，感动家长，紧紧依靠家长，配合学校适时展开对学生生活指导、心理疏导和人格培养。同时学校和社区也有责任，为家长传授经验和方法，结合学校地处区域的实际，重在培养学生做好认识社会、服务社会的心理准备上。

（二）收获"感化"，为孩子树立自信

通过举行表彰先进颁奖式家长会，探寻学校德育工作的新机制、新途径。挖掘身边的榜样力量，以典型引路，带动和促进一批德智体美全面发展的学生脱颖而出，让桃浦地区同样涌现出中考高考的好学生，为普陀教育增光添彩。

（三）收获"感恩"，让校园更和谐

旨在通过举办话题式和网络家校互动平台的家长会，目的在于强化感恩和价值观教育，做到把促进德育内化，注重道德体验，形成学生良好习惯，增强社会责任感和培育创新精神结合起来，把挖掘德育内涵，形成育人新功能，坚持"全员全程育人"新格局和扬尊重之风，建和谐校园结合起来。

## （四）"家、校、社一体化建设"，以科学制度管理为引领

### 1. 建设骨干队伍

学校成立由"党政领导、家委会成员、社区干部、共建单位代表"组成的领导班子，全体中层干部为班子成员，以充分发挥各自相关部门的作用，保证"家、校、社一体化建设"的措施的有章、有序、有效地落实。

学校的德育骨干（主要是班主任）是"家、校、社一体化建设"最基础、最基本的指导者，实践过程中以"理论先导"为抓手，促进指导；以"辅导活动"为抓手，促进推广；以"特色示范"为抓手，促进突破。

### 2. 优化评价标准

制定学校的《好家长评价指标》和《社区好干部评价指标》，呈现一定的目标导向功能，整合社区听证会的社会力量，倡导把家庭建设成为"弘扬美德的榜样家庭"、"关系融洽的民主家庭"、"心心相印的温馨家庭"、"健康快乐的和谐家庭"、"寻求发展的成长家庭"、"收获成功的幸福家庭"。积极营造对学校德育发展"主动关心、积极参与"的良好氛围，促使学生的发展得到正向的最大激励，让"雪球"滚起来。

### 3. 分享互动交流

针对在"成绩评价、理想选择、生活方式、交友态度"等学生与家长之间存在的"代沟"，以及"家庭美德、健康心理、法律保护、情商开发"等重要内容，完善"听证讲师团"、"听证联谊会"、"听证督学制"等制度。通过分享经验，起到传、帮、带的辐射作用，真正营造"读书学习进家庭（社区）"、"文明美德进家

庭(社区)"、"文化艺术进家庭(社区)"、"休闲健身进家庭(社区)"、"公益服务进家庭(社区)"。

4. 践行特色展示

学校结合少先队雏鹰争章活动,有计划地开展"新杨中学快乐家庭校本章"争章活动,设立《小小先生章》、《感恩亲情章》、《健身远足章》、《探究创造章》,"小手牵大手,大手拉小手",有效促进了家庭共同学习、共同成长。班主任结合"一班一品"的班集体特色创建,聚焦"特色家庭榜样示范",开展有效的"家、校、社一体化"建设。

### (五)"家、校、社一体化"建设,以主题活动为主导

1. 亲子互动——充满活力

(1)呵护生命中的花季,重视健康教育

通过"家、校、社一体化"建设,开展"恳谈诉心声"、"热线架心桥"、"红信传佳音"等互动交流,守护孩子的心灵花园,关注孩子的精神世界。教给家长一定的沟通技巧,学会"理解、倾听、欣赏、激励",培养孩子"自尊、自信、自立、自强"的优良品格,为缓解升学压力,给孩子一份温馨和坚强的爱。

#### 用"心"走近
——亲子沟通的策略介绍

教师　杨　敏

一、引言

孩子从小学升到了中学,伴随着孩子的成长,家长们会惊喜地发现孩子"变"了,不仅身体发生了变化(长高、长结实、有的还出现了性征的变化),心理也发生了变化(独立意识增强,有了自己的小秘密,异性交往有了微妙的变化,与父母开始有了碰撞——)。

这个年龄阶段,学生身心发展的特色可以用四个字来概括:"短、快、

多、大”。“短”是指这个时期时间上很短促;“快”是指生理、心理发展急剧、变快;“多”是指矛盾多;“大”是指对人的一生影响大。

**二、什么是沟通**

沟通不仅仅是单纯意义上的“对话和交流”,它应该是“双边互动”,是心与心的交流和碰撞。父母与孩子的沟通要避免居高临下的说教、不痛不痒的劝解,就事论事地当“裁判”。而是要关注细节,对孩子的感受无条件地全盘接受,设身处地地进行“换位思考”,只有将心比心,才能读懂孩子这本“书”。

**三、孩子为什么不愿意和父母沟通**

(先向家长提问再进行概括提炼)

孩子如是说:

“青春期碰到更年期,话不投机半句多。”

“父母太烦太罗嗦,老生常谈饭泡粥。”

“父母保守、老土,不懂外面的世界很精彩。”

“父母有作业强迫症,期望狂想症。”

“我对父母的尊敬度、信任度、依赖度递减。”

“我想要了解的,父母不能给予我满意的答复。”

父母如是说:

“我们只要从物质上给予关心就可以了,谈话交流浪费时间。”

“我们工作太辛苦了,有时无暇顾及孩子的思想变化。”

“我们工作太累了,有时会对孩子说:改天再说吧。”

“我们碰到孩子提出的难题,真的应答不了。”

“我们很少与孩子共同探讨问题,认为这是学校的事情。”

**四、你经常和孩子沟通吗?如何沟通?**

沟通,一般情况下分三种:“思想沟通、情况沟通、情感沟通”。

平时,我们所热衷的是“情况沟通”,孩子汇报,家长点评。缺乏对“情感沟通”的认识。然而,“情感沟通”却是一把金钥匙,因为,有了“情感沟通”,“情况”就会自然了解,“思想”就会豁然开朗。“情感沟通”的原则就是:遇事先明白孩子的感受,快乐着他的快乐,忧伤着他的忧伤。

“我们不能用昨天的知识去教今天的孩子,说是为了孩子明天的发展”。父母要设身处地为孩子着想,多和孩子沟通和交流,了解孩子的需要,满足孩子的需要,实现“供需平衡”的良性发展。

**五、碰到具体的事情,我们应该怎么做?**

(举例)

假设情景:当孩子做错时——

(一)第一步:“明白感受”

父母要无条件地接受孩子的感受,既无条件接受孩子的喜怒哀乐,因为明白感受远比明白真相更重要。尊重孩子的情感,就是要给孩子以情感上 的安慰和支持。

(二)第二步:“倾听倾诉”

父母认真倾听,鼓励孩子倾诉,不要随便插问,打断思路;不要主观解释,分析对方的想法;不要过早表态,避免主观臆断,给孩子一个“说错与说对”的机会,切忌“父母一言堂”,注重互动合作。

(三)第三步:“重视过程”

不急于求成,遵循孩子的接受性,让他有思考、改正、完善的时间和空间。父母静观其变。真诚的沟通要经得起时间得考验,让紧闭得心门,“金诚所至,金石为开”得感动下渐渐开启,“心好,一切都好!”

(四)第四步:“强调自助”

引导孩子勇敢地面对问题,不代替孩子解决问题。鼓励欣赏孩子,唤起孩子的自信。千万不要拿自己孩子的缺点去和别家孩子的优点比,不要做“长别人志气,灭自己威风”的傻事。

**六、父母与孩子沟通的基本功是什么?**

(一)敏锐的感受能力

要学会用心观察孩子,用心了解孩子的兴趣、爱好,要对孩子的优势了如指掌,对孩子的变化要及时体察。平时,要主动与孩子交朋友,真诚地与孩子交流。

附:用心观察十二口诀:

(1)困难时——我与你同在,但不包办代替。

(2)错误时——我会帮助你,但不全盘否定。

(3)困惑时——我会启发你,但结论由你出。

(4)进步时——我为你高兴,但仍有大目标。

(5)默不做声时——我注意你的存在,使你感到自身的价值。

(6)与你交谈时——以亲切、平等的态度,把我自己放进去。

(7)苦闷时——我主动地接近、关心、倾听你的想法。

(8)你的学习——我饶有兴趣,学会和你分享。

(9)你的生活——我定会关心,不使你有依赖。

(10)你的情感——我珍惜尊重,不轻易伤害你。

(11)你的个性——我了如指掌,提供机会发展。

(12)你有意见——鼓励你表达,不轻易责怪你。

(二)准确的表达能力

要用激励性的语言对孩子提出要求。("你真行","你真能干","相信你会做好",切忌:"我爱你,因为你是好样的")责备孩子时,不涉及孩子无法改变的容貌、生理缺陷、能力问题,不要对孩子作消极的断言。

(1)如果父母在表达时"不尊重孩子",会导致孩子羞愧、自卑。

(2)如果父母在表达时"不信任孩子",会导致孩子失望、说谎。

(3)如果父母在表达时"不宽容孩子",会导致孩子无助、失落。

(4)如果父母在表达时"不理解孩子" 会导致孩子疏远、逆反。

所以,父母切忌"刀子嘴,豆腐心",因为,它对孩子的伤害是"不见血"的。父母在表达时一定要多多"鼓励孩子",让孩子充满自信、充满自爱。在父母的赏识激励下,不断地去领略学习中那悠然心会的乐趣、过关斩将的兴奋、茅塞顿开的激动和登堂入室的欣喜。

(三)寻找恰当的途径

1.家庭例会

定期召开"家庭民主学习会"。家庭应该是一个民主的小集体,会上父母与孩子都要“自我批评和互相批评”,给孩子一个畅所欲言的讲台,感受自己存在的意义。双方达成共识后,立即向一个真理靠拢,父母不得以特权逾越规则,这样双方都不会在不断的埋怨和抱怨中挣扎。

2.以笔抒情

与孩子成为“笔友”。有些内向型的孩子更能接受这种“交流”方式,其间,父母要巧拨孩子的心弦,要对孩子“动之以情”。多鼓励、多赞美,对孩子充满良好期待。

3.桌边叙谈

利用进餐的时间互相交流,扩大信息量,让父母与孩子的思想由此碰撞,产生共鸣,并缩短对某些问题认知上的距离。

4.留言交流

利用短信、微信、QQ等进行沟通。这种交流,主要是运用信息技术,让孩子感到父母尽管工作繁忙,还是与时俱进的,对他还是重视的,让孩子感受到父母无微不至的关怀和温暖。

5.结伴交流

利用孩子上下学、父母上下班同路这一优势,相约同行,边走边聊,增强亲密感。父母可以说说单位里发生的逸事,孩子也会告诉你一些班里发生的鲜为人知的趣事。

(四)学会管理自己的情绪

父母要帮助孩子健康成长,先要让自己健康起来,要想改变孩子就先试着改变自己。不要急躁、不要烦躁、不要暴躁;要学会将心比心、冷静思考、换位思考;要学会感激、感恩、感谢。“孩子是来报恩的,不是来报仇的”,请不要说“孩子是讨债鬼。”

碰到某些特殊情况,要“以柔克刚”、“以退为进”,要以保住孩子的“自尊心、自信心”为底线,要学会“容、忍、导”:“容”就是接受孩子、“忍”就是忍住火气,“导”就是顺着孩子的天性进行引导。(只要善于引导,孩子很可能就会成为家长的无限骄傲,为孩子提供一个发挥特长的天地,也就避免了孩子的“地下行动”。)家长要学着做一个有自控能力的家长,不要在孩子面前失态，要知道“纠正别人态度最快的方法是纠正自己的态度。”

（五）更新家庭教育的新理念

1.“期待孩子的未来”——着眼于孩子的可持续发展；

2.“请不要盲目攀比”——尊重孩子独一无二的个性；

3.“请用竖拇指赞赏”——赏识激励，激发孩子自信；

4.“请不伸食指指责”——让孩子感受尊严不容诋毁；

其实，每一位家长都是全身心地爱着自己的孩子的，只不过有时是“太爱了，反而不会爱了。”爱的本质不是牺牲，父母不应该只是孩子这朵花的肥料，而应该是孩子的引路人。父母要为爱注入力量，让这一份爱更有温度、力度、强度、牢度，就像“立邦漆能弥补细裂缝”那样，刷新父母与孩子的感情。

**结语：**

孩子是一口井、一座矿，我们要努力开掘，引出清泉，找出宝石和金子，孩子的成长和发展是我们最大的财富，一定要好好呵护。通过“家、校、社一体化”系统工程的构建，我们理应让与时俱进的态度更坚决，终身学习的理念更坚定；不断完善自己，成为孩子的良师益友，引领孩子走向美好人生。

（2）关注成长中的足迹，开展青春期教育

新杨中学教师非常关注家长与孩子之间的沟通手段。为此，学校开展了一系列亲子对话活动，让孩子感知父母对他们的关心与期望，并且让家长了解孩子的想法，使他们认识到青春期是人生中的黄金时期，是世界观和价值观形成的一个重要阶段，要“关心、了解、重视”孩子的成长历程，对“性征困惑、异性交往、早恋盲区”给予关注。以下是两位学生与她们的爸爸妈妈的对话：

**孩子，爸爸妈妈想对你说**

2015届学生郑晓晖父母

秋天，是个收获的季节。就在那个季节里，随着一声啼哭，我们有了你。

你从呱呱坠地,成长一位优秀的少年,你的每一个成长的历程我们都记忆犹新。你第一个微笑,第一次翻身,第一次站立行走,都给我们带来无限的喜悦和希望。

孩子,我不知道你是不是认可我对你的这种教育方法。我对你一直是崇尚我的教育理念:注重对你的素质和能力的培养,学习上我从不给你压力,所以从未给你上过什么补习班,我想让你快乐、轻松、健康的成长。你乖巧伶俐,知情达理,又有一定的学习和工作能力,你已经是一个很优秀的孩子。

感谢你一直以来对我的信任和敬仰。你一直都以我为榜样,记得你经常用羡慕目光对着我问同样一个问题“爸爸,你怎么什么都知道?”孩子,我告诉你,靠的是丰富的知识。人的一生要靠知识来武装自己,什么都可以没有,不能没有知识。那么知识从何而来呢?知识靠的是一点一滴的积累,要虚心学习、勤奋读书。当然还得培养自己的学习兴趣和良好的学习方法,有了好的学习方法能达到“事半功倍”的效果。比如说,你读一篇文章,不是要求你都能背出来,而是你能这篇文章中读到了什么?作者要表述的意思是什么?文章的结构安排,文章中的锦言锦句,这才达到读书的效果。另外还要博览群书,“读万卷书,行万里路”书读的多了,你的知识才能更丰富。还要适当的关心时事政治,“家事、国事、天下事,事事关心”这样才能不断地更新你的思维和知识。

孩子,你即将步入青春期,这个阶段对你来说,是最关键的人生阶段,我想和你多聊聊这些。你很懂事,但是你不知道发现没有,你也有很多似懂非懂事情是吗?你有了自己的思想和独立判断事物的想法,这是正常的人生发展阶段,但是你对事物的判断,明辨是非的能力还尚缺,所以万事还得多听听我们大人的意见和建议。我知道你这段时期,对我们隔代人来说容易使你产生烈反心理,我非常理解,因为我也是从这一步走来的,我还会尽力做好你的榜样,我们一起努力,共同走过这关键的人生阶段。

因为你是女孩,所以我还要你谈谈道德和素质。“温柔贤惠,大方得体，智慧细腻”这是女孩子的美德。所以你要在平时是生活和工作中多加注意，一个人见人爱的孩子，自己也会生活得很开心愉悦，学习、工作也会觉得轻松，效率就会提高，这是一举多得的好事。

孩子，爸爸今天说了不少，希望能和你产生共鸣。如有不足或不妥之处，我们共同商讨。最后爸爸送你两句话“勿以恶小而为之，勿以善小而不为”“与人为善，于己为善”我们共勉吧！

## 爸爸妈妈，我想对你们说

2015 届学生　郑晓晖

光阴似箭，日月如梭。不知不觉中，我生命的年轮已有九道深深的印痕。固然，生命有挫折的痛苦，也有苏醒的欢欣，但最令我温暖和感动的依旧是你们亘古不变的爱。你们总是关心我，照顾我，为我遮风挡雨，撑起一片澄澈的天空。你们让我了解到：爱是清泉，是绿洲，是无私的付出，是生命对生命的演绎。

妈妈，在我成长路程中，您为我付出得太多。为了照顾我，你放弃了家乡那份让常人特别羡慕的工作，每天都重复着几个枯燥事情——为我煮饭，为我洗衣服，为我指导作业，从来没停息过。面对您的付出，我却是用顶嘴作了“回报”。记得有一次，您在检查我的数学作业时，您发现了一道结果正确但方法错误的题，您毫不犹豫地指出了我的错误。听了您的指导，我知道我错了，但为了自己的面子，却勃然大怒：“喂，您说方法和您不一样，这道题就是错了？再说了，我和您的结果是一样的呢！”此时，您看见我那理直气壮的样子依然心平气和地说：“乖孩子，听妈妈的话没错。”可您话音刚落，我就顶起嘴来：“听妈的话有错！”听到我这句话时，您生气了：“那好，我们明天让老师来做裁判，看谁说得对。”第二天一早，我立马把这道题偷偷地改了，得到了全对。想起这件事，我心里就

涌起一股歉意，“妈妈，对不起！”

爸爸，虽然您平时因为工作忙，不在家，虽然你平时不会语言上的关心我，但您每天回家第一件事就是问：“女儿，今天怎么样啊？”“女儿，学

习有什么难处吗?”不仅这样,每当周末或是您不上班时,您总是和我分享学习的快乐和难题。虽然有时我做错事或是学习不认真时,您总会批评我或打我,但我知道打是疼,骂是爱,您那是恨铁不成钢呀!

爸爸,您对我的爱是伟大的。在上幼儿园大班的时候,天空突然下起了雪花,天气十分冷,气温骤降,就算穿着棉袄也会感到一股寒气,班上的同学有的冷得缩成一团,有的冷得直对手哈气,还有的冷得打起喷嚏,我因为早上没有穿多少衣服,再加上天气寒冷,真是雪上加霜呀!而妈妈早上出差不在家,您工作又很忙,不可能来。正在我绝望的时候,是您从办公室跑出来,把雨伞和棉袄送给了我,还叮嘱:“放学别忘了打伞。”说完,您便匆匆忙忙地走了。爸爸,您知道吗?当您把伞和衣服送给我的那一刻我觉得我是天下最幸福的小孩。爸爸,我爱您!

爸爸妈妈,你们对我的爱让我懂得:落叶在空中盘旋,那是绿叶对根的情义;云雀用冲天壮志来报答巍巍密林。爸爸妈妈,我将用我所有来报答你们对我的爱。

## 孩子,爸爸妈妈想对你说

2014 届学生张韵语父母

亲爱的女儿:

你好!很高兴收到你的来信,从你的字里行间,我们读出了你的成长与懂事,我们为你感到骄傲!

读着你的来信,不由地回忆起你成长的每一个瞬间,如电影般在我们的脑海里回放,耳边似乎又传来了你儿时银铃般的笑声。看到站在眼前的你,比妈妈高大的个头,朝气蓬勃的脸庞,不禁泪眼晶莹,感慨时光如梭!

十四年前,当你呱呱坠地时,我们还是那么年轻,面对着柔弱的你,手足无措,没有一点为人父母的经验!是你——我们亲爱的女儿,教会我们做一名合格的父母,教会我们坚强与责任!感谢你,和我们共同成长!

你是我们家庭的核心,是我们家中的开心果。十四年来,因为有了你,家里充满了欢声笑语;十四年来,我们看着你一天天长高,一天天懂事。虽然,我们一起生活的点点滴滴中,有欢笑也有泪水。但是,亲爱的女儿,在你成长的道路上,我们愿意成为你的拐杖、坚实的后盾,帮助你克服难关,获得勇气与成功!

还记得那一个冬日的早晨,十岁的你趁我们还在熟睡,早早起床,踮着脚在厨房里忙碌着。当我们揉着惺忪的睡眼,发现餐桌上摆得整整齐齐的早点与碗筷,映着你甜甜的笑容、小小的身影,我们的心头不由得涌上一股浓浓的暖意,原来不知不觉中我们的女儿已经学会了孝顺。

亲爱的女儿,当我们喜悦地发现你能理解父母的良苦用心,能体会到父母对你细细密密的爱,我们感到十分欣慰!你每天的进步与懂事,使我们对你的未来充满了希冀,我们真心希望你能自食其力,成长为一名有爱心、有责任感的公民,做社会的有用人才!

亲爱的女儿,爸爸妈妈想对你说:命运掌握在每个人的手中。首先,社会是一个多面体,你要学会识别和判断。其次,"书山有路勤为径,学海无涯苦作舟。"一个人只有勤奋学习,刻苦钻研,才能到达理想的彼岸。在你的学习和生活中,不管遇到什么困难和挫折,你千万不要逃避,一定要正视它,用你的智慧去解决和克服。爸爸妈妈相信你是一个聪慧的女孩,一定能乘风破浪、展翅翱翔。

努力吧,亲爱的女儿!

## 爸爸妈妈,我想对你说

2014 届学生　张韵语

亲爱的爸爸妈妈:

你们好!

耳边知了的叫声接连不断、震耳欲聋,现在已是 2013 年夏,我又年长了一岁,你们却又年老了一岁。

大雁来了又去,岁月不断流逝,我的个头已与你们齐肩,而皱纹却悄悄爬上了你们的额头,银丝也不留情面地染白了你们的黑发,可你们给予我的爱却依旧不变。

妈妈,您的爱像一杯浓浓的咖啡,浓郁香醇;爸爸,您的爱则像一杯清茶,淡而幽香。多少次妈妈在我做作业时端上热腾腾的牛奶,在傍晚准备好晚饭;多少次爸爸早早起床为我做早餐,每天风里来、雨里去接送我上下学。你们对我的爱在我成长的岁月中留下了一个又一个清晰的脚印。从儿时教我咿呀学语、蹒跚走路,到上学后培养我各种兴趣爱好、教我各种做人的道理,你们在我身上倾注了无数的心血。

记得有一年冬天,天气突然变冷,气温骤降,窗外飘着白雪。妈妈您看我身上的毛衣有些偏小,就打算给我织一件新毛衣。于是,每天吃过晚饭,您就坐在沙发上灵巧地拨弄着那几根银色的长针,挑着毛线。毛线球不断地滚动,逐渐变小,毛衣一点一点地成型。天越来越黑了,月光透过窗户洒到您的身上,您佝偻着背,手冻得通红,还不时地用手敲打着酸痛的腰背,但您始终没有停下。您顾不得打开电视、浏览报纸,顾不上和我们说笑,坐在那里专心的编织着,只能听见时钟的滴答声、针与针之间细微的摩擦声。夜深了,您房间的门缝里还透出一线微光,我知道您一定还在忙碌着。没几天,您就像变戏法似的织完了我的毛衣。清晨,我穿上您连夜赶织的毛衣,厚实而又合身。您宽慰地笑了,却神情疲惫,双眼布满了血丝。妈妈,您编织的不仅仅是一件毛衣,更是一份温暖、一份对我的浓浓爱意……

父爱如山,母爱如海。爸爸、妈妈,你们对我的爱是单向的,只是一味地付出,不求回报。我深知你们对我的期盼,你们辛苦了！我一定会好好学习,不辜负你们对我的期望。

我深知自己有很多不足,且不够懂事,常常会做错事或惹麻烦,我定会改正这些毛病,不让你们总是操心,做一个自觉刻苦的好学生,做一个让你们满意的好孩子。

在这里恭祝你们身体健康,万事如意!

(3)倡导孝亲敬老,延伸爱的教育

学校引导学生从关心自己的长辈开始,结合“一班一居委”进行“孝亲敬老”的夕阳关怀教育,提升通常意义上尊老爱老的新内涵。通过“家、校、社一体化”建设,开展“爱心放送”专题活动,共同感悟“爱是激活生命的源泉”。

(4)珍惜花样年华,不忘法制教育

家、校、社区联手开展法制教育,促进家庭的健康发展。如:交通法规宣传、禁毒宣传、预防艾滋病宣传、拒绝黑色网吧宣传等,都是“三边互动”共同探讨的焦点话题,以“远离伤害,珍爱生命”为宗旨,亮起生命的红绿灯。

(5)守护绿色希望,加强环境教育

很多环保理念的确立、环保行为的养成都是从“家庭起步、社区立足”的,所以,通过“家、校、社一体化”建设,宣传中能在日常生活中配合学校加强节约资源的系列教育,倡导对环境友善的生活方式,关注人与环境的和谐相处。

(6)演练自救本领,强调安全教育

生活中,很多自救自护的本领需要在生活中积累,作为应对突发事件的经验,孩子掌握多少,父母才能放心多少。在家长会、在社区,成人的现身说法,从防触电到防煤气泄漏;从防火灾到防窃进行宣讲,每一份警觉里透着对安全的重视。

(7)直面生活考验,懂得责任教育

在“家、校、社一体化”建设中,学校携手开展“制定成才计划、规划家庭愿景”亲子活动,建议家长用对家庭、对事业、对社会的责任心来影响孩子,让孩子从父母的榜样中去学习“独立、勇敢、坚强、求进”的品格,在平凡的生活中,好好爱自己、从而爱学习、爱生活。

2. 家长队伍——正向示范

(1)家庭讲师团

家庭讲师队由各颇具特色的先进模范的学生家庭组成,进行校际交流,抛砖引玉的目的是为了积极推进“读书学习进家庭”、“文明美德进家庭”、“文化艺术进家庭”、“休闲健身进家庭”、“公益服务进家庭”。通过分享经验,起到传、帮、带的辐射作用。

(2)家长联谊会

以家委会为纽带,建议和指导同班级、同年级的家长进行联谊互访,相互切磋:"如何与孩子优势互补,如何优化休闲配置;如何增加家庭文化投入。"让家庭在比较中取长补,倡导"生活学习化,学习生活化"的崭新理念。

(3)监督巡察制

家委会领衔、正确导向、积极实践,团结最广大家长,与学校形成正向合力,家委会成员担任学校"社区听证监督员",在"家长开放日"督促巡查学校教育教学工作,组织家长参加教育教学展示活动,提出积极的建议。

(4)家长护校队

组织家长志愿者每天上学和放学时分在校门口"站岗放哨",协助学校(1)督促家长安全护送、有序等候;(2)劝离校门口的无证摊贩、散发广告者、乱停车辆者;(3)指挥学生进校、离校时均走在"隔离栏"内,小心车辆。值勤家长的耐心、细致、周到让师生们很感动,孩子的健康成长需要家校一起为他们撑起安全的保护伞。

图 5-2:家长护校队成立仪式

## 三、新杨的收获

学校借助“家、校、社一体化”建设，合力增效，加强了社区间各方人员的互动与理解，大家积极参与，为新杨中学的发展贡献一己之力。

### （一）“家、校、社一体化”建设，让合作更紧密、共建更实效

一直以来，令人感动的是，家、校、社联系紧密，当特殊学生的家庭教育缺失、需要预控时，家长、社区干部都会与班主任、政教主任一起主动家访、一起商量对策，雪中送炭。学校不再孤军奋战，合力育人的教育效果事半功倍。

### （二）“家、校、社一体化”建设，让关心更具体、进步更感人

1. 增强了“学校发展我发展”的参政意识

很多家长都逐渐感悟到：“关心学校的发展就是给自己的孩子好的未来”，与学校荣辱与共、苦乐相伴的情感日益增强。家长责任意识的建立，促使他们乐意并主动关心学校的发展。

2. 增强了“以学生发展为本”的自觉行动

很多家长的育人观念有了实质性的转变，更关注孩子的发展性需求。家长着眼点的提高、关注点的提升，推动着学校的各项工作更注重内涵建设，为学生的可持续发展奠定基础。

3. 增强了“齐抓共管效果佳”的合作氛围

合力育人的实效日渐凸显，学校的“四困生”，即“学习困难、行为困扰、心理困惑、生活困境”的学生得到了更多实实在在的帮助：来自学校的关爱、家委会的关心、社区的关照、共建单位的关注，让爱变得更有“温度”和“力度”，

激励这些学生走出阴霾,心存感恩,不断进步。

## 居委干部范老伯"爱的付出"

男孩杨某是初一学生,因"父亲吸毒、母亲离家、爷爷奶奶去敬老院"的特殊情况,没有了"温暖的依靠",经常逃学逃夜,结交不良少年,沉湎于网吧。家庭监护的缺失,让他小小年纪就自暴自弃,撒谎、欺骗、偷窃行为经常发生。

学校走访居委会,与文教干部范老伯商量怎么办。年近六旬的范老伯出于对学校的关心、对孩子的爱护,开始了"爱的付出":他骑着电瓶车奔波在学校、居委、孩子的家之间,不顾身体欠佳,召集街道青保办老师、社区主任来学校召开三方联席会议;不顾路远迢迢,前去孩子的大伯伯家求助,希望得到孩子亲人的同情,遭到拒绝后又辗转求助社工给予关爱;不顾旁人闲言碎语,在百忙中抽空到为孩子补办丢失的助学券;不顾年迈体弱夜巡网吧,每次从网吧找到孩子后都带他去自己家洗个痛快澡,并让孩子吃饱睡好,然后电话告知学校:"放心吧,孩子找到了!"

学校非常感谢范老伯为学生排忧解难,作为"社区听证会"的一员,范老伯用令人感动和敬佩的责任之举,给了学校最大的支持,给了孩子最大的关爱,给了孩子家庭最大的扶持,也给了老师们最好的榜样!

## 社工张老师"爱的鼓励"

初三1班殷同学出现了严重的自闭行为,好端端的一个女孩,因为"父母离异、母亲再婚、父亲另结新欢",她敏感细腻的心灵受到重创,出现了严重的心理障碍:沉默、孤僻、弃学;不爱出门、不爱说话、不爱卫生。看到女孩"一团糟"的样子,班主任焦急万分,每天早上"手机叫早",提醒女孩上学,但女孩始终"懒床辍学",学校多次家访,但收效甚微。情急之下,学校联系了社工张老师,表明了担忧,热情爽直的张老师急学校所急:"放心吧,我一定会关心"。承诺之下,张老师就开始了她的"爱心旅程"。只要"孩子未到学校"的电话一联系她,她便立即前去"探望",并及时手机反馈:“老师,孩子在家,水电煤已关好,我会关照她。”

暑假前,学校在“社区听证会”上委托张老师做好女孩的预控工作,张老师就经常把她带在身边,给了女孩很多展示的舞台,张老师还多次做女孩爸爸的思想工作,着实让这位党员爸爸“不好意思”。

开学了,张老师打来报喜电话:“孩子被评上社区阳光少年啦!”听着张老师的娓娓道来,我们为女孩的进步而高兴。此后,女孩正常上学,我们从女孩的脸上看到了久违的笑容和自信,是张老师“爱的鼓励”让女孩重新找回了自我。

女孩在周记中动情地写道:——当我沉浸在莫名的自我空间中,忙碌而又热情的社工张阿姨却愿意抽出分秒时间与我促膝交流;当我不乐意参加社区活动时,她会语重心长的教育我:“人不能懒惰,要学会自主,这样才能找到乐趣。”今年暑假,我获得了“阳光少年”称号,她满口称赞我做得有多好,可我心里默念:“阿姨啊,你知道吗?若不是你用心爱我,我怎会认真地去完成任务呢?”

“家、校、社一体化建设”重视社区资源和家长资源的有效利用,作为学校发展中必不可少的支持力量和配合力量,提供了极大的基础保障。

# 第 三 编

# 尊重：从行动到文化

# 第六章

# 以“尊重”为核心的学校文化建设

学校是学生成长成才的摇篮，学校文化作为一种环境教育力量，对学生的人生观、价值观产生着潜移默化的深远影响，而这种影响往往是任何课程都无法替代的。学校文化是一所学校综合素质的体现。正确的办学思想、先进的办学理念是学校文化的灵魂。学校是思想和思想的交流，是情感和情感的沟通，是生命和生命的对话①。学校文化的创建是学校教育生活的再造，可以促使教育者反思自己的教育生活、反思自己的教育理念以及思考教育的本质。一所学校的文化应当是健康、积极向上、丰富的，应当有助于学生树立正确的世界观、人生观，对于提高学生的道德素养、人文素养，拓宽视野，进一步明确学习目的，德、智、体、美全面发展具有深远的意义。

## 一、学校文化的内涵及功能

学校文化是学校发展的灵魂。建设学校文化，首先应该弄清楚学校文化的概念。如果我们在概念的理解上缺乏全面存在狭隘，那么在一定程度上必

---

① 袁振国：《校长的文化使命》，《素质教育大参考》2004年第1期。

然会影响学校文化建设的总体方向,导致缺乏系统化、内容呈现单一化的现象。

## (一)学校文化的内涵及分类

学校文化的概念具有复杂性,在对学校文化概念的确定上,目前尚未形成统一的认识。综合近年来的研究成果,比较有代表性的分类有以下几种:文化氛围说、意识精神综合说、特殊文化说、习得价值说、意识形态说等。①

尽管学者们对学校文化有不同的表述,但大多数学者认为学校文化是一种氛围、一种精神,是一所学校"办学理念、精神风貌、风气氛围"的体现,代表着全校师生共同的价值观念和价值取向。学校文化可以定义为:经过长期发展历史积淀而形成的全校师生的教育实践活动方式及其所创造的成果的总和,它既包含物质因素也包含非物质因素,是一个学校校园精神与氛围的集中体现②。

学校文化的核心是学校共同的价值观念,价值判断和价值取向。它通常有以下四个层面:第一,物质文化层。又叫载体文化层,它是校园文化的物质载体和基础。第二,精神文化层。学校的道德标准、情感态度、价值观、传统、集体舆论、理想、习惯等,是校园文化的核心和灵魂。第三,制度文化层。它是学校的多重规章制度,是校园文化多个层面的规范和细化,是每个校园人所必须遵守的行为准则。第四,活动文化层。又叫方式文化层,属于行为文化,或被称作"活文化",负责精神文化的设计、组织与执行,是校园文化的主要体现者③。

综上所述,我们认为学校文化由物质和精神两大部分组成,其中物质部分包含校园环境文化、行为文化,精神部分包含精神文化和制度文化。

---

① 王邦虎:《校园文化论》,人民教育出版社 2000 年版,第 7 页。

② 顾明远:《论学校文化建设》,《西安师范大学学报》(人文社会科学版)2006 年第 5 期,第 67—70 页。

③ 邓敏:《中学校园文化建设研究》,华中师范大学硕士学位论文,2003 年。

## (二)学校文化的功能

学校文化产生于学校自身,并且会随着学校的发展而不断丰富和强化,最终成为学校取之不尽、用之不竭的精神源泉,成为学校发展的灵魂,是影响学校生活的一种精神和物质的统一的力量,是凝聚人心、展示学校形象、提高学校文明程度的重要体现。学校文化在育人的过程中呈现出示范、导向、陶冶、凝聚、选择、约束功能等。①

1. 示范功能

学校文化主体中的优秀人物对其他成员的示范作用是显而易见的,学校文化建设旨在营造一个健康向上的求学与做人的环境,而教师是学生的主要模仿对象。教师的政治思想、道德品质、文化修养、治学态度、生活方式以及人生观、价值观,都会对学生产生"引领"的影响,感染和召唤学生。因此,教师不但要教书,更要育人;不仅要做"传道、授业、解惑"的"严师",更要做"求真、求实、求诚"品质坚毅、情操高尚的"人师"。

2. 导向功能

学校文化能够把学校全体师生的思想和行为统一到学校的发展目标和人才的培养目标上来,保证学校发展的正确方向,体现学校积极向上的精神风貌,并逐渐形成一种与之相适应的环境和氛围。其中最典型的是学校的办学理念可以引领全体师生共同坚守理想信念,强化师生的归属感、荣誉感、自豪感和责任感。

3. 陶冶功能

学校文化是精神境界和文化氛围的融合,这就决定其具有陶冶的功能。相对于日常的教学,学校文化是通过"深入浅出、水到渠成"来对师生进行文

① 腾辉:《论校园文化的德育功能与建设》,《教育科学论坛》2007年第2期,第71—73页。

化感染和文化渗透，以校风校训、价值观念、人际关系、文化活动、文化传统等方式表现出一种理念追求，对学校的教育教学起"画龙点睛"的指导作用。

4. 凝聚功能

师生作为独立的个体存在，不论性格、情感，还是理想、追求，都呈现出多元特点。学校文化建设中共同的价值取向和群体意识具有强大的凝聚力，能使广大师生自觉调整个体观念和价值追求，逐渐融入健康向上的集体氛围，进而发展成为具有鲜明学校文化特征和气质的社会人。有认同感的学校文化应该似水，缓缓流过，滋润彼此的心田；似火，熊熊燃烧，温暖彼此的身躯；似旗帜，高高飘扬，召唤彼此的精神。凝心聚力，携手奋进。

5. 选择功能

学校文化是一所学校历史沉淀的精华，体现全校师生"思想、行为、价值"的共识。在一个"理念先进、教学严谨，教育规范"的校园中，任何舞弊和不思进取的行为都会遭到一致排斥，歪风邪气必然会受到遏制。在核心精神的统领下，师生会坚持和坚守法律和道德的底线，弘扬中华民族的传统美德，学生努力争做"品学兼优"的好学生，老师争做"爱岗敬业"的好员工。

6. 约束功能

优秀的学校文化对师生均能产生巨大的规范约束作用，这种约束功能表现为"硬"约束和"软"约束两种形态。硬约束主要通过既定的校园制度文化，比如我们普陀区教育系统的《现代学校制度和学校文化建设行动计划》，能对师生行为产生引导和约束作用。同时，还可以通过创设良好物质文化环境和精神文化氛围，让这种规范意识进入到师生的心灵深处，使他们受到启发和感染，产生一种完善自我的内驱力，主动规范自己的行为表现。

综上所述，学校文化在学校发展过程起着示范、导向、陶冶、凝聚、选择、约束功能等，不仅引领着学校整体的规划和发展，同时，学校文化的软约束力还会使师生自觉规范自己的言行，使整个校园产生凝聚力和向心力。

## 二、建设学校文化的重要意义

学校文化是学校的灵魂,但其不是一朝一夕所形成的。学校文化是全校师生长期努力而建立起来的具有本校独立特色的文化传统。这种文化传统一经建立,就具有引领学校办学方向、统一价值体系、约束师生行为的作用。一个没有独立文化传统的学校,师生和员工就如同一盘散沙,缺乏凝聚力和奋斗的动力。学校文化作为一种环境教育力量,对学生的健康成长有着巨大的影响作用,建设学校文化的意义主要有以下几个方面:

### (一)美化环境

优美的校园环境有利于培养学生正确的审美观,提高他们的审美能力和创造美的能力。"爱美之心人皆有之",当代的中学生自然也不例外。但由于处于青春期这个特殊阶段,他们追求美,却不善别美;他们看中外在美,却不善追求内在美,不懂得美的深刻内涵。因此,通过美丽安适的学校建设,整洁漂亮的教室布置,以及学校空气的净化、文明礼貌语言的使用、和谐人际关系的形成,均可诱导学生理解真美、创造真美,认识到美是社会实践的产物,把美内化成自己的自觉行动。使追求美、创造美成为他们生活的需要。

### (二)健全规章制度

健全的规章制度及健康的集体舆论对学生的学习、生活及思想言行具有规范作用。当学生的思想言行不符合制度规范及集体舆论的要求时,他就会自我调节矫正。另外,优美的学校环境同样能影响并规范学生的行为,试想,你会在地面光洁、环境优美的场所乱扔纸屑、随地吐痰吗?你会在雪白的墙壁上乱涂乱画吗?不会!通过优美环境的熏陶,这些不良行为都会自动消失。

图 6-1:校园一角

## (三)丰富课余生活

中学生渴望精神生活的丰富多彩,而且不同的人有不同的兴趣爱好。多彩的学校文化适应了中学生精神需求的多样化、个性化的特点,避免了对学生人格塑造单一化的倾向。学生从课余兴趣活动中,发现自己的特长和价值,从而激发他们的自主性和自豪感,塑造出完整健康的人格,形成积极向上的生活学习态度。另外,丰富多彩的学校活动、和谐的人际关系能帮助培养学生较强的心理适应能力。优美的学校环境可以放松心情、消除紧张;丰富多彩的活动可以增强人际交往能力,转移或冲淡不愉快的各种心理因素,培养健康的兴趣爱好,促进学生健康心理的形成。丰富的课余生活有利于培养学生的健康个性,并促进学生的心理健康。

由上可见,学校文化建设涉及到学校的整体品味和全体学生的素质、精神风貌等诸种问题,关乎培养创新型人才,建设创新型国家的大问题,所以必须予以重视。只有创设安全、健康、文明的育人环境,才能利于学生全面、和谐的发展。

## 三、新杨中学以"尊重"为核心的学校文化建设的探索与实践

学生的健康发展与他周围的生活环境息息相关。我们认为和谐、温馨、相互尊重的学校文化氛围是学校发展和学生素质提高的重要途径。学校文化建设不仅仅是一句口号、一个活动，更是学校的一种责任，这种责任外化为校园的精神文化、制度文化、物质文化以及行为文化的建设上。

近年来，新杨中学始终坚持走"尊重"道路，把"尊重—为每一位师生的充分发展服务"的办学理念贯穿于学校的日常建设之中，围绕教育转型和普陀教育"提升每一个学生学习生活品质"的教育理念的要求，新杨中学在结合学校实际、学校发展状况和社区大环境的基础上，锻造以"尊重"为核心的校园文化，让教育成为人的灵魂间的对话，让学生沐浴教育的阳光，幸福成长。

### （一）精神文化，引领学校发展

精神文化是学校文化的核心内容，也是学校文化的最高层次，它代表着一个学校的精神风貌，是一种隐性文化，是学校成员在办学思想、教育理念、价值观念以及思维方式上的深层表现，是学校发展的内在动力与支配力量。

#### 1. 通过理念载体，体现育人取向

办学理念是校长教育哲学思想的结晶，是校长基于"办怎样的学校"和"怎样办好学校"的深层次的思考，是学校的核心精神。学校在校长的带领下，全体师生积极参与，根据校情，分析学校的优势和不足，制定出具有新杨特色的教育理念和育人目标，这些都凝聚着我们的办学理念、办学要求，是学校精神的集中概括和形象展示。我们相信把这样的办学理念贯穿于整个教学过程，塑造出来的学生才能有明显的个性特征和新杨特色，才能形成独具特点的新杨学校文化。

学校始终坚持"尊重——为每一位师生的充分发展服务"的办学理念,树立"培养有个性特长的优质初中生"的育人目标,"扬尊重之风,建和谐校园"的发展目标。学校把"有德、有志、有才、有能"融入学生的个性特长培养中,为此,学校确立以学生可持续发展为本的课程意识,在开发课程资源,开设特色校本课程上作了积极的尝试。我们坚信教师是学校发展的宝贵资源,只有教师的持续发展才能保证学生的持续发展、学校的可持续进步。为此,我们全面推进师资建设,全面增强人力资本投资,增加教师进修机会,利用各种社会资源帮助教师提高教育教学能力,制定契合教师自身发展状况的专业发展目标,以研促教,力求培养素质过硬的师资队伍,培养一批师德高尚的教坛新秀,一批教育教学能手和一群研究型教师群体。

学校提出了和谐愿景,即在"尊重的教育"文化的引领下,我们将营建师师、师生、生生相互尊重的校园文化,构建人文环境。在和谐的校园环境和文化氛围中,每个人的潜能和智慧得以开发、升华,学生的学习生活质量和教师的教育生活质量得以提升,全体新杨人为学校的发展共同奋斗、努力。实现每个个体自身的和谐发展、个体之间的和谐相处、人与学校之间的和谐互促,是全校师生的共同愿景。

2. 通过舆论宣传,形成优良校风

学校的文化建设还体现在校园舆论文化建设上,引导正确的校园舆论,构建和谐的校园舆论文化是建设和谐学校文化的中心环节。

首先,要强化德育为先,注重养成教育,通过"校会、级会、班会",组织学生认真学习"规章制度、道德修养"等内容,提高学生的思想认识水平及明辨是非的能力,树立正确的"世界观、人生观、价值观",养成良好的道德行为习惯。

其次,要加强"爱校"教育,培养母校意识。通过"校史展览室,设计校旗、校徽,制作校歌,统一校服"等,提高"学校"在学生心目中的地位,使学生自然生发出强烈的荣誉感、自豪感,从而产生凝聚力,形成学校精神。

再次,强化学校的"三风"建设,即"领导的作风、教师的教风、学生的学风"。学校领导要加强修养,提高自身素质,在学校各项工作中带好头;教师要确立正确的"学生观、人生观、教育观、质量观",形成以"爱生、敬业"为核心的师德规范,努力倡导"爱生、敬业、求美"的良好教风;要教育学生树立"打好基础、报效祖国"的崇高志向,养成"勤奋刻苦、善思创新"的优良学风。

同时,坚守宣传阵地,充分发挥广播室、黑板报、阅报栏(室)、宣传窗的作用,弘扬真、善、美,净化校园空气,引导正确舆论,促进优良校风的形成。

学校文化建设说到底就是校风建设,校风表现在学校的方方面面,表现在学校领导班子身上就是是否具有先进的办学理念、人文管理的精神、全面的规划能力等;表现在教师身上就是是否具有为人师的道德品质和教书育人的能力;表现在学生身上就是是否具有勤学、进取的学习态度以及是否具有爱校的意识等。

校风的形成具有一个较长的过程,形成以"尊重、和谐"为核心的优良校风更是需要几代人的共同努力,而健康向上的优良校风一旦建立起来,反过来会给学校的教学和管理行为产生不可估量的作用。

### (二)物质文化,营造良好的学习氛围

苏霍姆林斯基说过:"我们的教育应当使每一面墙都说话。"在教育领域,环境对受教育者的身心发展有着重要影响,人若被动地接受环境影响,环境就对人表现出较强的客观影响作用;人若主动地利用与优化环境,并注重开发环境功能,就可以驾驭环境,让环境为人类服务,此时育人环境就与教育者一样具有积极的"育人"功能。

因此,物质文化建设在学校文化建设中同样发挥着重要的作用,它被称为"看得见的学校文化",它主要是指校园环境。学校的环境文化是学校教师教学、管理及学生学习的物理环境、精神环境,包括软硬件设备、空间设计、校规设计、社区环境、家庭环境、传统习俗等。① 学校环境应当是人文化环境,体现对学生和教职工的人文关怀。优美的校园环境就像是一部立体的、多彩的、富

① 钟启泉:《现代课程论》,上海教育出版社 2003 年版。

有吸引力的教科书,它有利于陶冶师生的情操、美化心灵、启迪智慧、丰富知识、增长才干。心旷神怡的特殊空间,成为学校校园环境文化的特色,通过对校园环境的点缀所体现出全校师生的"共同思想、共同情感、共同审美"等精神文化特质。

学校文化的存在不是空洞的,不是虚无缥渺的。"老师您早!"、"请讲普通话"、"上海市'七不'规范",一句问候、一条标语、一幅学生作品、一封表扬信、一个优秀教师宣传栏,无不让你感到"尊重的教育"充溢着校园的每个角落。新杨在"尊重的教育"理念下,在规划校园基础设施文化、自然人文环境文化等方面都处处体现尊重。把"尊重的教育"做成看得见、摸得着的一种文化反映,潜移默化地影响全校师生的观念与行为。

1. 通过环境载体,营造舒适的校园环境

新杨中学在环境建设中着重突出对墙壁、地面、教室、花园等的管理,出台了相关的管理细则,使学校环境整洁有序。摆放整齐的桌凳、窗明洁净的教室、各具特色的植物角、雅致的校训雕塑和绿树成荫的学习长廊等,给人以清爽的感觉,给学生创造出安静、整洁的学校环境。

2. 建设文化长廊,在氛围中领悟"尊重"

为落实以"尊重的教育"为统领的德育体系,新杨中学积极拓展人格培养的渠道,在校园环境文化建设中处处融入"尊重",让学生在"尊重"的文化氛围中领悟"尊重"。

学校重新布置和设计校园环境,走进学校大厅,右面直立着孔子像,孔子一生都追求真、善、美,这正是学校教育所倡导的价值取向;左面是中华魂——祖国在我心中,这是爱国主义教育;正面是学校发展目标"扬尊重之风,建和谐校园"和大型琵琶雕塑,这是学校的办学特色。学校精心打造六大主题文化长廊:感恩长廊内,"古代二十四孝"的故事点读和"现代孝亲敬老"的美德弘扬,让学生在"感谢、感动、感恩"的践行中,学会爱的付出。励志长廊中,"成功者的奋斗故事",让学生在敬佩之余,心有模范,学有示范,理想与责任并行并进。艺术长廊中，才艺展示的图片述说着学生在学习合唱、琵琶弹奏过程中的成长经历，激起学生学习音乐的欲望和热情，提高服务自我、服务学校、服务社会的能力和意志。风采长廊里"爱生模范"与"尊师标兵"的感人事迹，让学生在"尊师道、话师恩"时体悟教师敬业爱岗的精神，把教师和学生的各种作品展现出来，尊重师生自我实现的愿望，增强教师的奉献意识和责任意识。科技长廊里，很多科技的元素和故事展现在学生们面前，让学生在科技的氛围中提升自己的科学素养，热爱科学。礼仪长廊中，让学生去感受道德的基本要求，让学生去明白什么事可以做，什么事不能做，从而约束自己的言行，养成良好的行为习惯。

让每一面墙壁都有生命的热度，营造浓郁的文化氛围，以校园文化为内驱力，丰富学生的生命内涵，让学校真正成为学生的家园、乐园和学园。在"尊重的教育"文化氛围中，学生潜移默化地体验尊重，践行尊重，以实际行动述说"学会尊重是一种美德，懂得尊重是一种幸福"，展示新杨中学所特有的精神风貌，只有培优校园文化的土壤，让学生浸润在尊重的文化环境中，才会融入尊重。

图 6-2：感恩长廊

图 6-3:风采长廊

## (三)制度文化,规范师生行为

制度是约束人们行为及其相互关系的一套行为规则。规范有效的制度安排能够很好地调节矛盾和冲突,促进学校和谐有序发展。制度文化是指学校作为一种社会制度存在,向年轻一代传递社会所期待传递的文化,包括为有效实现教育目标,适应学生身心发展而设定的学校教育目标、课程,为有效传递课程而编写的教科书与教材、学校的重要仪式、规划及实施的活动等,它们集中体现了社会对于新生代必须习得的文化内容、教师和学生共同拥有的价值观体系。

制度文化是学校文化建设非常中重要的一部分,对学校文化建设起着重要的导向作用,制度文化作为学校文化的内在机制,是落实好学校文化建设实现其最终目标的必要保障。"没有规矩,不成方圆",完善的制度文化,可以正规学校 的组织架构,规范校园人的言行,保障学校文化活动的正常开展。

学校建设"尊重"与科学相一致的制度文化,目的是让所有成员工作生活在一个规范有序又富有人文气息的环境中。在这个环境中,领导与教师、教师与教师、学生与老师,相互尊重、相互理解、和谐融洽。其实质是强调"尊重的教育"与科学管理手段的结合,建立以发展人的主体性,提升人的生命价值,富有人文情怀、创新活力与团队精神的制度文化体系,让组织中的成员尽量发挥出生命的潜力。我们正在探索在未来学校发展中,学校各管理层如何以"尊重"的理念为引领,整体科学规划并人性化地落实学校各项管理工作的操作途径和方法;思考初级中学在积极推进二期课程教育改革过程中,如何以"尊重"为指导思想,使每一位教师在实施的过程中,都能既高度尊重教育教学的客观规律,又能充分尊重学生在学习中的良好发展和自主性,寻求高效率、人性化地推进课程改革的校本途径和方法。学校通过制定学校章程、教代会制度、教育教学管理制度、质量监控考核制度、学生的行为规范、教工文明公约、学生文明公约等,对管理的职能进行有条理的阐述,对教师的言行进行有效的约束,以典型示范带动集体内部的队伍优化,逐步在教师中形成良好的师德形象,以达到敬业爱生,建立起新型的师生关系,从而促进学生对学校的认同感和归属感,增强了集体意识和主人翁精神。

1. 章程建设,向深层民主迈进

从 2014 年 9 月开始,学校开始探索章程建设,认真整合了各部门的管理制度及在工作中会遇到的困惑,经过不断调整,形成章程初稿,经由各年级组逐条讨论并给出修改意见和建议,由校长室统一进行答复,并在全体教职工会议上投票表决,充分尊重民意,让章程真正成为教师利益的有力保障,最后请专家论证,目前章程已经定稿,这标志着新杨在"尊重的教育"理念上的又一次深耕。

为了更好地体现依法治校的观念,真正将尊重放在首位,提高学校管理的透明度,新杨积极参与了区教育局学校章程建设的试点,并初步形成新杨中学的章程,每条章程都是来自对学校工作的全面考虑,勾勒框架,关乎细节。章程是刚性的,但贯穿于章程中的尊重理念又是柔性的。刚柔的经纬密密交织,凝练学校精神,塑造核心价值观,让制度文化为尊重的教育保驾护航。

章程建设是尊重的教育发展到一定阶段的必然要求,也是构建现代学校制度的需要，是实现民主、科学、公正的重要保障。

## 上海市新杨中学学校章程

### 序　言

上海市新杨中学创办于1995年，是一所公办初级中学。位于普陀区桃浦镇，面对学生家庭情况复杂，困难家庭和特殊家庭比例较高的办学现状，如何提高学生的学习生活品质是新杨中学一直以来都在思考的问题。为此，我校贯彻落实区教育局提出的“提升每一位学生的学习生活品质，全面实施素质教育”的精神。在桃浦联合体氛围下面，在充分考虑学校学生特点、学校发展方向以及办学规律的基础上，我们认为，要提高学生的学习生活品质，首先要帮助学生树立正确的价值观。而要树立正确的价值观，则首先要在尊重学生成长规律的基础上让学生先学会尊重，让尊重成为学生心灵起航的风帆，在师生之间不断树立尊重意识，在实践当中不断践行尊重理念。

因此学校提出了“尊重——为每一位师生的充分发展服务”的办学理念，致力于锻造以“尊重的教育”为主题的校园文化，通过一系列以“尊重”为主题的措施和活动，我校教师的教育教学、学生的行为规范都能够彰显“尊重”这一学校文化特色，“尊重”已基本融入到教师和学生的内心当中；学校还积极倡导“团结合作、尊重包容、敬业奉献、务实创新”的新杨精神，追求团结、民主、进取、和谐的管理风格，学校基本形成了以塑造学生健全的人格为核心，以培养学生特殊技能为目标的教育新气象，开始步入稳定发展的阶段，在全面实施素质教育方面积累了一定的经验。

### 第一章　总　则

**第一条**　为适应现代教育发展需要，科学建立现代学校制度，规范学校办学行为，全面贯彻国家教育方针和政策；深化教育改革，保障学校依法自主管理，保障学生与教职工的合法地位，促进教育公正公平，全面推进素质教育,提高学校办学水平,保证学校稳定、健康、可持续发展。根据《中华人民共和国教育法》、《中华人民共和国教师法》、《中华人民共和国义务教育法》、《中华人民共和国未成年人保护法》、《上海市中长期教育改革和发展规划纲要》、《普陀区中长期教育规划发展纲要》等国家有关法律法规及其他有关规定,特制定本章程。

**第二条** 学校全称为上海市新杨中学。地址为上海市普陀区雪松路458弄88号。邮政编码:200331。

**第三条** 本单位由上海市普陀区教育局举办,是具有法人资格的办学机构;本单位是一所公办初级中学,招生对象为就近入学。

**第四条** 学校占地26余亩,建筑面积达16077多平方米,各类教学设施齐全,实验楼中有理科实验室、图书馆、阅览室、多功能电化教室、计算机网络教室、音乐多功能教室、琵琶教室、书画教室、车船模及头脑OM室、机器人创新实验室和一个1158平方米的室内体育场馆,每个教室均安装了闭路电视和液晶投影设备,现有120台电脑可供学生使用。学校还有美丽的花园、人工草坪足球场,一个塑胶环形田径跑道,四个标准化篮球场和六大特色长廊等,学校外观美丽、硬件设施完备齐全。

**第五条** 本单位系全额财政拨款事业单位,提供社会公共服务,承担义务教育初中学段教育,宗旨是:立德树人、以人为本、德育为先、教学为重,面向全体学生,为每个孩子的终身发展奠基。

## 第二章 办学理念与学校文化

**第六条** 指导思想:《国家中长期教育改革和发展规划纲要(2010—2020年)》中指出,教育的根本在于培养人。教育改革发展必须以素质教育为主题,坚持育人为本、德育为先。因此我们要高举中国特色社会主义伟大旗帜,以邓小平理论和"三个代表"重要思想为指导,深入贯彻落实科学发展观,紧紧抓住普陀区实施"十二五"发展规划这一契机,以巩固成果、深化改革、提高质量、科学发展为工作思路,把学生的全面发展作为学校工作的中心,切实加强内涵建设,全面实施素质教育,确立先进的教育理念,建设现代化的课程教材体系,实现科学管理,建设高水平的教师队伍,使学生得到积极主动、生动活泼、健康快乐的发展,着力营造内容更丰富、氛围更浓厚的"尊重的教育"主题校园文化,为学校进一步发展提供新的动力。

**第七条** 核心价值观:尊重——为每一位师生的充分发展服务。

"尊重——为每一位师生的充分发展服务"就是要着眼于每一位师生的发展。推进素质教育,坚持以人为本、德育为先、能力为重、全面发展,重视可持续发展教育。关注每一位学生的成长,让他们通过学校学习,取得进步,收获成果;尊重学生的个性及在学习能力上的差异,因材施教,采取多元的教育教学方法,让每一位学生都健康快乐成长;关注每一位教师的成长,了解教师个人的成长需求,帮助教师提高教育教学能力,形成独具风格的教学特色,培养赋有人格魅力的教师。"尊重的教育"要成为每一位师生思想的精髓,成为共同的核心价值观,并渗透到每一个师生的言行之中;将学校视作精神寄托之所,心灵安慰之地,实现自我人生价值之家。在"尊重的教育"主题文化氛围下,让每一位师生都成为有人格上平等、关系上信任、态度上积极、发展上满足的精神面貌,成为师生心灵的精神家园。

**第八条** 发展目标:扬尊重之风,建和谐校园。

围绕"尊重——为每一位师生的充分发展服务"核心价值观,深入研究"尊重的教育"背景下的学生成长、教师发展和校园文化建设等问题,在教育转型中进一步优化机制、渗透情感、文化提升、和谐发展。

(一)优化机制:进一步理顺学校内部关系,明确各部门的工作职责和权力,完善现代学校制度、教师发展制度、课程领导制度、课堂评价制度、学生评价制度等,构建一套更具活力的学校管理机制。

(二)渗透情感:学校的点滴建设都融入"尊重的教育"元素,让学生浸润在"尊重的教育"的浓厚氛围中,使之成为学生、教师、校园的核心价值观。

(三)文化提升:开展学校文化活动,营造学校文化氛围,挖掘和凝练学校文化,在理解、内化"尊重的教育"价值观后,用心感悟、用实践体验,知行统一。学会自信做人、自主为学、自愿施尚和自觉感恩；关注制度文化的人文观照、环境文化的人文欣赏，学校文化的人文积淀，用文化去锤炼、熏陶人，

（四）和谐发展：一切学校活动都从“以人为本”出发，尊重人格培养规律、尊重认知发展规律、尊重身心成长规律，生生间、师生间和谐共处，人与环境间和谐共生，学校也能得到和谐发展。

**第九条**　育人目标：培养有个性特长的优质初中生。

（一）有个性即有志、有德、有才、有能。

1.有志：培养学生意志坚定、奋发图强的精神，谦虚执着、勇往直前的品质。

2.有德：培养学生理解尊重，践行尊重。尊重自己、尊重同伴、尊重师长、尊重自然、尊重社会，为人正直、与人诚信，有良好的社会责任感。

3.有才：指导学生掌握扎实的科学文化知识，提高学习能力，培养学生的创新精神。

4.有能：培养学生互助团结、友好相处，相互协调、交流沟通的社交能力，提高实践能力。

（二）有特长即尊重学生的个体差异，尊重学生的兴趣爱好，培养学生掌握一门技能。

（三）优质初中生：培养遵守《中学生日常行为规范》，扎实掌握科学知识，养成良好行为习惯，在品德、文化、体育、审美等方面都全面发展的自信、乐观、健康、有责任心的学生。

**第十条**　新杨中学“尊重的教育”

教工文明公约

爱岗敬业，乐于奉献。

践行公德，为人师表。

钻研业务，严谨教风。

尊重家长，爱护学生。

端重仪容，文明举止。

团结合作,共创和谐。

尊重教育,发展新杨。

**第十一条** 新杨中学“尊重的教育”

学生文明公约

爱祖国,为人民。

孝父母,敬老师。

爱集体,崇友爱。

守纪律,优习惯。

重知识,好学习。

循公德,明礼仪。

端仪容,勤节约。

珍生命,强体魄。

贵自然,惜环境。

尊教育,乐助人。

讲诚信,创和谐。

**第十二条** 新杨中学教工守则

十要十不要

要严守纪律,不准违背国家政策法规;

要仪表端庄,不准奇装异服浓妆艳抹;

要举止文雅,不准污言秽语酗酒赌博;

要严谨治学,不准敷衍塞责得过且过;

要关爱学生,不准歧视侮辱体罚学生;

要尊重家长,不准讽刺挖苦训斥家长;

要严洁从教,不准接受家长宴请馈赠;

要遵守规定,不准招揽从事有偿家教;

要恪尽职守,不准消极怠工玩忽职守;

要诚实守信,不准剽窃他人科研成果。

**第十三条** 新杨中学学生守则

“八荣八耻”

以爱护班级为荣,以诽忌班级为耻;

以尊敬师长为荣,以粗俗无理为耻;

以独立思考为荣,以抄袭舞弊为耻;

以勤奋努力为荣,以迟到旷课为耻;

以文明休息为荣,以打闹喧哗为耻;

以仪表整洁为荣,以衣冠不整为耻;

以积极劳动为荣,以破坏环境为耻;

以自信执著为荣,以自由散漫为耻。

## 第三章　学校特色管理

**第十四条**　“社区听证会”。

一、新杨中学“社区听证会”是学校发展的现实选择,主要有三个需要:

1.办人民满意的教育的需要

新杨中学地处桃浦社区,是上海市的西北部,是动迁人口导入区,是弱势群体集聚区,是城郊结合部,整个社区的教育大环境都不尽如人意,为办桃浦人民满意的教育,我们认识到只靠学校办教育不行,靠家校互动办教育也不足,我们还需要联合社区力量,通过和社区各个层面的良性互动,才能形成合力,共同营造良好的社区教育大环境,这不仅对教育有利,也对社区发展有利,共同促进桃浦教育发展,才能实现办桃浦人民满意的教育。

2.实践“尊重的教育”理念的需要

研究桃浦教育的复杂环境,可以发现学生家长知识层次较低,特殊家庭多,这就制约了学校的发展,我们发现:制约学校发展的根本因素是家庭教育缺乏“尊重”意识;是社区大环境缺乏“尊重”氛围。因此,要想实现学校的可持续发展,只在校内搞好“尊重的教育”是远远不够的,因为我们的社区教育氛围中“尊重”缺位,因此,学校要全面落实“尊重的教育”理念，必须让“尊重”从学校跨入社区、进入家庭，把“尊重的教育”理念与社区发展紧密结合起来，实现社区教育大环境的转变。

3.构建现代学校制度的需要

现代学校制度建立的含义就是依法办学、自主管理、民主监督、社会参与。它依赖于“科学发展的办学态度，民主开放的办学形式”。学校要发展，必须通过借天、借地、借资源，通过开放办学，促进办学资源的最大化，办学效果的最优化。新杨中学的社区听证会，就是在学校发展的基础上，广泛听取社区的意见，取得社区帮助和支持，改进和提高办学质量，着力提升学校内涵发展的“多边互动”的共建共享办学模式，是建立现代学校制度的有益尝试和现实需要。

二、“社区听证会”人员组成

由学校组织学校有关人员、社区干部、企业团体代表，共建单位代表、家长代表、校友代表、学生代表等校内外相关人员召开听证会。

三、新杨中学“社区听证会”的功能

一是汇报学校发展的展示平台；二是听取各方意见的接受平台；三是发布学校信息的宣传平台；四是共同交流思想的沟通平台；五是规划美好前景的共建平台。

四、新杨中学的社区听证会是为了构建“共建共享”的办学模式

为了规划学校发展，学校在新的五年规划中，确立了德育发展的新举措，那就是突出一个理念“尊重”；坚持两个主题：行为规范养成教育和学习习惯养成教育；把握三个课堂：第一课堂教学、第二课堂校内活动、第三课堂校外实践；做到“学科德育、主题教育、自我教育”三位一体，“校内活动、家庭活动、社区活动”三线一面。这就要求我们采取新形势来推动家校合作，优化社区理事会，于是，我们就在社区理事会的基础上，增加了人员构成，从单一的文教干部扩大到社区干部，从单一的社区干部再扩大到企业团体代表，共建单位代表、家长代表、校友代表、学生代表等校内外相关人员；由学校的领导转变为各参与主体地位的平等，由单向的互动到多边互动，由简单的工作布置到严密的工作协商，由成果独享到共建共

享,探索出一条开放办学的新路。

五、新杨中学"社区听证会"制度

召开社区听证会,学校要把握的重要基点是:让听证会的成员主动积极地参政议政,对学校的生存发展、学生的健康成长始终充满希望、抱有良好期待,提出宝贵建议。

1.例会制度——按照事情的轻重缓急,听证例会一般有以下三种形式:

(1)常规工作——协商听证

(2)重要工作——协作听证

(3)突发事情——协助听证

2.提案制度

每次社区听证会,学校都会下发提案表,希望家长就学校发展的重要事项提出合理化建议,学校在广泛听取意见的基础上积极地加以整改。提案制度形式多样,便于启发家长畅所欲言,我们的基本做法是:开学初发放"我的期望"意向表,请代表们充分表达对学校发展的要求、愿望;学期中发放"我的建议"征询表,请代表们实事求是指出学校发展不足之处;学期结束召开"你我反馈"座谈会;请代表们认真听取并检测学校整改措施。

提案制度具有它独特的规范性和严肃性,所以我们在此项工作中遵循以下原则:"着眼发展"的目的性原则、"立足现实"的有效性原则、"注重差异"的个性化原则、"讲究科学"的研究性原则。

3.交流制度

为保证听证会"双向互动"的"双赢",每次听证会期间,由校长室通报所议议题的具体内容,构建交流的平台,听证会成员就议题展开充分讨论,在交流讨论的基础上达成共识。交流不是"泛泛而谈",而是力求"言之有物"、"言之有理",起到"抛砖引玉"的作用,所以交流制度同样必须遵循以下原则:"提供榜样"的示范性原则、"鼓励参与"的主体性原则、"知行统一"的实践性原则、"共同提高"的互动性原则。

4.反馈制度

“社区听证会”的反馈制度我们尝试以下三种:主题报告反馈、书面报告反馈、公示报告反馈。

5.评价制度

社区听证会的评价制度,主要是通过每年“六一国际儿童节”评选“新杨好家长”和“社区好干部”来体现,评选时采用互荐、直推的方式,以“现场表彰”、“鸿信快递”、“事迹演讲”、“展板宣传”等学生、家长喜闻乐见的方式进行。听证会的评价制度意在营造一种家长对学校发展“主动关心、积极参与”的良好氛围,最终使学生的发展得到正向的最大激励。听证会的评价制度是为了保证新一轮的听证工作持续有效地推进,让“雪球”滚起来,且“良性循环”。

**第十五条** “HS”梦想团队。

一、总则

1.本团队的名称:新杨中学HS梦想团队。

2.本团队的宗旨:实现由学生自主管理的学校管理模式,在不违反国家法律和学校章程的前提下,由学生提出关于教学、德育、校园文化建设等方面的科学化建设性意见并分类和讨论,提出科学的解决办法。

二、队员

3.本团队由新杨中学各年级推荐的品学兼优学生组成。

4.申请加入本团队的,必须具备以下条件:

(一)拥护本团队的章程;

(二)有加入本团队的意愿;

(三)是本年级中品学兼优的学生。

5.队员入队的程序:

(一)递交书面申请书;

(二)由班级年级组推荐;

(三)根据申请书、任课老师、年级组意见由本团队举行会议讨论通过。

6.团员享有以下权力：

（一）本团队队员享受各项活动、评优、评选荣誉称号优先的权利；

（二）本团队的选举权、被选举权和表决权；

（三）参加本团体的活动的权利；

（四）对本团体工作的批评建议权和监督权；

（五）入会自愿，退会自由。

7.队员必须履行下列义务：

（一）严守本团队的纪律；

（二）执行本团队的决议；

（三）维护本团队合法权益；

（四）完成本团队交办的工作；

8.队员如有严重违反本章程的行为，经全体队员表决通过，予以除名。

三、附则

9.本章程经××××年×月×日全体队员大会表决通过。

10.本章程的解释权属本团队所有。

11.本章程自核准之日起生效。

**第十六条** 新杨中学教师专业发展协作组章程

## 第一节 总 纲

以“二期课改”为指导，坚持“尊重——为每一位师生的充分发展服务”的理念，坚持教育教学科研工作与课堂教学紧密结合，充分发挥骨干教师的示范作用，迅速提高新教师以及骨干教师培养对象的师德修养、专业水平和教科研能力，着力打造一支有思想、高素质且具有新杨特色的教师队伍，进一步提高本校的教育教学水平，加快向强校跨越的步伐。

## 第二节 “专业发展协作组”的性质

“教师专业发展协作组”由新杨中学校长室直接组建与领导，属专门研究教育教学活动的教师团体。

新杨中学教导处负责小组的日常管理工作。

## 第三节　组织建制

学术顾问。(华东师范大学教管系及上海市教科院相关专家)

领导成员

总负责人:徐跃进校长

分管负责人:孙莉副校长

导师团队:

孙莉,梁昌明、陈洁、陆如易

协作组成员:

语文组:茅莉莉、罗未玮、李小凤

数学组:马丹、李德虎、颜惠、杨冰、李丹丹、金珅

外语组:龚慧,陈依依,胡雅媚、李雅芬、陈冉

理化组:马芳,张双,周绪桂、张薇莉

协作组组长:李德虎

## 第四节　活动内容与形式

协组成员在导师带领下开展教育教学实践和研究。

协组成员每学年申报区级以上教育教学课题1~2项。

活动形式主要有:集中研究、自主研究,网上交流,考察访问,专题培训,课题研究、课堂教学观摩等。

## 第五节　考核与奖励

每学期末由教导处对专业发展协作组进行考核,考核情况折合成分数记入教师校本研修总分和学分银行。对于有突出表现的导师与学员给予适当奖励。

### 第六节　经费保障

“教师专业发展协作组”每年的研究活动经费1.5万元,主要用于学术顾问、导师津贴、研究成果奖励、购买教育图书资料、订阅报纸杂志、考察访问、举办专题研讨活动等。

本章程从2013年10月1日起实施。

## 第四章　权利和义务

**第十七条**　学校的权利

(一)学校具有按照《学校章程》依法治校,自主管理的办学权。

(二)学校具有依据《义务教育法》的规定,按上级教育主管部门的招生计划,实施招生工作的权利。

(三)学校具有为贯彻、执行国家的教育方针政策,实现学校育人目标而组织、实施教育教学活动的权利。

(四)学校具有对学生进行学期及学年学业等方面的考核权利。

(五)学校具有按《上海市中小学学籍管理办法》规定对学生进行学籍管理,实施奖励或处分的权利。奖励分为:表彰、评优等;处分分为:警告、严重警告、记过、记大过、留校察看或澄源学校备案。

(六)学校具有对学生颁发相应的毕业证书或结(肄)业证书的权利。

(七)学校具有依据国家规定及学校《岗位设置及聘任办法》聘任和解除教职工的权利。

(八)学校具有根据国家规定,制订、实施绩效工资方案和按岗定编实施方案的权利,具有对教职工进行分类考核、奖励分配、岗位调整的权利。

(九)学校具有对违反《学校章程》和内部管理制度,在工作中造成失误和严重影响的教职工进行教育、批评和处罚的权利。

(十)学校具有依法管理、使用本校的设施和经费的权利。

(十一)学校具有根据《学校章程》自主办学、主动发展,有权拒绝任何组织和个人对教育教学活动的非法干涉的权利。

(十二)学校具有法律、法规规定的其他权利。

**第十八条** 学校的义务

(一)学校必须坚持立德树人、以人为本,全面推进素质教育;全面贯彻党的教育方针,坚持教育必须为社会主义现代化建设服务,为人民服务,与生产劳动和社会实践相结合,培养德智体美全面发展的社会主义建设者和接班人。

(二)学校必须执行国家教育教学标准,保证教育教学质量。必须遵守有关法律、法规,依法接受师生、家长、社区及相关部门的监督。

(三)学校应依法维护、保障教职工、学生的合法权益。

(四)学校通过数字化校园的构建,以课程建设为载体,以信息技术为工具,通过项目引领,努力实现学校各类课程的整合和完善,为学生、教师提供多元的学习、工作环境。

(五)学校应根据实际明确自己的办学思想、核心价值观和学校发展目标,形成特色,成为老百姓家门口的好学校。

(六)学校应遵照国家有关规定收取费用并公开收费项目。

(七)学校应重视师生的心理和生理健康教育工作,做好师生心理和生理健康教育宣传和体育锻炼,增强师生体质。

(八)学校应重视校园安全工作,做好师生安全教育、校舍维护,配合政府职能部门做好校园周边环境整治等工作。根据《未成年人保护法》的相关规定,对在校学生的安全负责。对于超出学校责任范围的安全、责任事故,参照国家有关法律法规处理。

**第十九条** 校长的权力

(一)校长对学校的教育教学和行政管理工作全面负责。

(二)校长在广泛听取多方面意见的基础上,对学校的办学理念、办学目标、办学规划、办学特色及学校教育、教学和行政管理等重要方面具有决策权。

(三)从学校的实际和需要出发,校长具有解除和聘用干部、教职工,安排和调整干部、教职工岗位等方面的人事权。

(四)校长有对在教育教学和其他工作中成绩优秀的干部、教职工进行奖励,有对在工作中犯有严重错误或在工作中出现重大事故的干部、教职工按分管权限进行处罚或提出处罚意见的奖惩权。

(五)校长在服从上级教育行政部门的统一规划和管理的前提下,有决定学校内部布局、基建、筹集、管理和使用学校行政经费财政权。

**第二十条** 校长的义务

(一)坚持正确的办学方向,认真执行上级教育行政部门的有关决定和指示。

(二)组织起草学校章程、发展规划,并负责组织实施;组织制定学校规章制度、工作计划,并负责组织实施、检查和评价。

(三)领导学校各职能部门及常设机构,完善岗位设置,维护学校秩序。

(四)负责学校日常事务管理,主持行政会、校务会议审议重大事项并作出决策;

(五)负责学校教育教学工作,大力推进素质教育。

(六)负责教职工队伍建设,促进教职工全面发展;负责学校财务、基建及重要设施设备购置的审批。

(七)负责学校安全工作;组织协调学校与政府、社区、家庭等各方面的关系,为学校创造良好的育人环境。

(八)不断提高自身的政治觉悟、管理水平、业务能力。廉洁从政,顾全大局,以身作则,为人师表。

**第二十一条** 教职工的权利

(一)教职工享有《教师法》等法律法规规定的权利。任何组织和个人不得侵犯教师的合法权益。

(二)教职工享有进行教育教学活动,从事教育科学研究,开展教育教学改革和实验的权利。

(三)教职工享有指导学生的学习和发展,评定学生的品行和学业成绩的权利。

（四）教职工享受国家规定的工资、福利待遇以及寒暑假期规定时间的带薪休假，同时享有学校教代会通过的有关文件所规定的相关福利待遇。

（五）教职工享有对学校教育教学活动、管理工作和教育行政部门的工作提出意见和建议，通过教职工代表大会或者其他形式，参与学校的民主管理的权利。

（六）教职工享有学校及教育相关部门提供的业务研修及专业培训的权利。

**第二十二条** 教职工的义务

（一）教师要贯彻国家的教育方针，遵守有关法律法规，执行学校的规章制度，执行学校的教学计划，履行教师聘约，完成教育教学工作任务。

（二）教师是履行教育教学职责的专业人员，承担教书育人，培养社会主义事业的建设者和接班人、提高民族素质的使命。

（三）教师应履行法律规定的义务，应当为人师表，忠诚于人民的教育事业。在教育教学工作中应当符合教育规律和学生身心发展特点，面向全体学生，教书育人，将德育、智育、体育、美育等有机统一在教育教学活动中，注重培养学生独立思考能力、创新能力和实践能力，促进学生全面发展。

（四）教师在教育教学中应当关心爱护全体学生，平等对待学生，关注学生的个体差异，因材施教，促进学生的充分发展。教师应当尊重学生的人格，不得歧视学生，不得对学生实施体罚、变相体罚或者其他侮辱人格的尊严的行为，不得侵犯学生合法权益。

（五）教师对学生要进行宪法所规定的基本原则的教育和爱国主义教育、民族团结的教育、法制教育以及思想品德、文化、科学技术教育，组织、带领学生开展有益的社会活动。

（六）教师要制止有害于学生的行为或者其他侵犯学生合法权益的行为，批评和抵制有害于学生健康成长的现象。

（七）教师要不断提高思想政治觉悟和教育教学业务水平，参加进修或者其他方式的培训。要从事科学研究、学术交流，参加专业的学术团体，在学术活动中充分发表意见。

（八）教师要进行教育教学活动，开展教育教学改革和实验。要指导学生的学习和发展，评定学生的品行和学业成绩。

【新杨中学师德师风建设公开承诺书】

为进一步加强师德师风建设，努力提高学校师德师风的整体水平，办人民满意的教育，根据《中小学教师职业道德规范》，结合学校实际，就师德师风建设特作出以下公开承诺：

1.爱国守法，依法执教。热爱祖国，热爱人民，热爱教育事业；全面贯彻党的教育方针，自觉遵守《教师法》等法律法规，依法履行教师职责和义务；规范教育行为，不做有损师德和学校声誉、有害学生身心健康的事。

2.敬业奉献，务实创新。忠诚人民的教育事业，志存高远；刻苦钻研，积极探索，善于实践；对工作认真负责，乐于奉献；认真备课上课，认真批改作业，认真辅导学生；治教严谨，恪守职责；积极投身教育改革，增强创新意识，争做学生喜爱的好老师，做学生健康成长的指导者和引路人。

3.团结合作，尊重包容。热爱学校，谦虚谨慎，尊重同事，相互学习，相互帮助；与同事友好相处，不说不利于团结的话，不做有损于集体的事；以主人翁姿态参与学校的民主管理，积极为学校发展献计献策、贡献力量。

4.教书育人，为人师表。遵循教育规律，实施素质教育；尊重学生差异，因材施教；尊重学生人格，关心爱护学生，培养学生良好习惯；坚守高尚情操，严于律己，以身作则。严格执行教育局“三要三不要”要求。

5.尊重家长，家校合作。积极主动与学生家长进行沟通，虚心听取学生家长意见，密切保持家校联系，认真做好家访工作，不训斥、指责学生家长；积极向家长宣传科学的教育思想和方法，努力形成家校合作，促进学生健康成长。

以上承诺，敬请学生、家长、社区干部和共建单位代表监督。

承诺人：　　　　单　位：

**第二十三条** 学生的权利

(一)学生享有法律、法规规定的权利。(二)学生享有接受平等优质教育的权利。

(三)学生享有参与学校民主管理,对学校管理及教师教育教学提出意见、建议和评议的权利。

(四)学生享有参与学校安排的各种教育教学活动,使用和维护教学设备的权利。

(五)学生享有在学业成绩和综合素质评定上获得公正、全面评价,完成规定的学业后获得相应的学业证书。

(六)学生对学校给予的处分不服可向有关部门提出申诉;对学校、教师侵犯其人身权、财产权等合法权益,提出申述或者依法提出诉讼。

**第二十四条** 学生的义务

(一)学生要热爱祖国,热爱人民,拥护中国共产党。努力学习,准备为社会主义现代化贡献力量。要努力成为德智体全面发展的有理想、有道德、有文化、有纪律的社会主义建设人才。

(二)学生要遵守法律法规,遵守《中学生守则》,遵守《新杨中学一日常规》,遵守公共秩序和其他学生行为规范的要求。

(三)学生要尊师爱校,团结同学,参加集体活动,促进身心健康,养成良好品行。自觉维护学校声誉,用实际行动为学校增添光彩。

(四)学生要努力学习,完成学校规定的各项学习任务;积极参与学校组织的各种教育教学实践活动。

(五)学生要好好使用和爱护学校提供的教育教学资源,要爱护学校公共财物和学校环境。

(七)学生要参与学校、班级管理,评议学校工作和教师的教育教学工作。

(八)认真、诚信地参加学校和上级教育部门组织的各项学业考核,服从市教委规定的升留级及毕、结业规定。

## 第五章　学校管理

**第二十五条**　学校实行校长负责制，是在上级党组织和教育行政部门领导下，校长对学校的教育教学和行政管理工作全面负责；学校党组织发挥政治核心作用；教代会参与学校民主管理、民主监督。副校长协助校长开展工作。

**第二十六条**　学校依靠党组织充分发挥工会、共青团、少先队、民主党派等组织的作用和发挥政治核心作用。党组织担负着联系、宣传、组织、团结全体教职工，把党的路线、方针、政策落实到学校的重要责任。要坚持围绕中心、服务大局，把做好思想政治工作、促进学校改革发展贯穿始终，充分发挥推动发展、服务群众、凝聚人心、促进和谐的作用，为全面实施素质教育提供坚强的政治、思想和组织保证。党支部书记由在学校全体党员公推直选产生。

**第二十七条**　学校建立以教师为主体的教职工代表大会制度，保障教职工参与学校的民主管理和民主监督。学校工会作为教职工代表大会的工作机构，保障民主管理、民主监督的落实，维护教职工的合法权益。教职工代表大会是教职工群众行使民主权利，参与学校民主管理和民主监督的基本制度和基本形式，是校务公开的基本载体，是学校管理体制的重要组成部分。

**第二十八条**　学校重大问题要按照议事规则和程序，经过校务会议集体讨论后决策，做到依法决策、科学决策、民主决策。校务会议成员为学校正副校长、学校党组织的正副书记和工会主席等。校务会议由校长主持，重大问题经集体讨论，校长负责决定。

学校重大问题决策的主要程序：

（一）确定议题，列入议程。（二）调查研究，形成方案。

（三）会议讨论，形成决议。（四）明确分工，组织实施。

**第二十九条**　为保证学校管理工作有序推进，根据学校整体工作要求，特设校长办公室、人事室、政教处、教导处、总务处、信息部和团队等职能部门，分别承担相应的管理职能，各司其职，分工合作，提升管理效能，确保学校各项工作圆满顺利完成。各职能部门按需设主任及副主任。职能部门负责人竞争上岗或由校长提名、支部委员会评议并经学校考察、公示后由校长聘任。

（一）校务办公室：负责学校各部门及学校日常行政工作的协调和处理，对外联络和接待及收、制、发各种文件，并负责学校的保卫等工作。

（二）人事室：认真贯彻上级有关人事工作的精神，协助校长管理好学校人事及档案工作，耐心做好和保障教职工的切身利益。

（三）政教处：负责学校德育课程的管理和学生思想道德教育等工作；创新学校德育工作的新模式，形成学校全员育人的新态势。

（四）教导处：负责学校学科课程的常规管理、考务管理、教务管理和学籍管理；负责学校校本课程的开发和实施；负责学校科研工作、学科建设和教学质量的提高。

（五）总务处：总务主任是校长管理总务工作的主要助手，在校长的直接领导下，具体负责学校的总务工作，为教育教学工作服务，为师生员工的生活服务。

（六）信息部：信息部主任在学校党支部和校长室的领导下，负责学校信息部的组织管理工作，负责数字化校园建设的信息技术保障工作。

（七）团队：负责学校学生团队和少先队工作，在政教处领导下开展学生思想道德教育和创新少先队工作。

**第三十条** 学校定期召开行政协调会议。学校行政协调会议是学校管理的日常工作机构，贯彻执行学校工作意见。

**第三十一条** 学校接受政府和上级教育行政部门的评估、检查、审计、监督。接受社会、家长的监督，听取社会各界对学校工作的意见。

**第三十二条** 学校设立劳动人事争议协调小组。完善矛盾纠纷协调机制，依法、妥善处理教职工的矛盾纠纷，维护校园和谐、稳定。

**第三十三条** 学校加强档案资料的建设和管理。各职能部门应认真做好各类资料的收集、整理与立卷归档工作。

## 第六章　教育教学管理

**第三十四条**　学校根据上海市学年度课程计划及课程标准，结合学校实际，制定相应学年度课程计划，学校的教育教学管理按照课程计划执行。

**第三十五条**　德育管理。学校坚持以人为本，德育为先，能力为重，全面发展的方针，以学校"尊重——为每一位师生的充分发展服务"为核心价值理念，以德育课程建设为核心，以德育队伍建设为保障，以"心灵工程"的形式构建生态德育，突出一个理念"尊重"，坚持两个主题，行为规范养成教育和学习习惯养成教育；把握三个课堂，课堂教学、课堂校内活动和课堂校外实践；做到"学科教育、主题教育、自我教育"三位一体，"校内活动、家庭活动、社区活动"三线一面，切实做到各项工作"细"、"实"、"严"、"恒"、"情"五个字，充分挖掘校内外的德育资源，紧密联系学生的生活实际，培养具有"健康心态、自尊互敬、诚实守信、合作进取"品质的新杨好少年。

1.学校建立以党支部书记负责的德育课程管理体系，分级、分层、分目标、分阶段实施，辐射全体教职工，实施全员育人的大德育格局，具体德育工作由学校政教处负责管理实施。

2.学校共青团组织是对学生思想工作教育的组织，要密切配合党组织全面贯彻党的教育方针，认真搞好团组织的自身建设，充分发挥党组织的助手作用，在推进素质教育的过程中发挥积极作用。

3.学校少先队要发挥先锋模范带头作用，要发挥少先队在学生思想道德建设、创新精神培养、实践能力锻炼中的重要作用，要积极参与学校的民主管理，为建立现代学校制度尽职尽力。少先队大队部是少先队工作的组织机构，受政教处领导，由少先队代表大会选举产生。

4.班主任是班级教育教学工作和学生思想道德建设的组织者和管理者，承担着组织、协调和沟通本班教师、学生、家长和社区教育工作的责任，对班级工作全面负责；对学生的健康、安全、学习等全面负责。班主任在政教处的领导下开展工作。班主任由教师竞聘上岗,学校统筹安排。

5.年级组长是本年级师生的组织者和领导者。在政教处领导下,全面负责年级组各项工作,认真贯彻落实学校有关制度,有效架设学校与教师这座桥梁,建立年级组文化,形成良好的组内氛围,共同推动学校的发展。

6.学校设立专(兼)职心理教师和专用心理咨询室,加强对学生的心理疏导和干预,关注和促进学生心理健康发展。

**第三十六条** 教学管理。学校积极贯彻《上海市中小学生学业质量绿色指标体系》,树立全面、科学的学业质量观。在我校"尊重的教育"办学理念背景下,逐步完成"从符合标准的质量观"到"满足学生需求的质量观"的转变,加强常规教学管理工作,开展学校"四步教学方法"的研究,改变教师的教学方法和学生的学习方法,建立基于学生学习和发展需求的全面质量保障体系,使学校教学质量稳步、持续发展。学校从尊重学生学习需求入手加强课程领导力,优化基础型课程,开发吸引学生、激发兴趣、挖掘潜能的拓展型课程,设置符合学生发展、促进学生合作、鼓励学生创新的探究型课程,培养学生的个性特长,促进学生全面发展。

1.教学管理由校长室统一领导和指挥,学校建立由校长室、教导处、科研室、教研组和备课组组成的教学管理网络,由分管教学的副校长具体负责,在校长室的领导下,分工合作、互相协调、共同管理,保障学校教学有序高效开展,保障学校教学质量的提升。

2.教导处是学校教学管理的职能部门,组织、开展和领导学校的教学工作,认真有效落实教学各环节,深入开展有效教学课堂研究,建立学校教学质量保障体系和学生综合素质评价制度,顺利完成学校各项教学和教研工作。

3.科研室是学校教育教学研究和质量提升的职能部门。承担着学校科学发展设计的重任,承担着学校课题开发管理、课程设置评估、校本研修培训和教学难点攻坚等职责。

4.教研组是学校以学科为单位开展课程建设和教学研究的重要组织

形式。其主要功能是组织教师开展教学研究和教学改革的活动，提高教学效率。其次教研组也肩负着教师培养的职责，通过学习、研讨、听评课等形式，不断提高教师的专业发展水平。教研组还要协助教导处进行教学日常管理，对本学科教学质量进行调研与监控等。

5.备课组是学校同年级同学科教师开展教学研究的活动组织。其基本功能是通过集体备课活动，组织教师开展教材教法、教学设计、学生作业练习、学业检测评价等方面的研究，达到交流合作，资源共享，优化课堂教学，提高教学效益的目的。

6.切实加强体育、卫生、艺术工作，认真贯彻有关精神开展学校体育、卫生、艺术工作。保证三课两操两活动的正常开展；保证学校食品卫生安全和卫生防疫工作；保证学校艺术工作的顺利开展；增强学生体质，陶冶学生情操。

7.切实减轻学生过重课业负担，采取有效措施，提高课堂教学效益，激发学生学习兴趣；实行学生分层分类布置作业，控制学生的作业量；合理、科学设置学校课程，开放学生思维，培养学生个性，提升学生素养。

## 第七章　后勤服务

**第三十七条**　学校建立《新杨中学后勤服务标准和管理条例》，强化服务意识，做好服务工作。

**第三十八条**　学校财务部门要严格遵守上级有关部门制定的各项财务制度，加强财务管理，坚持勤俭节约，严守财经纪律，杜绝铺张浪费。

**第三十九条**　严格执行收费政策，规范收费行为，按照有关部门规定的项目和标准收费并采用规范票据。收好、管好、用好各项教育经费。

**第四十条**　加强校舍、校产、物业管理，防止公物损坏和国有资产流失。

**第四十一条**　搞好学校整体规划，加快学校发展步伐，有计划，有步骤，合理地进行学校基本建设和维护修缮工作。

**第四十二条**　加强总务各部门的沟通和协调，形成工作合力，增进工作效能。

## 第八章　民主管理与监督

**第四十三条**　学校党支部对学校工作实施政治领导,发挥政治核心作用,保证监督作用和战斗堡垒作用。对学校发展规划、工作计划、重大改革方案、重要人事安排和工作安排等涉及方向、政策及全局性的重要问题进行研究,参与决策。党支部加强对工会、教工团支部和学生团等组织领导和关心,发挥其重要作用。

**第四十四条**　教职工代表大会是学校依靠教职工民主管理学校的基本制度和基本形式。教代会按照党和国家的方针、政策和国家有关法律法规行使下列职权:

(一)审议校长工作报告、学校工作计划、学校发展规划、教育教学改革、财务预决算、重大基建项目、重大人事变动、教职工队伍建设、重要规章制度以及学校教育教学和管理中其他重大问题,并根据需要做出相应决议。

(二)讨论教职工的奖惩办法、评优评级以及集体福利实施方案等有关教职工利益的问题并做出相应的决定。

(三)选举产生工会主席及工会委员,建立工会委员会。

(四)对学校教育教学和管理工作提出建议。

(五)参与学校干部评议、考核。

(六)依法维护教职工的合法权益。

**第四十五条**　教职工代表大会每届任期三年,每年至少召开两次全体代表大会。闭会期间,根据需要,可以临时召开教职工代表会议。日常工作由选举产生的校工会委员会负责。

**第四十六条**　学校定期召开各类代表及民主党派参加的座谈会,工会在学校显眼地方设立民主管理意见箱,广泛征求教职工对学校工作的意见。

**第四十七条**　学校教职工对学校教育、教学、管理工作有权提出意见和建议。教职工行使民主权利必须通过合法途径反映自己的诉求和意见,任何组织和个人不得抵制、阻挠、打击报复。

**第四十八条** 学校积极推行校务公开、政务公开和党务公开,自觉接受社会、家长、学生和全体教职工的监督。

## 第九章 学校与家庭、社区

**第四十九条** 学校建立"社区听证会"制度,加强学校与家长、社区的沟通,听取家长、社区对学校工作的意见和建议,并参与学校管理,发挥家庭、社区在学校教育工作中的重要作用。形成合力,促进学校科学有序发展。

**第五十条** 学校设立家长委员会,定期召开家长会,主动沟通学校教育工作,拓展和延伸学校教育资源,提升教育成效,构建"三位一体"的教育环境。

**第五十一条** 学校指导家长正确开展家庭教育工作,努力营造和谐、积极的家庭教育氛围,为创建学习型家庭作贡献。

**第五十二条** 学校设立家长接待室,成立家校合作协调小组。积极回应家长关心、关注的问题,广泛听取家长意见,接受家长监督,努力提高办学水平和管理效能,赢得家长支持和理解,形成教育合力。

**第五十三条** 建立"学校——社区"互动、共建机制,加强与社区的合作,发掘社区教育资源,拓展学校教育平台。

## 第十章 附 则

**第五十四条** 本《学校章程》的实施、修订需经教职工代表大会审议通过并报上级教育主管部门备案。

**第五十五条** 根据学校发展实际、教育改革调整等情况,学校适时对《学校章程》进行修订和完善。

**第五十六条** 学校若遇撤销、合并等不可抗拒因素时,本《学校章程》自然终止,相关善后事务由政府相关部门统筹安排、协调解决。

**第五十七条**　本《学校章程》的解释权在新杨中学校长室。《学校章程》自批准之日起施行。

**第五十八条**　本《学校章程》如与国家法律法规和上级有关规章相抵触的,一律以国家法律法规和上级有关规章为准。

### 2. 考核激励制度突显人文精神

学校在广泛调研的基础上,制定了《上海市新杨中学考核奖励制度》,在制度中充分体现了"尊重"的人文精神,极大地调动了教职工工作的积极性和创造性,建立了重实绩、重贡献的激励机制,体现"按劳分配,多劳多得,优质优酬"的原则,进一步加强师资队伍建设,推进全员聘用合同制的实施。

## 上海市新杨中学骨干教师奖励办法

为了留住骨干教师和激励骨干教师的积极性;为了体现学校对骨干教师培养的重视;为了使广大教师都想成为骨干教师;同时也是为了贯彻落实学校新五年规划中师资队伍建设"重点培养,焦点提升,全面发展"的方针,实现学校师资队伍建设快速发展,进一步提升学校的办学品质,真正成为让老百姓满意的好学校,特制定此办法:

**一、奖励条件**

1.爱岗敬业。热爱教育,热爱学校;对工作勤勤恳恳,乐于奉献,高度负责,认真备课上课,认真批改作业,认真辅导学生。

2.关爱学生。关心爱护学生,尊重学生人格,平等公正对待学生。对学生严慈相济,不讽刺、挖苦、歧视学生,不体罚或变相体罚学生。深受学生喜爱。

3.教书育人。遵循教育规律,实施素质教育。尊重学生差异,因材施教。培养学生良好习惯,激发学生创新精神,促进学生全面发展。

4.为人师表。坚守高尚情操,严于律己,以身作则。服从学校安排,关心集体,团结合作,尊重同事,严格执行教育局"三要三不要"要求。

5.不断进取。积极钻研教材和学生,积极开展教育教学研究,成绩突出,并在普陀杯教育教学能力评优大奖赛中获得一等奖。

**二、奖励对象:**由校务会根据奖励条件提名,经行政会讨论决定产生,被奖励教师要充分体现其价值。

**三、奖励方法:**对达到以上条件的教师每年奖励三千元人民币,连续奖励五年,奖励经费从桃浦镇教育特色项目资金中拨出。

此办法自通过之日起执行,具体解释由校长室负责。

为了树立一批具有高尚师德,为人师表、敬业爱生、教书育人的先进教师典型,学校又制订了《十佳爱生评选方案》,期待通过制度的规定来给教职工提供行动的指针。

**2014年新杨中学十佳爱生模范评选方案**

**一、指导思想**

为全面贯彻党的十七大精神,认真落实《教育部关于进一步加强和改进师德建设的意见》和上海市《关于进一步加强师德建设的若干意见》要求,积极开展师德建设活动,全面提高教师思想政治素质和职业道德水平,努力建设一支忠诚教育事业,热爱本职工作,让学生尊重、家长信赖、人民满意的教师队伍,树立一批具有高尚师德,为人师表、敬业爱生、教书育人的先进教师典型,进一步弘扬崇高的师德风范,特制订《新杨中学十佳爱生模范评选方案》。

**二、评选范围**

本校在职在岗的教师,以一线教师为主

**三、评选标准**

1.坚持四项基本原则,拥护党的路线、方针、政策,认真践行“三个代表”和全面落实科学发展观的重大战略思想,模范遵守法律法规;

2.忠诚人民的教育事业,具有强烈的事业心和责任感,长期工作在教育教学第一线,爱岗敬业,无私奉献,热爱学生,为人师表,师德事迹突出、感人;

3.锐意改革,勇于创新,严谨治学,刻苦钻研业务,努力培养学生的创新精神和实践能力,在实施素质教育中起到示范、带动作用;

4.既教书又育人,把思想政治教育放在教育教学工作的首位,努力培养学生正确的世界观、价值观和良好的思想品德;

5.依法执教,廉洁从教,模范遵守社会公德,具有高尚的人格魅力,在师生中威信较高;

6.团结协作,发扬奉献精神;乐于助人,勇挑重担,有较强的团队意识和协作精神;维护学校各项荣誉,为和谐校园的建设贡献力量。

7.除师德事迹感人、工作成绩突出外,还应在广大教师和学生、家长中具有较高的威信和较强的示范性、榜样性。

**四、领导小组**

组长:徐跃进　副组长:梁昌明　孙莉　成员:张志军、吴孟欣、杨小霞、杨敏、陈洁、冯勤、王莉容、陈琼、马雁,汪黎萍

**五、评选方法**

根据学校实际情况,在全体教职工中开展评选推荐活动,先由全校教师进行自荐或推荐,各工会小组推荐,各班级学生、家长推荐,然后报校评选领导小组讨论,最后确定正式候选人,再进行公示。由校爱生模范评选工作领导小组汇总公示情况,正式确定校爱生模范名单。对评定出的校十佳爱生模范的事迹进行广泛宣传,9月10日学校召开表彰大会,颁发荣誉证书并给予适当的物质奖励。

此外,《付出努力,留下精彩》新杨中学班主任实务工作手册的制定,又向每一位班主任提出了"如何做一个与时俱进的班主任"的"职业导向、职业规范、职业精神、职业责任。"

**班主任工作实务工作手册目录**

一、中小学班主任工作规定(教育部)P2—4

二、新杨中学班主任工作常规要求 P4—6

三、新杨中学班主任岗位须知 P6—9

四、新杨中学班主任工作每月重点 P9—10

五、新杨中学班主任教育工作奖励条例(讨论稿)P10—11

六、新杨中学班主任工作单项奖励补充条例(讨论稿)P11

七、新杨中学班主任绩效考核方案 P12—13

新杨中学班集体"一日常规"—周考核 P14

新杨中学班主任常规工作管理—月考核 P15

新杨中学班主任工作学期绩效考核 P15

新杨中学寒暑假班主任工作考核 P17

八、新杨中学班主任发展性专业能力评价指标 P18—20

九、新杨中学年级组长工作职责 P21—22

十、新杨中学年级组长考核表 P23

十一、新杨十佳之星评选标准(讨论稿)P24—27

## (四)行为文化,培养教师与学生能力

学校在确立核心价值观以后必须关注师生员工的实际行为,使其行为模式与学校所倡导的"尊重"文化相符合。学校行为文化就是学校教职员工在教育实践过程中产生的活动文化,是学校作风、精神风貌、人际关系的动态体现,也是学校精神、学校价值观的折射。① 新杨中学在行为文化的建设中关注每一个学生、关注每一位教职员工、关注每一个学校活动。

### 1. 教师行为文化建设

在学校组织中,教师对课程与教学问题拥有极大自主权,纵使有年级组和教研组等促使教师合作的组织结构,还是会形成教师在学校教学中单打独斗的局面,教师之间往往也缺乏真正的合作与沟通。这种乍一看精诚合作,仔细

① 赵中建:《学校文化》,华东师范大学出版社 2004 年版,第 325 页。

看个性突兀的教师之间貌合神离的现象,即教师"马赛克"文化。① 针对这种情况,我校积极倡导"尊重的教育"主流文化,扩大学校范围内不同小群体之间的文化一致性,分享"尊重"这一共同的价值观念。

(1)培育合作机制,倡导自然合作

学校关注教师的情绪、价值观和认同感等因素,因人而异地安排工作任务,对教师给予充分的信任和尊重,让教师在工作中了解自己的能力,树立自信,同时为教师提供互相交流、评价的机会。比如"二期课改"要求全面培养学生的素质与能力,不同学科的教师必须摒弃独立、互不干涉,采取合作的态度,因此学校以"尊重的教育"为引领,尝试在教学组织结构上突破教研组、年级组的模式,在学术讨论或是各种学校组织的各种活动中打破隔阂,教师之间、教师与校长之间得以充分交换意见,通过交错网状的沟通平台实现横向、纵向的尊重与合作。

在新的学校文化的影响下,教师重新认识自己及自己和周围事物的关系,自觉地对课程、教学以及学校教育的本质和目的等问题进行再思考。在同事面前大胆表现自我,既对个人能力提出挑战,又促进相互间沟通、学习和帮助,完善评价,发现真正的"自我",同时这对其他团体成员也是一项挑战,它激发起教师们的竞争意识,为教师搭建展现才华的舞台,在相互切磋中营造尊重、合作的氛围。

(2)落实校本教研,打造专业教师

校本教研活动是一种教师校本专业发展的实践形式,对教师来说,是将教育教学实践活动与科学研究活动紧密结合。具有探究性、合作性、反思性的学习和工作方式,其目的是使"优化教师自身素质,适应现代教学要求"成为每位教师的内在追求;使按"专业人才"要求自我衡量,做"持续的学习者"——永远追求新知,不断提升自己——成为每位教师的共识。

为给教师搭建成长平台,充分发挥校本教研组在教师专业发展过程中的

---

① 丁敏、惠中:《独立与融合——教师"马赛克"文化的解读》,《外国中小学教育》2005 年第 9 期。

积极作用，为了巩固教师的基本教学技能，提高教学能力与水平，学校从强化教师专业功底入手，坚持利用业余时间进行每两周一次的教研组自培，经常组织本组教师开展各种理论和业务学习。坚持教研活动与实际结合，使教研内容真正落到实处。为使教研活动更具针对性，数学教研组分专题设置了"提高解题能力"、"出一份好试卷"、"学说课"、"学评课"等不同项目；英语教研组从加强"听、说、读、写"四项基本功入手，在自培活动中大家一起探讨教学问题，结合每位教师的个人特色，互相切磋学习、交流协作、共同成长；语文教研组则是采用微格教学法，选择不同的专题供课堂观察、反思、研究，开展教师基本功训练，通过探索自学式、教学反思式、经验总结式等多元化的教师自培形式，提升教研组的整体素质和水平。此外，教研组还尝试建立各自的教案库、课件库和资料库，并做到资源共享。

（3）实行教学互助，指导教师成长历程

通过参加区教育学院《教师继续教育实验校》的各项工作，学校深入研究教师职业发展周期规律，分析本校各教师所处的发展阶段、年龄结构等特点，在尊重每一位教师的愿望和要求的基础上，尽量发挥他们在教学、管理上的优势。从教师职业发展周期看，处于职初期的新教师热衷于教学、精力充沛，渴望适应并融入教师文化、学校文化，迫切需要提高教学技能，需要资深教师、老教师传授各种存活技能。针对这种情况，学校有意识地组织座谈、演讲等活动，分享不同资历教师间的经验教训。处于能力建构期和热情成长期的教师对工作满怀信心，容易接受新观念，积极参加各种工作和学术讨论会，希望和学生、同事交流，寻求新的教学材料、方法和策略，以丰富教学，不断努力提高教学技巧和能力。在此期间，学校尽可能提供条件和机会，促使迫切希望提高技能的教师自发地进行交流，互通有无，兼收并蓄。而对处于挫折期，出现"倦怠"的教师来说，由于缺乏成就感，他们感到焦虑，紧张，面对挫折，他们开始放弃最初吸引他们的专业理想，感觉到了学生的拒绝，情绪低落，并有意识地与同事隔离，发展面临瓶颈，此时他们需要得到校长、同事的尊重、理解和支持。

另外，从年龄角度看，老中青教师在知识结构、教学策略、教育理念上分别呈现出其独特性。打破年龄的束缚,使能者为师,相互尊重,分享教育教学经验,譬如有的教师擅长教学,有的教师善于研究;中老年教师教学经验丰富功底深厚,青年教师思维跳跃易于领悟。教师之间的这些差异,正是一种有待开发的教育资源。这种教育资源,具有“活性”,开发和应用校内的这些资源对教师进行培训,将促使教师向更高层次的差异循序递进;它既能丰富学校的内涵发展,更是教师教育和专业化发展的有效途径。就拿课堂经验不足年轻教师来说,他们不能很好地把握上课的进度,学生学习积极性也未能很好地调动,经验丰富的中老年教师则可从尊重和促进青年教师发展的角度出发,对这些常规问题进行有的放矢的指导。

(4)开展叙事研究,使教师成为研究者

叙事即叙述故事。叙事研究,就是通过由当事人讲述充满意义的生活故事来进行研究。① 叙事研究是教师开始进入教学科研的第一步,也是教师成为独立研究者的开始。教师进行叙事研究时,所讲的可以是自己的故事,无外乎其在日常生活、课堂教学、学校管理、研究实践等活动中发生的事件,总之非常贴近教师本人的生活。通过教师叙述的故事,他人可以追寻教师的足迹,倾听教师的声音。在叙事研究中,教师只需回忆、记录自己的教育实践和产生的教育思想,而不必勉强自己谈论教育道理、教育理论,更不必运用所谓的学术语言。因而教师不会无话可说,也不会不知从何谈起,总能找到自己的讲述方式。

教育叙事使教师作为一名叙事者得到了充分的尊重与肯定,鼓励他们说出自己的教育故事,提升他们的平等感。同时在叙事的过程中还能够增加教师个人的自我意识,肯定其每年的个人生活经验。通过强调教师与历史的对话,使这些作为行动研究者的教师在平等地提出自己意见的前提下能主动地与他人对话。鼓励研究者“面向实事本身”,从自己亲身经历的教育生活中清理寻找自己的教育故事,同时形成自己看待教育的独特的眼光。指导教师以叙事研究为起点,可以提高自我反省能力、培养研究自信心、养成写作习惯、初

① 李润洲:《叙事研究:改进教师的教育生活》,《上海教育》2004 年第 6 期。

步形成自主专业发展意识,从而从根本上提高教师素质。例如教师们经过学习,写出许多质量较高的叙事小故事,增强了科研信心。有部分较为出色的小故事还刊登在了杂志上,更是极大地鼓励了教师们开展教育科研的热情,使他们敢于在教育科研方面进行大胆的尝试。又如部分优秀教师经过教育叙事研究后,便能够指导其他教师进行科研写作,这也在一定程度上增强了教师对科研的兴趣,同时也巩固了学校内部自觉开展教育科研的有生力量。教育叙事研究可谓打开了一扇教师认识自身教育科研能力的大门。

2. 学生行为文化建设

学校文化从来都是学生成长的土壤,要想"尊重的教育"文化在学生心中扎根,我们必须尽心尽力地培育学生,让他们从幼苗开始自然长成,最后才能生成"尊重"的文化。根据中学生朝气蓬勃、充满活力的特点,学校精心组织多种形式的校园文化活动和社会实践活动、社区服务活动,通过"学校搭台"、"学生唱戏"的活动方式,努力使学生在紧张的学习之余尽情释放潜能,展示特长,实现自我发展。通过各种主题活动,既尊重学校德育的科学性,以社会主义主流价值观引导并培养学生健康成长,又充分尊重学生的自我教育意识、权利和能力,尊重学生的自主发展。

(1)"学校搭台"

"学校搭台"意指学校组建学生社团,借助拓展课程,给予学生指导和支持。在组建学生社团的过程中要做到"五有"(有方案、有实录、有评价、有收获、有整改)、"五定"(定人员、定地点、定时间、定目标、定内容)、"五性"(自主性、实践性、愉悦性、发展性、教育性),以确保为学生的全面而个性化的发展提供全方位的支持。

(2)"学生唱戏"

在学校所提供的丰富多彩的单项文化活动的基础上,学生要"登台亮相展风采"。这些活动各式各样,有体现思想性的志愿活动、评优表彰等(例如"十佳之星"评选),有体现知识性的知识竞赛、科普活动等(例如:科技节、时政比赛),有体现娱乐性的阳光体育、文艺汇演等(例如:文化节、红歌会),更有体现实践性的社会调查、公益服务、体能军训等(例如:一班一居委)。

我们以体现“尊重的教育”文化的主题活动为载体,开展以“中华文化,薪火相传”为主线的班班演“中华文化节”和以“唱响红歌,点亮人生”为主题的班班唱十月歌会,以及“悦舞台”学生专场演出。在文化节中,分年级开展艺术专场、体育专场和文化专场活动。预备年级开展“炫动青春与世博同行”文艺专场,把追求卓越的和文明世博整合起来,弘扬和培育爱国、爱家、爱人民的精神。初一年级开展“诗韵满园”古诗词专场活动,将古诗词与绘画,朗诵,音乐等多种艺术形式相结合,用学生喜闻乐见的形式来认识中华文化精粹。在十月歌会中,每个班都挑选健康向上的歌曲,积极组织排练,师生之间的融洽勾勒出和谐的动人画面。歌声,唱出了对文化内涵的深刻理解;歌声,点燃了似火的青春;歌声,畅想着美好未来的期盼。师生们在优美的旋律中重温经典,凝聚民族精神,展现尊重的学校文化。

图 6-4:2013 年校园文化节闭幕式

## 薪火相传，祝愿祖国更美好

### ——新杨中学2014年校园文化节

**一、指导思想**

2014年的春天，新杨中学又拉开了校园文化节的帷幕，新杨师生展望在以习近平主席为首的新一届党和国家领导人的领导下"祖国腾飞、教育发展、社会和谐、学生成长"的美丽愿景，讴歌祖国改革开放的丰硕成果，讴歌祖国日新月异的发展前景，积极弘扬社会主义核心价值观。

师生携手，怀揣美丽梦想，踏着青春的旋律，奏响青春的乐章，继续为中国梦加油！

**二、活动主题**

薪火相传，祝愿祖国更美好

**三、活动组织**

组长：梁昌明　副组长：杨敏

组员：杨哲、冯勤、马雁、王莉容、陈琼

艺术辅导：赵燕、杨晓莉

**四、活动安排**

（一）校园文化开幕

1.时间：2014年4月14日升旗仪式

2.主题："春泥"新版首发暨2014年校园文化节开幕

3.内容：

（1）学生主持（2位）

（2）学校领导致开幕词

（3）学校政教处介绍校园文化节专项活动项目

（4）初一4组合演讲《中华美德颂》

（5）《春泥》校刊新版首发仪式

（二）校园文化节专项活动

专项活动1——青春微行动，汇聚正能量

1.活动时间:2014年4月18日——5月4日

2.活动主题:发扬“五四”精神,坚定理想信念;

3.活动内容:

(1)微采访:(校内、家庭、街头)话题讨论“当代青年应有的最重要的三个精神”。

(2)微寻访:参观“张闻天故居”爱国主义教育基地,组织开展革命传统教育。

(3)微感言:依托微博、微信让学生参与点赞、评论等互动,提高社会影响力。

4.负责——团队

专项活动2——“智慧的源泉—科普小论坛”

1.主题:科学技术正在改变我们的生活

2.要求:培养学生的科学素养和创新精神

3.内容:以科学家的发明创造以及对未来科技的展望为题

(1)汇报小标题自拟;(2)汇报时间5—6分钟;

(3)汇报班级:初一2(6组)初一5(6组)

4月24日中午12:20—13:00　地点桃浦中学一楼会议室

4月25日下午12:30—13:30　地点桃浦中学一楼会议室

(4)活动评出“一等奖1个、二等奖2个、三等奖3”;

(5)汇报时要求“语言生动,声音响亮,内容充实,脱稿讲述,ppt呈现”。

4.负责——政教处

专项活动3——机器人实验室Loge设计大赛

1.主题:为学校的机器人实验室设计会徽,营造科普氛围。

2.要求:培养学生的创新意识和科学精神。

3.时间:4月14日—4月18日

4.活动评出“一等奖1个、二等奖2个、三等奖3、鼓励奖4个”;

5.负责:信息部、美术组

专项活动3——快乐成长馨家园

1.主题:“一班一品”促成长专题汇报

2.内容:分年级展示特色班集体创建过程以及学生的成长足迹

3.要求:

(1)汇报小标题自拟;(2)汇报时间5—6分钟;

(3)预备、初一、初二分三个专场进行

5月9日下午13:00—13:40　预备年级　地点社区学校一楼会议室

5月20日中午12:20—13:00　初一年级　地点桃浦中学一楼会议室

5月22日下午12:30—13:30　初二年级　地点桃浦中学一楼会议室

(4)活动按照年级评出“一等奖1个、二等奖1个、三等奖1个”;

(5)汇报的内容围绕“一班一品”具体要求展开。

(6)汇报时要求“语言生动,声音响亮,内容充实,脱稿讲述,ppt呈现”。

4.负责——政教处

专项活动4——“雏鹰乐农,田园展风采”

1.主题:体验绿色雏鹰乐农,实践感悟展现风采

2.要求:增强学生对现代农业的了解,提高学生的动手能力和创新意识。

3.时间:2014年5月14、15、16三天

4.地点:安亭学农基地(初二年级参加)

5.内容:

(1)年级小品表演并参赛《因为我的孝,才有您的笑》

(2)向青春举杯,14岁集体生日贺会

(3)“拿什么献给你,我的父母”“拿什么献给你,我的宝贝”亲子书信沟通

(4)组织部分学生参加学农征文和学农摄影比赛

6.负责——政教

专项活动5——“品读经典”读书节

1.时间:5月6日(周五)

2.地点:桃浦中学一楼会议室

3.内容:“美文诵读”比赛

4.负责:教导处

专项活动6——“世界之窗”英语节

1.时间:5月23日(周五校会)

2.地点:桃浦中学一楼会议室以及相关教室

3.内容:

(1)英语书写比赛

(2)名家名篇朗读比赛

4.负责:教导处

(三)校园文化节闭幕式

1.时间:2014年6日(待定)

2.主题:“薪火相传,魅力我中华”

3.形式:

(1)“欢乐校园”班班演才艺展示

(演奏、小品、舞蹈、歌舞、朗诵、武术——)

自主彩排时间届时通知:(班主任具体负责,年级组长督促关心)

学校集中彩排届时通知:(艺术辅导员负责把关,政教处协助组织)

(2)表彰(桃浦镇好少年、好教师、好家长;新杨“十佳之星”;各类活动奖项等)

## 新杨梦之声,走进梦时代

## 2013学年第一学期红歌会暨社区听证会实施方案

### 一、活动目的

2013年的校园红歌会以“唱响梦之声,走进梦时代”为主题,抒发新杨学生对"中华民族伟大复兴"的坚定守望;对"全面建设小康社会"的热切期盼,同时,大力弘扬以爱国主义为核心的民族精神,唱响"强我中华、美我中华、兴我中华"的时代凯歌,奏响"强国之梦、富国之梦、兴国之梦"的社会主义现代化的华美乐章,踏着与时俱进的时代主旋律一路欢歌。

通过"红歌班班唱",激发新杨学生对中华民族灿烂文化的认同,对社会主义中国的无限热爱,在"学唱、传唱、演唱"民族歌曲、爱国歌曲的活动中,展现新杨学生"手拉手奔小康"的热情与豪迈,展现新杨学生"热爱祖国,报效祖国"的理想信念。

学校举办"唱响梦之声,走进梦时代"2013 校园红歌班班唱,意在营造"中国梦、教育梦、新杨梦"的"追梦、圆梦"的氛围,让新杨学生怀揣美丽梦想,点亮美好心愿,让"爱国意识、民族情怀、公民责任、审美情趣"充盈学生的心扉,让"爱党、爱国、爱社会主义"的理想信念激励学生奋发向上!

**二、活动时间**:2013 年 1 月 15 日 下午 2:00——4:00

**三、活动地点**:桃浦中学室内广场

**四、活动主题**:唱响梦之声,走进梦时代

**五、活动要求**:

(一)演唱伴奏:钢琴伴奏(由音乐老师担任)

(二)参赛对象:预备——初二年级各班学生

(三)演唱形式:班级大合唱(要有学生指挥)

(四)曲目数量:每班唱 1 首曲目(由音乐老师提供演唱曲目)

(五)曲目内容:健康向上的爱国歌曲,体现爱国主义精神和传统民族文化。

**六、活动安排**

(一)第一阶段:宣传发动阶段(10 月 15 日——10 月 22 日)

(二)第二阶段:节目上报时间:(10 月 29 日)

(三)第三阶段:节目排练时间

(四)学生指挥培训:找本班音乐老师辅导。

(五)各年级排练时间和地点(艺术总辅导员、政教处审查)

预备年级:周二午会(11、12月份)(音乐教室或本班教室)

初一年级:周五校会(11、12月份)(音乐教室或本班教室)

初二年级:周四午会(11、12月份)(音乐教室或本班教室)

全校彩排:时间(2014年1月13日、1月14日)

**七、出席嘉宾:**

(一)本校家长代表(每班3位,约50位左右)

(二)桃浦社区文教干部(20名左右);

(三)桃浦镇、社区学校、桃浦商会、雷达部队、远程集团嘉宾(10位左右)

(四)周边小学五年级学生及家长代表(30位左右)

**八、奖项设置:**

(一)以年级为单位,设立“一、二、三等奖”

预备年级:一等奖1个;二等奖2个;三等奖3个;

初一年级:一等奖1个;二等奖2个;三等奖3个;

初二年级:一等奖1个;二等奖2个;三等奖3个;

校级示范奖:1——3个

(二)评委组成:

专业评委2名——周边学校音乐老师(学校艺术组负责);

嘉宾评委3名——家长代表、教师代表、社区代表各1名(学校政教处负责)

**九、组织保障:**

(一)领导小组:

组长——徐跃进、梁昌明

副组长——杨敏、陈洁、赵燕、杨喆

组员——周绪桂、杨小莉、姜建龙、金天龙、马雁、陈琼、王利容;

(二)具体负责

明确意义,高度重视,全力配合,多方合作。

活动统筹：总负责——梁昌明；执行人——杨敏

1.班主任主要任务（年级组长统筹协调）：

（1）服装整齐、队形规范、进场退场；

（2）歌声嘹亮、精神风貌、演出化妆。

（3）文明观看、座位纪律、环境整洁。

2.音乐老师主要负责（赵燕总负责）

（1）钢琴伴奏、演唱技巧，

（2）培训指挥、整体和谐，

（3）演出暖场（琵琶队）等。

3.政教处主要任务（杨敏负责）

背景布置、音响落实、主持人培训、会务安排、礼仪接待、班级座位安排等。

（1）礼仪队（杨喆负责）（欢迎、领位、指路、颁奖、分发资料等）

（2）鼓号队（周绪桂负责）（校门口迎宾）

（3）音乐播放（宋昌明负责）（颁奖音乐等）

4.总务处主要任务（姜建龙负责）

（1）舞台布置，鲜花摆放；

（2）道具（钢琴）搬运，

（3）茶水供应，

（4）区域划分（领导席、社区席、家长席、教工席）等。

5.信息部主要任务（金天龙负责）：

（1）制作席卡；

（2）拍照、摄像；

（3）制作光盘等。

（3）“学生践行”

在学生文化建设的实践中，新杨坚持“育人为本”，坚持发掘人的创新潜能与弘扬人的主体精神相结合，使学生做到人格上自尊，积极向上求进步；学习上自主,主动参与和探究;生活上自立,主动自理与服务;行为上自律,主动约束与反省。在具体工作中,新杨组织学生参与《新杨中学好少年标准》的制定、参与学生社团的组织与管理、制定班纪班规等;让他们参与《好习惯成就好未来》新杨中学学生行为规范指导手册的编写,针对学生在校的每一天,每一个行为都给出了引导与规范,帮助学生养成良好的习惯,培养高尚的道德情操,注重长足的个性发展。

**好习惯成就好未来**

新杨中学学生行为规范指导手册

◆一日常规

一、升旗降旗(4条)　二、进出校门(7条)　三、早操眼操(6条)

四、课间休息(4条)　五、午餐管理(4条)　六、放学清场(3条)

七、值勤中队岗位职责(8条)

◆文明礼仪

一、仪容仪表(4条)　二、着装规范(4条)　三、文明用语(3条)

四、礼貌交往(5条)　五、校内外集会(4条)

◆学习规范

一、上课纪律(9条)　二、完成作业(5条)　三、实验室实验(9条)

四、计算机房管理(7条)　五、借阅图书(7条)　六、考试规则(6条)

◆品德自律

一、爱护公物(5条)　二、卫生保洁(5条)　三、安全自护(5条)

◆奖惩制度

一、"学生品德评定"方案

二、校"先进班集体"评选方案

三、校"先进个人"评选条件及评选方法

附:"新杨之星"评选标准

四、评选"市、区级先进个人"评选条件及评选方法

五、评选"市、区级先进集体"评选条件及评选方法

六、"学校处分"条例(13 条)

七、"考勤与请假"制度(7 条)

总之,要使学校教育工作行之有效,除正面教育、积极灌输外,还必须充分挖掘和利用学校文化的潜移默化作用,高度重视对学校文化的建设。学校的学校文化对学生的影响虽不是立竿见影的,但却是稳定渐进的,新杨中学坚信,优化的学校文化必然会结出成才之果。学校开拓创新,继续以"尊重的教育"为出发点,积极构建适合学生、教师发展的优良的学校文化,使学校真正成为师生身心愉悦、情感陶冶的成长乐园。

# 第七章
# “尊重的教育”的成果与展望

自1995年建校，新杨中学在走过了艰难坎坷的初始期，发展壮大的成长期之后已步入了锻造特色的成熟期。二十年来，新杨中学立足于“育人为先、学生为重、科学为规、民声为上”的办学思考，以“尊重的教育”为学校发展的核心价值和办学导向，坚持多年的探索历程，以学校文化建设为切入点，逐步探索、逐步总结、逐步拓展，逐步形成了学校教育整体落实、整体推进“尊重”理念的学校发展新格局。

## 一、新杨中学“尊重的教育”的实施成果

从2005年“尊重的教育”理念的提出与确立，经过了全校师生近十年的实践与探索，到如今“尊重的教育”已成为学校的核心价值观，融入到每位教师与学生的内心中。学校一直坚持“尊重——为每一位师生的充分发展服务”的办学理念，在实践中积累了一定的经验，在课程改革、教师队伍的提升、校园文化的彰显等多方面都初现成效，并逐渐步入稳定发展的阶段，为优质学生的培养提供了有力的保障与支持，教学质量稳步提升。十年磨一剑，新杨人踏着尊重的步伐，坚定的努力的前进，不断在实践中取得经验成果。新杨中学

先后被评为联合国教科文组织中国可持续发展教育项目实验学校;国家“生态体验式德育的案例与问题研究”定点实验基地;上海市家庭教育指导实验基地;上海市行为规范示范校;上海市平安单位;上海市诚信建设单位;普陀区文明单位;普陀区绿色学校;普陀区健康单位先进;区爱国卫生先进集体;区未成年人保护先进集体;区教育系统教职工最满意单位等荣誉。

## (一)从“合格”到“优质”背后的文化推动

“尊重的教育”是根植于新杨土地上的校本文化,是真正切合新杨校情的文化,经过最初的悉心培育,如今已枝繁叶茂,结出丰硕的果实。在这个过程中,用文化规范行为、化育心灵、启迪智慧,同时也不断地丰富着文化的内涵,使得“尊重”二字真正成为新杨所有教育教学行为思索的起点,成为新杨的灵魂。

### 1.“尊重的教育”理念下的初次探索

最初“尊重的教育”着眼点并不高,其初衷就是希望能够让这些从桃浦出发的孩子得到尊重,并在得到中体会尊重,从而学会尊重,给予尊重,即:用尊重唤醒尊重。

在确立了尊重的理念之后,学校制订了新杨的三年发展规划,第一次明确提出了新杨的办学理念:尊重——为每一位学生的充分发展服务。并第一次明确提出了新杨的育人目标:培养有个性特长的合格初中生。有个性即有志、有德、有才、有能,有特长即尊重学生的个体差异,尊重学生的兴趣爱好,培养学生掌握一门技能。

这个育人目标是非常具体也是非常近切的,非常符合学生的发展规律,对于规范学生的行为、渗透尊重的理念起到了提纲挈领的作用。因而三年规划的顺利达成目标,使得学校的各项工作由“乱”而“治”真正上了一个台阶,为下一个五年规划的制定提供了良好的基础,储备了能量。

### 2.“尊重的教育”理念下学校发展的再升华

在2006—2009的三年规划中,学校提出的办学理念为“尊重——为每一位学生的充分发展服务”，该理念从价值观、对象、程度及行为方式深刻阐述并解读了新杨的办学理念，实践证明这一办学理念是正确的。在新的五年规划中，新杨结合本校的办学实践，在更深层次地继承并丰富其内涵，以一个更新的角度去诠释这一理念，进一步提出新五年规划中学校发展的核心价值观理念“尊重——为每一位师生的充分发展服务”。

“尊重——为每一位师生的充分发展服务”就是要着眼于每一位师生的发展。推进素质教育，坚持以人为本、德育为先、能力为重、全面发展，重视可持续发展教育。关注每一位学生的成长，让他们通过学校学习，取得进步，收获成果；坚持不让一个学生掉队的原则，尊重学生的个性及在学习能力上的差异，因材施教，采取多元的教育教学方法，让每一位学生都健康快乐成长；关注每一位教师的成长，了解教师个人的成长需求，帮助教师提高教育教学能力，形成独具风格的教学特色，培养赋有人格魅力的教师。

“尊重——为每一位师生的充分发展服务”就是要着眼于让每一位师生有充分发展的机会。以“尊重的教育”为统领，旨在培养学生的社会责任感、创新精神和实践能力，开设多形式的校本课程，使学生成为有志、有德、有才、有能并具有国际视野，德智体美全面发展的社会主义合格公民，得到各方面的充分发展，对自己和未来充满自信；让教师在教学过程中感受到成功的喜悦，从学生的快乐成长中充满自信，获得专业成长。

“尊重——为每一位师生的充分发展服务”就是要着眼于尊重每一位师生的教学生活。关注学生的学习生活，发挥每一位学生的主体性、创造性，满足学生个性发展的需求，使个性得到发展，潜能得到激发，让学生持续健康发展；关注教师的生存状态，进一步提高教师的教育境界和专业素养，帮助教师消除职业倦怠，提升职业幸福指数。

“尊重——为每一位师生的充分发展服务”就是要着眼于营造每一位师生和谐发展的精神家园。“尊重的教育”要成为每一位师生思想的精髓，成为共同的核心价值观，并渗透到每一个师生的言行之中；将学校视作精神寄托之所，心灵安慰之地，实现自我人生价值之家。在“尊重的教育”主题文化氛围下，让每一位师生都成为有人格上平等、关系上信任、态度上积极、发展上满足的精神面貌,成为师生心灵的精神家园。

在此基础上育人目标也上升了一个高度,明确为:培养有个性特长的优质初中生。学校提出了“优质”这一理念,即培养遵守《中学生日常行为规范》,扎实掌握科学知识,养成良好行为习惯,在品德、文化、体育、审美等方面都全面发展的自信、乐观、健康、有责任心的学生。其中的“优质”其实是包含在对学生“志”、“德”、“才”、“能”的全方位的要求中的。

为此新杨创新德育课程,并根据学校的实践,集广大教师之力编写了德育“四航”课程,并制定了新杨的行为规范手册,上海市行为规范示范校的荣誉称号是对学校德育工作的最好肯定;踏实做好校本课程的研发:跆拳道、琵琶、二胡、机器人、头脑奥林匹克、车船模是新杨的特色校本课程,旨在锤炼学生意志、陶冶学生情操、开拓学生思维,从而促进学生全面发展。经过几年的实践和修订,这些课程也走过了最初的生涩与粗粝,日趋成熟,最终形成《机器人》、《头脑奥林匹克》、《车船模》、《跆拳道》以及《琵琶》、《舌尖上的健康》系列校本教材。校本课程的实施始终尊重学生的身心发展规律,用习惯养成去规范学生的行为,用科技去提升学生的素养,用音乐去陶冶学生的情操,用体育精神去改变学生。所有这些课程都是基于校情、师情、生情,充分尊重学生的身心发展规律,正是培养“优质”初中生的重要保障。

育人目标从“合格”到“优质”,不过一词之差,背后却是尊重理念逐渐积淀的过程,也是新杨的学校文化接受检验和日益丰厚的过程。若没有文化的浸润,所有的办学理念也都只能是无本之木,无源之水。随着时代的进步及教育转型发展,我们的学校文化一定会不断生长,蔚然成荫。

### (二)建构了以“育人”为核心的德育体系

新杨中学是地处桃浦地区的普通公办初级中学,具有“导入人口集中、弱势群体集聚、城郊结合集弱”三个显著特点。学校从实际出发、更从学生的发展着眼,把以“育人”为核心的德育工作始终作为学校的“安身立命”之本,作为学校持续发展的“底线工程”。在“尊重的教育”学校文化的浸润下,新杨架构起德育工作的基本网络:以目标建设为导向,以制度建设为保障,以活动整合为载体,以践行体验为核心。把培养"有理想、有道德、有文化、有纪律"的"四有新人"作为终极目标,努力使学生成为"讲礼貌、懂尊重、会负责、乐奉献"的新杨好少年;把"内化基本道德观念"和"外显文明礼仪习惯"作为德育工作的导入点和着眼点,重视对学生"情感体验、态度表现、价值导向"的引领。学校的德育工作,紧紧根植于"社会主义核心价值观"的引领,根植于学生"美好未来"的发展愿景,努力践行:

尊重学生的人格,多一点引领;尊重学生的兴趣,多一点指导;

尊重学生的情感,多一点理解;尊重学生的差异,多一点关爱;

尊重学生的个性,多一点宽容;尊重学生的特长,多一点赏识;

尊重学生的进步,多一点鼓励;尊重学生的学习,多一点启发;

尊重学生的意见,多一点沟通;尊重学生的实践,多一点支持。

### 1. 以"价值引领"为核心,架构德育梯度目标

学校针对不同年级的学生的发展状况,为每一年级制定了合理的德育目标,具体的内容如下:

**表 7-1:新杨中学各年级德育梯度目标**

| | 具体要求 |
|---|---|
| 预备年级 | 立足起点,鼓励进步,养成习惯,形成规范;<br>以"好习惯成就好未来"为指导思想,借助校本教材《成长启航》的限定性拓展课的班会授课,加强习惯培养系列教育,倡导"优良美德伴我行",拓宽"学习、训练、测试"等养成教育的途径,让"见人问好、弃物入袋、靠右慢走、谦让有序、助人为乐"等闪烁着"传美扬善"火花的言行举止成为同学们的"美德名片"。 |
| 初一年级 | 保持进步,榜样引领,实践体验,学会自律;<br>以"雏鹰展翅增才干"为培养目标,借助"一班一居委"的实践模式,以《责任导航》的课程建设为途径,开展责任自律系列教育,让多元化的社会实践活动彰显"爱心志愿、责任公益、孝亲感恩"等基础道德教育,弘扬传统美德,增强服务社会的公民意识。 |

续表

| | 具体要求 |
|---|---|
| 初二年级 | 完善自我、主动发展、合作互助、懂得责任；<br>以“成为更好的自己”为行动指南，借助“学生自主管理”和“一班一品”的建设，给学生提供尝试成功的机会，以《青春护航》的课程建设为途径，让学生通过“祝愿青春更美好”的系列活动，跨越青春期的烦恼，让青春年少的“交往美”、“尊重美”、“形象美”奏响成长的乐章，增强青春期的快乐感和责任感，搭建体验和感悟的平台，在发展中学会自律。 |
| 初三年级 | 接受挑战、健康身心、感恩奉献、乐观进取；<br>以“走向成功”为激励目标，通过《励志远航》的课程建设，开展赏识激励的系列教育，使学生增强克服困难的毅力，体验收获成功的喜悦。同时通过不断完善“初中优秀毕业生”的绿色综合评价机制，塑造学生“自信乐观、互帮互助、克服困难、积极进取”的健康人格。 |

## 2. 以“传美扬善”为宗旨，开发校本德育课程

以“小故事，大智慧”样式编写的“四航”校本德育课程，综合考虑了学生的“身心特点、内心需求、接受程度”等相关要素，期间的每个篇章均以“案例分享，故事链接，锦囊妙计，智慧点金，行动感召”等来呈现，在“爱国家、爱社会、爱集体、爱他人、爱自己、爱生活”的道德情感的激发中生动绽放“真、善、美”的人文之花。课程实施中，努力做到“体现学校特点、适合学生需要、提高实施效果”。班主任认真备课，选择有针对性的内容授课，力求做到“目标适切、内容适合、拓展适度、评价适当”，着力体现“班主任的主导性、学生的主体性、内容生成的动态性，师生之间的互动性、教育评价的激励性”。

**表 7-2：新杨中学各年级德育校本课程**

| 年级 | 标题 | 主题 | 目标达成 | 主要内容 |
|---|---|---|---|---|
| 预备年级 | 成长启航 | 悦纳自我 | 好习惯成就未来 | 礼仪、礼貌、礼节、礼数 |
| 初一年级 | 责任导航 | 完善自我 | 心有他人天地宽 | 诚信、助人、孝亲、感恩 |
| 初二年级 | 青春护航 | 珍爱自我 | 为成长喝彩加油 | 生命、友谊、抗挫、自护 |
| 初三年级 | 励志远航 | 展望自我 | 点亮心愿梦飞翔 | 理想、榜样、自信、进取 |

### 3. 以"知行统一"为基点,完善专题活动内容

学校重视专题教育的载体运用,努力创设育人环境,弘扬民族精神,传承和发扬中华民族的传统美德和优良文化,用多元化的活动奏响爱国主义教育的主旋律。利用"传统节庆日、伟人诞辰日、重大纪念日"等德育实施载体,以"基础道德"为抓手,树"文明新风";以"责任奉献"为抓手,立"人生理想";以"国情教育"为抓手,强"爱国意识";以"传统文化"为抓手,增"人文情怀";以"社会实践"为抓手,炼"意志品质"。使学生的举手投足在优良校园文化环境中得到熏陶,呈现有新杨特点的德育教育活动。

**表 7-3:新杨中学德育教育活动月历**

| 日期 | 专题传统美德教育 |
|---|---|
| 一月份 | 拥抱新年——开展"拜年团圆情"感恩活动 |
| 二月份 | 行规美行——开展"礼仪伴我行"展示活动 |
| 三月份 | 学雷足迹——开展"榜样的力量"公益活动 |
| 四月份 | 清明祭扫——开展"追忆与珍惜"缅怀活动 |
| 五月份 | 我爱我家——开展"亲亲父母心"亲子活动 |
| 六月份 | 端午粽情——开展"弘扬民族魂"诵读活动 |
| 七月份 | 责任践行——开展"雏鹰乐践行"挂职活动 |
| 八月份 | 新兵风采——开展"我是一个兵"军训活动 |
| 九月份 | 尊师重教——开展"老师辛苦了"答谢活动 |
| 十月份 | 久久重阳——开展"我孝与您笑"敬老活动 |
| 十一月份 | 心有他人——开展"牵手向前走"帮困活动 |
| 十二月份 | 诚实胜金——开展"诚信最美丽"倡议活动 |

### 4. 以"榜样激励"为导向,制定多元评价体系

学校通过优化"新杨十佳之星"的校本评选机制,把"绿色指标"的核心思想渗透在评选活动中,体现多元评价的导向性和激励性。"新杨十佳之星"以"每月一星"的方式推进,每次十位同学"获星"称号,积极营造"大家来追

星——争当美德好少年”的优良校风，为德育实践提供“赏识激励”和“榜样示范”的支持系统。

**表 7-4:新杨中学德育评价活动月历**

| 时间 | 内容 | 要求 |
|---|---|---|
| 一、二月份 | 评选“社区服务之星” | 结合寒假“一班一居委”实践活动 |
| 三月份 | 评选“助人为乐之星” | 结合“学习雷锋好榜样”专项活动 |
| 四月份 | 评选“环保节能之星” | 结合“护绿洁、齐、美”专项活动 |
| 五月份 | 评选“美德践行之星” | 结合校园文化节“薪火相传”专题活动 |
| 六月份 | 评选“行规礼仪之星” | 结合“好习惯成就好未来”专题活动 |
| 七、八月份 | 评选“责任奉献之星” | 结合暑假“雏鹰展翅志愿服务”活动 |
| 九月份 | 评选“尊师爱学之星” | 结合教师节“莘莘学子话师恩”活动 |
| 十月份 | 评选“孝亲感恩之星” | 结合重阳节“我孝、您笑”专题活动 |
| 十一月份 | 评选“热爱集体之星” | 结合“一班一品”建设中学生的表现 |
| 十二月份 | 评选“诚实守信之星” | 结合“期末考试”，倡议诚信考试。 |
| 形式:个人自荐—班级互评—年级推荐—全校展示—择优选拔—表彰授奖 | | |

5. 以“社区听证会”为载体，加强家、校、社一体化建设

学校以“社区听证会”为载体，检测学生的基础道德水平和在校内外的真实表现，注重家长和社区代表的监督和反馈作用，畅通社区反馈和评价的渠道。通过“听证联谊会、听证开放日、听证接待日”等形式，让家长和社区代表了解学校德育教育的内容和要求，增强合力，齐抓共管，加强精神文明建设。

学校制定了“社区听证会”的“例会制度、提案制度、交流制度、评价制度、反馈制度、流程制度、分层制度、整合制度”，使家庭和社区真正融入思想道德教育的实施之中，由经验育人向道德育人、情感育人、文化育人转变。

为了使“社区听证会”的实践更好地促进学校的德育工作，学校不断完善“年级听证会”和“班级听证会”模式，更直观地聚焦问题、更直接地解决问题。在“年级听证会”模式下，学校从“德育目标、课程设置、专题教育、发展预期”等方面开展调研、听取意见、确立议题，体现年级组的特点和功能，使学生得到

更多来自社会和家长的关心和支持,快乐成长。在"班级听证会"模式下,学校从"班队建设、习惯养成、情操陶冶、个性发展、能力培养"等方面征询意见、修改方案、确立议题,体现班级的特点和功能,使学生的情感、态度、价值观离不开这个小社会的熏陶。学校的"社区听证会"凸显"学校、家庭、社会"三位一体的育人功能,有效促进办学资源的最大化、办学效果的最优化。

### (三)搭建了贴合师生实际的特色课程框架

《基础教育课程改革纲要(试行)》中明确提出,"改革课程过于注重知识传授的倾向,强调形成积极主动的学习态度","改变课程实施过于强调接受学习、死记硬背的现状,倡导学生主动参与、勤于动手,培养学生搜集和处理信息的能力、获取新知识的能力、分析和解决问题的能力以及交流与合作的能力"。可见,以人为本的"尊重的教育"理念,符合新课程改革的要求。

#### 1. 优化课程框架,实施有效教学

基于此,新杨中学在"尊重的教育"理念引领下,在课程实施方面,以国家课程标准为主体,认真落实国家课程校本化的实施,编写了《学科课程目标细化》;在课程内容方面,积极开发学科拓展内容,以"尊重学生的习得规律"为本,结合学科发展实际,编写了《精编论语解读》、《数学思维训练》以及《英语拓展阅读》等校本讲义;同时在课程结构方面,以"尊重学生发展需要"为本,充分发掘、有效利用学校和社区的课程资源,开发了特色校本课程,实现学校课程个性化、自主化,形成了具有学校特色的课程体系。

为了落实新课改理念,优化课堂教学结构,提高课堂教学的有效性,在课堂教学的实施过程中,学校探索出与导学案相结合的"自学—交流—指导—反馈"的"四步教学方法"。通过"自主学习、问题探究、指导点拨、展示反馈"四个环节,培养学生自主学习和主动探究问题、解决问题的习惯和能力,打造高效的课堂教学模式。学生在教师的指导下,以导学案为依托,以学生自学为基础,以探究质疑为核心,以反馈为手段,激发学生自主学习的兴趣、培养合作探究的精神,提高创新实践的能力,最终达到自主学习的目的。

“四步教学方法”的灵魂在于抓住一个“变”字，改变教学顺序，变“先教后学”为“先学后教”；改变师生角色，变老师为主角为学生为主体，充分尊重学生的主体地位；改变学习方式，变被动学习为主动学习，变死记硬背为自主探究，变老师问为学生问，真正培养学生的自主学习能力。当然，这样的转变也对新时代教师提出了更高的要求，要求老师一方面要拥有广博的专业素养，另一方面要具有善于启发诱导、灵活化解矛盾、熟练调控课堂的教学能力①。“四步教学方法”是以培养学生的自主学习能力、合作探究能力、实践能力及创新精神为重点的课堂教学模式，是在课堂教学中实施素质教育的新突破。

2. 尊重教师发展，加强校本研修

学校的发展，学生需求的转变对教师的专业成长提出了更高的要求。新杨深知尊重教师个人专业发展规律和需求，确立教师队伍建设在学校发展格局中的优先地位，是提升学校教育质量的基础。因此新杨将“尊重”理念全面贯彻在校本研修的实施过程中，以“四个关注”为指导思想，拓宽研修渠道，丰富研修内容，促进教师专业的可持续发展。

学校按照区“十二五”教师继续教育要求，有序开展各类旨在提高教师专业素养的教师进修活动。学校内开展的校本研修，主要是师德与素养和知识与技能两个方面的学习。每学期学校开展多场各类教学研讨交流活动和报告会。此外，学校通过内涵发展积分银行方式推动教师专业发展；通过教师专业发展协作组的平台，一大批优秀的青年教师涌现出来，成为学校教育教学的中坚力量；有计划地派遣教师参加各级理论及业务学习，同时聘请有关专家莅校进行专题讲座。

以教研促教学，走科研兴校之路。在长期的教学实践中，新杨教师充分认识到，影响教育教学质量的因素固然很多，但课堂教学的效率是影响教学质量高低的关键因素，因此要“向科研要效益，向课堂要质量”，逐步实现教学模式的转型。以校本教研为依据，构建学习型学校。一方面，紧密结合学校实际，

---

① 毛爱农：《试论“探究式四步教学法”的主要特征》，《河南教育》（基础版）2013 年第 Z1 期。

把教育教学中遇到的热点、难点问题提炼成课题，把教学当成科研的阵地，以科研的眼光看待实际问题，进行理论学习和课题研究，提高科研能力；另一方面，将科研成果融入日常的教育教学工作之中，用研究成果来解决实际问题，指导教学实践，促进教师的可持续发展，促进学生的可持续发展，促进学校的可持续发展。新杨中学多年来一直申报区级一般课题，2013 年又正式申请加入了教育局关于"微视频"在课堂教学中运用的研究。学校每学期以"微视频"在四步教学法中的运用为重点，各教研组开展研究课，结合日常教学开展研究。学校教师在潜移默化中接受、理解了新教育理念，并在教育教学实践中进行了尝试，全面提高了教师队伍整体素养，使学校教师多次在普陀杯、桃浦杯等各类育德和教学能力大赛中获得优异成绩，为教育质量提供了有力保障。

近年来，学校办学质量稳步提高并取得了良好的社会声誉，这主要得益于学校拥有一支"德才兼备、教有所长"的师资队伍。目前，学校具有中高级职称教师比例超过专职教师总人数的 75%，"上海市园丁"3 人，上海市"优青"教师 1 人，普陀区高级指导教师 1 人，普陀区名师工作室成员 6 人，普陀区教学能手 7 人，普陀区教坛新秀 2 人。教师队伍中，14 人具有硕士研究生学历，占教师总体比例的 17.6%。多位教师在市区级教学大奖赛中获奖。其中三位教师获得"普陀杯"教学技能大奖赛一等奖，多位教师获得二、三等奖。

### （四）探索以"信息化、数字化"建设促进学校的跨越式发展的路径

1. 打造信息化平台，推动了信息技术的探索与运用

学校以智能化云服务为技术手段，以促进学习方式和教育模式创新为建设核心，打造了新杨中学信息化平台。通过学校信息化平台的应用，我们营造了数字化的管理环境，促进了学校各部门的信息共享，提高了学校的行政办公和管理水平；同时，也营造了数字化的教学环境，以 iPad 技术为教学终端，以数字化学习平台为支撑，为师生提供了丰富的学习资源、灵活多样的学习方式，为师生互动交流提供便捷的通道；此外，还营造了数字化的科研环境，为教师提供科研活动平台，促进课题研究和经验共享。

经过几年的发展，学校的信息化平台相继建立了 OA 办公自动化系统、网络教学平台系统、学校门户网站、新杨中学党建网、新杨中学图书馆网络、学校信息公开专栏。实现了办公电子化、通讯网络化、管理数字化、资源共享化。

在打造学校信息化平台的同时，为了推动信息技术在教育教学中的深层次应用，学校积极探索"校园网环境下学生学习方式的转变"的项目研究。学校以教育转型为契机，结合我校"四步教学法"教学理念，以 ipad 交互技术和微视频应用为技术手段，深入研究了以数字化学习平台为支撑的学习方式和教学模式。总结出了学生在网络环境下学习方式转变的途径和方式，基本形成"校园网环境下学生学习方式的转变"项目的实践经验，形成了多元化的教学模式。

2. 开展机器人校本课程，培养学生信息技术个性化发展

新杨的一切教育活动都是从"以学生发展为本"出发的。尊重人格培养规律、尊重认知发展规律、尊重身心成长规律，为每一位学生的充分发展服务，将促进学生全面健康发展作为学校办学的终极价值目标。为实现这个目标，新杨以机器人课程作为学生信息技术个性化培养的突破口，以机器人创新实验室项目为抓手，确立了满足学生个性化发展需求的机器人校本课程。

机器人科技创新能力学习课程，突出"边学、边玩、边成长"的理念，针对学生的认知水平和心理特点，内容设置以创新能力为线索，以设计学习为主体，以活动项目为载体，以任务驱动为引导，以项目评价为保证。本着对"科学是认识世界的方式，技术是构成世界的方式"的认识，将外显的"设计制作训练"与内隐的"科技创新能力学习"相结合组合成为一个双螺旋式的发展结构。让学生了解结构、机械、电子、控制、机器人基本知识的同时，经历和体验简单的科技作品的设计和制作，掌握创造技法，锻炼、养成创新品质，培养形成创造性问题解决的能力。课程充分体现以学生为中心，以动手搭建、游戏互动为主的特色，采用任务驱动形式教学。

图 7-1:机器人课程

3. 建立科学有效的评价机制,促进信息数字化的推进

学校信息化的评价与考核对于学校信息化应用的推进有着十分重要的作用。在“尊重的教育”理念下,在学校信息化应用推进的过程中,我们建立了一套针对学校内部信息化应用推进的科学、长效的评价与考核机制,通过专门的指标体系,对学校信息化应用的推进过程进行适时的评价和考核。

总之,信息技术在教育中的应用是为学生和教师创造一个现代化的教学环境,其目的是为了提升学生和教师的教学活动的品质,,促进人的全面发展。践行“尊重的教育”,强调教育信息化“以人为本”,突出“学生和教师的生命质量”,能够使教师、学生更清晰地认识教育信息化的目的和意义。科学地调整实施教育信息化,使教育信息化真正服务于促进学习,提高师生的教学活动质量。

## 二、“尊重的教育”的回顾与反思

纵观近十年“尊重的教育”发展轨迹，不难看出，尊重的教育经历了酝酿、发展和繁荣的三个阶段，可以说经过了三个阶段的争鸣，尊重的教育有了长足的发展。但是，随着发展的进一步深化，尊重的教育似乎又陷入了一个瓶颈，主要表现在几个方面：

首先，中庸思想较为严重。尊重的教育在三个阶段的发展当中，经历了从一端走向另一端，最后走向中庸的一个过程。尽管这种辩证统一的思维方式有利于全面辩证地把握教育这种具有强烈复杂性和整合性的实践活动的本质。然而，当这种“辩证统一”落到具体的教育实践情境中时，往往不会像我们想的那样不偏不倚、恰到好处，而总是在不同程度上偏向两极中的一极。因此，虽然这一过程是尊重的教育发展的一种进步，但对于落实尊重的教育于实践的过程中，却并没有起到良好的作用效果。

其次，研究方法单一。我国近十年关于“尊重的教育”的研究中，思辨性研究的文章占了绝大多数，而实证性研究的文章不足两成。众所周知，思辨性研究往往带有浓厚的个人经验色彩，缺乏科学的数据分析及论证，研究结论缺乏说服力，这也成为尊重的教育陷入瓶颈的原因之一。因此，建议今后对“尊重的教育”的研究，尤其是对尊重对象和尊重策略的研究，应多采用实证研究方法或思辨性研究与实证性研究相结合的方法，提高研究的说服力和科学性。

再次，研究深度不足。主要表现在：第一，有些层面的研究已经受到了广泛重视，但研究深度不够。如尊重策略的研究，更需要用实证性的方法得出切实可行的研究结果，给一线教师提供操作性的建议。再如，对尊重涵义的界定，研究者做了大量的工作，但是还没有提炼出明确的、能够被广泛认同的、符合我国实际的概念。这固然是尊重难以准确解说所致，但这样不仅使得人们对尊重本质和结构的认识模糊不清，而且对于指导中小学教育教学实践也是很不利的。由于缺乏对尊重内涵的把握，教育者往往会在尊重学生中迷失方向。第二,研究的系统性不强。研究的内容大多是零散性的,研究的专业人员很少。这就使得人们对于尊重的认识缺乏系统性。

因此,我们有必要开展专门的系列研究,把理论探讨与实践探索结合起来,这样才能推进研究的深入开展,推动学校的长远发展。

## 三、新杨中学"尊重的教育"的规划与展望

通过深入解读《国家中长期教育改革和发展规划纲要(2010—2020)》以及《上海市中长期教育改革和发展规划纲要(2010—2020)》,新杨中学以办普陀人民满意的教育为宗旨,为进一步落实学校的办学理念,提升学校办学水平,在总结过去五年的宝贵经验以及取得的暂时性成果基础之上,学校树立了新的五年(2011 年 1 月至 2015 年 12 月)发展目标:扬尊重之风,建和谐校园。

围绕"尊重——为每一位师生的充分发展服务"核心价值观,深入研究"尊重的教育"背景下的学生成长、教师发展和校园文化建设等问题,新杨中学用五年时间进一步优化机制、渗透情感、文化提升、和谐发展。

### (一)发展目标

#### 1. 优化机制

进一步理顺学校内部关系,明确各部门的工作职责和权力,完善现代学校制度、教师发展制度、课程领导制度、课堂评价制度、学生评价制度等,构建一套更具活力的学校管理机制。

#### 2. 渗透情感

学校的点滴建设都融入"尊重的教育"元素,让学生浸润在"尊重的教育"的浓厚氛围中,使之成为学生、教师、校园的核心价值观。

3. 文化提升

开展学校文化活动，营造学校文化氛围，挖掘和凝练学校文化，在理解、内化"尊重的教育"价值观后，用心感悟、用实践体验，知行统一。学会自信做人、自主为学、自愿施尚和自觉感恩；关注制度文化的人文观照、环境文化的人文欣赏，学校文化的人文积淀，用文化去锤炼、熏陶人。

4. 和谐发展

学校的一切活动都从"以人为本"出发，尊重人格培养规律、尊重认知发展规律、尊重身心成长规律，生生间、师生间和谐共处，人与环境间和谐共生，学校也能得到和谐发展。

## （二）落实新任务

学校将继续营造"尊重的教育"的硬件校园环境，使教学大楼、操场等校园的每个角落都围绕"尊重"这一学校的主题文化；净化师生的心灵，把"尊重的教育"理念深深融入师生的精髓，使"懂得尊重是一种幸福，学会尊重是一种美德"成为师生共同的价值观。

1. 学校文化：尊重可持续发展观，以"特色工程"创建学校品牌

"以人为本"是实现可持续发展的首位内容，其核心内涵就是尊重，尊重人是可持续发展教育的基本诉求和终极价值目标，尊重可持续发展观，把"尊重的教育"作为学校文化的主旋律，作为学校的"特色工程"创建 "尊重的教育"学校品牌。不仅如此，还要将尊重的文化渗透到每一位师生的内心当中，要让师生都能够自觉、主动地参与到学校文化的推进过程中来。

新杨将继续注重以下几方面的建设：

(1)温馨教室，共享"尊重"

学校明确提出"温馨教室"是师生健康快乐的精神家园，让师生在互为关怀的和谐氛围中共同享受成长中的美好生命，提倡把"教室还给学生"：还地

位、还角色、还能力、还个性、还活力,呼唤学生主体意识的回归,让班级文化的创造力凝聚师生身心。各班积极开展“一班一景师生情”体验活动,以“生日贺会”的形式,加强师生情感的温馨互动;以“心心相印”的牵手方式,进行师生“课下交流”;以“建班育人创温馨”的研讨展示活动,让师生通过“思维碰撞”、“心灵接力”,力求在“思想上达成共识、情感上产生共鸣、行动上保持一致”,营造“阳光学生、幸福教师、和谐校园”的良好氛围,让师生在健康的集体舆论和舒畅的心理气氛中,建设一个“友善、民主、平等、理解、进取”的班集体,使学生的个性都能获得“健全、充分、全面”的可持续发展。

(2)主题活动,实践“尊重”

学校文化从来都是学生成长的乐土,要想“尊重的教育”文化在学生心中扎根,我们必须尽心尽力地培育学生,让他们从幼苗开始自然长成,最后才能生成“尊重”的文化。为此学校要在今后五年开展以体现“尊重的教育”为载体的主题活动,开展以“中华文化,薪火相传”为主线的“中华传统文化节”,弘扬和培育爱国、爱家、爱人民的精神,举办以“唱响红歌,点亮人生”为主题的十月歌会,唱出对“尊重的教育”文化内涵的深刻理解,点燃似火的青春;畅想美好的未来,重温经典,凝聚民族精神,展现尊重的校园文化。

### 2. 德育工作:尊重学生人格人性,以“心灵工程”构建生态德育

学校将以中共中央国务院《关于进一步改进和加强未成年人思想道德建设的若干意见》、《公民道德建设实施纲要》和《上海市中小学生命教育纲要》、《上海市中小学民族精神教育纲要》等文件的重要精神为指导,进一步理解对人的尊重,即包括道德教育理念的人性化和道德教育环境的人性化,这一方面指教师要在头脑中真正树立起受教育者之主体地位的意识,尊重学生人格;另一方面是指道德教育环境要以“为人”的方式来设计,尊重学生人性,把对学生的情感、意志等品质的培养放在重要位置,以“尊重——为每一位师生的充分发展服务”为核心价值理念,以德育课程建设为核心,以德育队伍建设为保障,以“心灵工程”的形式构建生态德育,突出一个理念:“尊重”;坚持两个主题:行为规范养成教育和学习习惯养成教育;把握三个课堂:第一课堂教学、第

二课堂校内活动、第三课堂校外实践,做到“学科教育、主题教育、自我教育”三位一体,“校内活动、家庭活动、社区活动”三线一面,切实做到各项工作“细”、“实”、“严”、“恒”、“情”五个字,充分挖掘校内外的德育资源,紧密联系学生的生活实际,培养具有“健康心态、自尊互敬、诚实守信、合作进取”品质的阳光少年,帮助学生初步形成良好的品德,健康的心理,树立法律意识,初步具有社会责任感和社会实践能力,引导学生在遵守基本行为准则的基础上,追求更高的思想道德目标,让学生成为人性丰满、人格完整的人。

以下是新杨中学关于新的五年德育工作的课题研究选摘,意在展示学校生态德育的方式和途径:

**生态体验下学生的道德成长、人格培养的途径和方法研究**

**一、着眼学生发展未来,构建“尊重的教育”育人框架**

基于“三重生态”理念,把“自然生态、类生态、内生态”的理论内涵与“尊重自然,追求和谐;尊重他人,学会感恩;尊重社会,恪守规则;尊重自己,悦纳自我”的具体要求相互融合渗透,追求学生可持续发展的生命成长境界,形成四个分年级系统的“尊重的教育”育人框架,做到年级目标重梯度,行为规范重细节,活动载体重践行。

**二、增强教师“人文关怀”,培养德智体美全面发展的学生**

把“尊重学生”作为“尊重的教育”的核心基点,热爱学生、重视学生、理解学生、信任学生、发展学生,学校的一切活动都尽可能调动每一位学生的积极性、主动性、创造性,培养德智体美全面发展的学生。

为此,学校建设生态德育的主要思路为:

(1)优化德育阶梯式目标体系,立足一个“细”字

学校德育工作的总目标:从学校德育工作的实际和学生的实际情况出发,围绕学校核心价值和培养目标,构建以培养学生“学会尊重”的学校德育工作体系。

学校进一步优化了德育阶梯式目标体系,为各年级制订了详细的发展

思路:

预备年级:以“好习惯成就好未来”为指导思想,通过习惯培养系列教育倡导“优良行规伴我行”,积极探索行为规范养成教育的有效途径,提升行为规范养成教育的水平。从加强日常行为规范培养入手,重视细节,强化坚持,贵在常态,帮助预备年级学生尊重自己、适应环境、找准起点、养成习惯、形成规范;

初一年级:以学校文化活动为主要载体,以赏识激励系列教育展示为主要途径,使学生获得尝试成功的机会。同时不断完善评价机制,培养学生自信乐观、积极向上的健康人格,帮助初一年级学生尊重知识、明确目标、寻找动力、培养兴趣、注重方法。

初二年级:给学生尝试成功的机会,通过自主管理系列教育活动发挥学生的优点和特长,提供学生参与管理的机会,搭建体验和感悟的平台,在实践中自主发展,帮助初二年级学生尊重师长、完善自我、主动发展、合作互助、强化自律。

初三年级:开展多样化的学生社会实践活动,通过“志愿者服务、社会考察、红色寻访”等社会实践系列教育活动,拓宽德育实践的途径。对社会实践进行精心设计,增强学生关心社会、服务社会的责任心,帮助初三年级学生尊重社会、准确定位、关注心理、学会感恩、懂得责任。

(2)拓宽贯穿德育的多元渠道,严守一个“实”字

新杨将继续开设内容更丰富的德育课程。开设以养成教育为主要内容的《成长启航》礼仪课程,以培养社会责任感为主要内容的《我是好公民》价值课程,以培养社会实践能力的《走进社会》课程等。

学校将在校内外充分挖掘可用德育资源。充分开发各学科课程中蕴含的德育资源和功能,把德育贯穿到整个学习过程中。开展教材研究,融德育于教学,深化“两纲”在课堂中的渗透。以重点学科为试点,加强“两纲”进课堂的实践,充分挖掘学科课程的人文价值与道德价值。构建校外德育工作网络。打破校内校外界限,整合社会资源,构建德育工作网络,通过完善“社区听证会”制度,加强学校与社区的密切配合,营造社区对学校发展“主动关心,积极

参与"的良好氛围,形成学校、家庭、社区共同合作的德育教育环境。

新杨制定并落实《上海市新杨中学少先队五年规划》。坚持全面实施《少先队辅导员工作纲要》的基本要求,加强基础建设,激发少先队组织的活力,引领辅导员的专业成长,结合"雏鹰争章"、"快乐中队创建"、"红领巾社团"等核心品牌活动,积极开展丰富多彩的活动,让少先队员在活动中养成良好的行为习惯,成为有特色的优秀的少先队员。

(3)规范地执行各项管理制度,贯彻一个"严"字

学校将进一步严格校内德育工作管理。自信和谐、宽松愉快的校园必定是井然有序的,而规则制定的合理性是其中的关键,因此要吸取经验、教训,进一步完善涉及学生管理各方面的制度,严格规范地按照科学合理的规定执行学校德育工作。

(4)完善知行并重的德育评价,坚持一个"恒"字

学校将进一步深化班主任研修机制和学生评价机制。学校开展班主任育德能力专项培训,加强班主任队伍建设,并探索班主任专业发展序列评聘制度,形成班主任发展的梯状序列。年级德育常规工作形成序列,对年级德育工作的指导、管理、评价、反馈形成配套体系,年级德育常规工作形成自主工作机制。

此外,优化尊师标兵、新杨十佳之星、奖学金等荣誉的校本评选机制,体现评价的导向性和激励性,提高学生主动参加社会活动的积极性,增强社会实践能力。

(5)加强多元渠道的师生沟通,关注一个"情"字

师生的良好关系是学校各项工作有序开展的保障。为了加强学校的师生之间的沟通与交流,学校开展"'教师节'尊师爱生系列活动"和丰富的师生互动活动,强化关爱意识,针对"学习困难、心理困惑、家庭困境、行为困扰"的学生,开展"分层递进"的关爱帮教活动,宽严并济,不离不弃,以"尊重、关爱"的方式给需要关心的学生更多细致、温暖的爱,促进学生健康成长。

### 3. 课程领导:尊重学生学习需求,以"四化工程"彰显尊重意识

课程领导力作为一种新的管理理念,意在突破传统课程管理的局限,强调

合作与交流、民主与开放，与校本课程的理念基本一致。通过观念与实践两个层面的革新，为课程领导力创设运行机制，促进校本课程乃至整个课程体系的发展。学校从尊重学生学习需求入手加强课程领导力，优化基础型课程，设置符合学生发展的探究型课程，开发吸引学生注意力、激发兴趣、挖掘潜能的拓展型课程。通过三类课程的设置与实施彰显尊重意识，构建具有融合学校“尊重——为每一位师生的充分发展服务”办学理念的课程体系。

学校的主要举措有：

(1)尊重差异，基础课程校本化

“尊重差异、关注差异”，优化基础型课程设置，对英语、数学等学科实行分层递进“走班制”教学，在教学形式和内容上实施分层。

“突出重点、化解难点”，基于课程标准对教学目标、教学内容进行细化，将国家教材进行校本化实施。

(2)尊重个性，校本课程精品化

确立以学生可持续发展为本的课程意识，积极开发课程资源，开设特色校本课程，优化品牌校本课程，培养有个性特长的学生。

(3)尊重兴趣，拓展课程特色化

学生的兴趣闪烁着主体的创新精神，学校重视学生的兴趣培养，尊重学生的兴趣选择，本着“尊重学生，有效学习”的宗旨，以“开放走班”的自主形式，开设学生“喜闻乐见”的自主拓展课，让学生自主选择，发挥学生学习的主动性。如“新闻聚焦”时政类、“佳作欣赏”人文类、“琴棋书画”综艺类、“探索之旅”科普类及“巧手添彩”技能类课程等课程，让学生在发展兴趣中体验学习的快乐，拓展知识视野，培育思维能力。

(4)尊重发展，探究课程社会化

探究课程为学生体验式学习搭建了平台，让学生在多元、动态、开放的课堂环境中，主动学习，学会如何去观察、如何去思考、如何提出问题、合作交流、如何去解决问题。学校将推进探究课程社会化进程，将学校教学延伸到社会中，使学生发展能不断适应社会发展的需求，培养提高学生的“四种能力”。

在未来五年中，新杨将通过不断推进探究课程社会化的进程，调整课程设置，加强实践活动，使探究课程不再只局限于校内；充分发挥探究教师的作用，一班一课题，带领学生寻找社会热点，调查社区现象，规划个人发展。使探究型课程适合学生个人发展的需求，促进学生个性的成长，提升学生综合素养和社会责任感、使命感，促进学生的全面、可持续发展和适应社会的能力。

学校在关于校本课程开发方面做了较多研究，下面这篇课题研究将层层深化，从课程优化、课程拓展及课程特色三个方面具体展示新杨中学在尊重学生的基础上进行的课程开发实践。

## 校本课程资源开发与实验

### 一、课程优化，研发“启航—导航—护航—远航”系列校本德育课程

把“尊重学生”作为“尊重的教育”的核心基点，根据各年级学生特点，积极开发校本德育教材，继预备年级开展《成长启航》限定性拓展主题教育活动后，思考和筹划初一《责任导航》、初二《青春护航》、初三《励志远航》德育校本课程的制定，形成彰显“尊重的教育”内涵的系列德育校本课程。

### 二、课程拓展，丰富“智育—体魄—审美—劳技”系列校本拓展课程

尊重学生的兴趣爱好，满足学生好奇心求知欲，挖掘教师资源，积极开设“数学思维训练”、“时事导读评析”、“春泥文学社”等智育拓展课程，“篮球技能”、“食品与养生”、“乐在‘棋’中”等强健体魄拓展课程，“‘美’的艺术”、“动画欣赏”、“中外影视欣赏”等提高审美情趣的拓展课程，以及“十字绣”、“手工编织”等提高劳技能力校本课程。

### 三、课程特色，形成“知—情—意—形”招牌校本课程

即《成长启航》养成教育课程，旨在培养学生学会尊重，懂得尊重，规范学生的行为规范和学习习惯，知行并进；琵琶弹奏课程，旨在激发新杨学子的学习兴趣，培养学生博学笃行、勤奋进取的品性，提升学生的艺术情操；机器人、车船模课程，旨在加强学生动手能力，培养学生思考探索、相互合作的实践能力、创新意识；跆拳道、柔道重竞技课程，旨在锻炼身体，锤炼意志，培养学生意志坚定、追求奋斗。

4. 教学质量:尊重学生学习规律,以“学本工程”聚焦教学全过程

学校认为要尊重学生学习规律,以学生为课堂教学的主体,尊重主体的感知,让学生有机会展示思维过程,暴露思维障碍,通过师生平等对话,启发引导学生自己发现问题、解决问题。教师通过启发、引导、点拨,培养学生兴趣爱好,通过研究有效教学方式,帮助学生认识和激发自身潜在的创造力。为此,学校将完善教师教学评价制度和学生学业质量评价制度,形成学校有效课堂教学模式,稳步提高教学质量,切实减轻学生课业负担。具体的举措如下:

(1)革新方法,量学定教,关注差异

以服务教学为目的,开展行动研究,提高教师教学能力:推进“同课异构”的比较研究法在校本教研中的运用,通过同伴互助,共同发展,帮助教师理解教材,打开思路,找到适合学生的教学方法,形成教学风格;推行“教学合一”的导学稿,并作为校国家课程校本化的实施载体,通过实践研究,汇编形成具有我校特色的导学稿模式,促进和发展学生自主学习的能力。

(2)有效科研,为学研教,注重体验

转换课堂师生角色。把课堂教学中的主体地位还给学生,让学生成为主角,在积极参与、主动探索、自主发现、运用创新中较为充分地展示自我,而教师则把重点从“传授知识”转到“引导学生探究知识”上来,起到引导学生、启发学生、开发学生的辅助功能。

变革学生学习方式。在教师的指导下,学生勇于质疑,问题意识增强,主动探究,学生的学习方式从被动接受转变到主动探究上来,让学生的学习凸显选择性、主动性和创造性,让学生体验成功,提高学习效率,从而真正减轻课业负担。

(3)精细管理,以学定教,落实减负

通过细致到学生、落实到知识点的学情分析,精准分析每一位学生的学习现状、学习能力和学习态度,以学定教,找到适合学生特点的教学方法。教学管理的“精细化”突出“五个精”:

“精到”备课,重点是科学处理教材。即:教师在学情分析的基础上,细致

周到的考虑学生特点,合理安排教学内容,集备课组全组之力,细致周到的考虑教学手段与方法,提升教学有效性。

“精致”教学,重点是教学设计。即:精巧的设计和构思,细致的落实教学目标,兼顾全面,照顾个体。

“精选”作业,重点是“下水”(教师先做)。即,根据学生的学习能力和学习基础,精心安排作业,挑选作业内容,严格控制作业量和作业时间,真正为学生“减负”。

“精简”测试,重点是教师自编测试。即:在精心编题,提升试卷质量的基础上,减少测试的次数和量,切实减轻学生的课业负担。强调测试后的质量分析具体化,做好教师、备课组、教研组三级质量分析。通过多层次、多角度的质量分析,每位教师都能做到心中有数,并制定教学改进计划。

“精度”教研,重点是项目推进。即:加强校本研修常态化,做到“四定”,定时间、定地点、定内容、定主讲人;“三有”有计划、有轨迹、有实效。提高校本教研的质量,通过听评课、专题研讨、同课异构等活动,提升课堂教学有效性。推动国家课程校本化的进程,依据课程标准,结合学情,制定各学科分年段教学目标,提高教学目标落实的实效性。

(4)科学评价,以学评教,追求有效

科学评价学生,促进学生素质发展。尊重学生的个性差异与个体差异,不能用分数来简单衡量。用发展性的评价来衡量学生是否在原有的基础上得到全面发展,从“思想道德素质、科学文化素质、身体心理素质、劳动素质、个性品质”等方面来设计评价方案,完善评价内容,全方位、多角度评价学生,促进学生综合素质的发展。

科学评价教师,调动教师积极性。充分调动教师的积极性,营造公平的竞争环境,建立科学的评价体系。根据《新杨中学质量保障体系》,从学生对课堂教学评价、师德评价、教研组对备课、教案、作业批改、听课评课等常规工作的评价以及教师教学态度自评、个人教学改进计划的质量等方面,多元化的评价教师。以“公开、公平、公正、量化”为原则,囊括了德、能、勤、绩等方面,系统全面构成教师评价体系的核心。

下面的课题研究以八年级英语教学的优化实践方案为例,来说明新杨中学是如何在尊重学生学习规律的基础上通过基于课程标准的教学目标的制定,深入开展有效教学实践,从而提高教学质量的。

**基于课程标准的学校学科建设实践研究方案**

——八年级英语教学目标的制定及优化

**一、基于课程标准研究,深化教学改革**

通过研究课程标准,从整体上把握初中阶段学科教学,进而制定清晰准确的教学目标并开展课堂教学实践研究,帮助英语教师群体系统地掌握初中英语整体知识架构体系、准确把握教材的重难点。

**二、扎实有效教学实践,切实做到减负**

深入开展有效教学的实践研究,完善课堂教学评价标准,提高作业设计的有效性、针对性,把减负落实到教育教学各个环节,用科学的教育方法,切实做到减负。

**三、改进课堂教学形态,规范课堂教学**

关注每一个孩子的学习需要,规范备课、上课、作业、辅导、评价等教学关节的规范性,进一步改进课堂教学形态,丰富教学组织形式、调动课堂教学氛围,增加教学情感投入,把握学生的好奇心和兴趣点,促进学生主动学习。

### 5. 教师队伍:尊重教师发展规律,以“名师工程”提升整体素质

目前,学校共有专任教师69名,其中35岁以下的中青年教师为24人,是教师队伍发展的中坚力量。同时,具有研究生学历的教师有14人,这就决定了学校教师既有发展的意愿又有发展的潜力,因此在今后的五年中必须尊重教师发展规律,确立教师队伍建设在学校发展格局中的优先地位,关注教师职业发展规划,建立教师激励机制,以“名师工程”为突破口,努力造就一支师德高尚、理念先进、业务精湛、锐意创新的高素质教师队伍。学校期待提升教师

学历水平,30%教师达到研究生学历水平;提升教师专业水平,达到区教育局规定的高级教师职数;提升教师教育教学能力,20%的教师成为区骨干教师,2人成为市优青教师;力争1人成为区学科带头人;打造区优势学科;为80%的教师创造机会到外校参加提升教师教学能力的专业培训和教育教学交流,100%的教师参加校本培训和区组织的专业培训,并顺利获得学分。为了达成这些目标,学校的主要举措有:

(1)专家引领,重点培养

“名师工程”,创新模式。为营造有利于优秀教师脱颖而出的人才成长环境,通过“名师工程”,以“请进来+走出去”的方式,邀请名师和专家指导或带教学校优秀骨干教师,培养学科带头人;并推行“学科带头人+青年团队”的组织模式,重点培养优秀青年教师。

专业团队,教研一体。成立学校教育教学研究小组,聘请华东师范大学教授带教,深入开展学校管理、教育教学等方面的研究和实践,集智慧于一体,树独秀于一枝,形成业务精湛、锐意进取的创新团队。

(2)同伴互助,焦点提升

科学诊断,聚焦弱势。通过专家名师听课评课,科学地分析教师专业智能水平,为教师诊断分析,帮助教师定好位,尤其是针对教学能力欠缺的教师,制定专业发展目标,采取针对性措施,提高这部分教师的专业素养和教学能力。

升华经验,分享智慧。为了提炼经验、挖掘有价值的教师教育教学经验,继续开设教师沙龙、班级管理论坛、青年教师座谈会、专题研讨等多种形式的活动或开展主题鲜明的经验交流活动,让教师积极参与经验总结,提炼教育教学实践智慧,让更多的教师在交流中互通有无,兼收并蓄,获得智慧。

(3)自我提升,全面发展

制订计划,自主提升。教师根据校五年规划制定个人“教师成长发展计划”,表达个人的发展需求,学校尊重教师发展需求,并与教师认真讨论设定发展目标,学校制定教师培养计划,将采取多种针对性有效措施,使教师在与学校协调发展的过程中获得全面发展。

对外交流,借力发展。增加教师与外界交流的机会,拓宽教师视野,继续开展"跨区县、跨省市"的"一课两讲""同课异构"教学研究和交流活动;开展与区优质学校"跨校教研"和"跨校留学"教学交流活动,全面提升教师整体水平。

## 四、结束语

学校文化的核心是学校在长期办学中形成的共同的价值观念。[①] 学校文化建设起于思想,通过行动,也见成效于思想。处于意识形态地位的学校文化对学校的改进具有战略性的引领作用。学校改进具有系统性、复杂性、持续性等特征,需谋求改革过程中的学校、组织、个人三层面以及认知、情感、行为三维度的有机整合,整合的机制就是学校文化,学校文化起着价值引导、观念整合、情感激励、规范调节的整合作用。[②] 课程改革是学校改革的核心环节,课程改革的发展离不开学校文化的推动,致力于学校文化建设自觉生成的主动创生途径,正逐步成为学校文化建设根本途径。[③]

新杨中学"尊重的教育"实践与探索已经走过十年的岁月,十年磨一剑,透过书中内容,给人一种富有时代气息的强烈感受,这些教育改进的经验集萃,反映了新杨教师自觉投身教育改革的高涨热情,记录了新杨教育改进的可贵足迹。尊重是一个古老的话题,却经久不衰。因为在人的内心深处,包括学生在内的任何人本能地都渴望得到尊重,受到尊重。理解是热土,给人以温润;尊重是热源,给人以力量。苏联教育家马卡连柯说过:"我们的基本原则永远是尽量多地,也要尽可能地尊重一个人。"新杨中学开展"尊重的教育"进行了有益的探究,并从理论上作出了初步的诠释,从实践中得到了深刻的启示。

---

① 俞国良:《学校文化新论》,湖南教育出版社 1999 年版,第 25 页。

② 苏鸿:《基础教育课程改革与学校文化重建》,《课程·教材·教法》2003 年第 7 期。

③ 李伟胜:《学校文化建设的第三条途径:主动创生》,《南京师大学报》(社会科学版)2011 年第 1 期。

"学会尊重是道德的要求,更是美学的追求,懂得尊重是一种幸福。"真正的教育是建立在尊重与信任的基础上,是建立在宽容与爱心的理解上。"尊重的教育"要求教师必须最大限度的理解学生、宽容学生、善待学生、相信学生。当教师把饱满的热情、宽容的博爱、真诚的理解送给学生,为学生提供一个接纳的、温馨的学习环境,必能使学生在尊重中感恩、在信任中奋起。因此,从某种意义上讲,"尊重的教育"是实现教育和谐、教育成功的一把钥匙,同时它又提出了新的挑战和更高要求,其实践和研究还任重道远。但今日新杨,尊重之种子已经播下,学校必将继续以"尊重的教育"的推进为切入口和着力点,以生为本、以尊为先,寓尊于教、大胆实践,不断去理性地对实践活动过程与效果反思,追求课堂教学的科学化、艺术化;不断去批判地重新审查和评价自己的经验,加工提升至理论层面;不断去透过表象,寻求教育教学的有效规律,构筑科学的学校全面质量保障体系,不断提升教育教学质量,不断推动学校教育改进,办让普陀人民放心满意的教育!

愿新杨教师更自信地更科学地开展尊重教育!

愿新杨学生都昂起自尊的头,迈出自信的步!

愿新杨中学勇于创新、敢于突破,扬起新的风帆!

# 参考文献


一、专著类

[1]陈孝彬:《教育管理学》,北京师范大学出版社 2002 年版。

[2][美]费雷德里克·赫茨伯格、[美]伯纳德·莫斯纳、[美]巴巴拉·斯奈德曼著,张湛译:《赫茨伯格的双因素理论》,中国人民大学出版社 2009 年版。

[3]教育部师范司组织编写:《教师专业化的理论与实践》,人民教育出版社 2003 年版。

[4]刘捷:《专业化:挑战 21 世纪的教师》,教育科学出版社 2002 年版。

[5][美]马斯洛(Maslow.A.H)著,许金声、程朝翔译:《动机与人格》,华夏出版社 1987 年版。

[6]瞿葆奎:《教育基本理论之研究》,福建教育出版社 1998 年版。

[7]王邦虎:《校园文化论》,人民教育出版社 2000 年版。

[8]叶澜:《教师角色与教师发展新探》,教育科学出版社 2001 年版。

《世界人权宣言》.

[9]喻本伐、熊贤君:《中国教育发展史》,华中师范大学出版社 1991 年版。

[10]俞国良:《学校文化新论》,湖南教育出版社 1999 年版。

[11]余文森、连榕:《教师专业发展》,福建教育出版社 2007 年版。

[12]于漪:《教育魅力》,华东师范大学出版社 2013 年版。

[13]赵中建:《学校文化》,华东师范大学出版社 2004 年版。

[14]郅庭瑾:《教育管理伦理研究》,商务印书馆 2008 年版。

[15]钟启泉:《现代课程论》,上海教育出版社 2003 年版。

**二、期刊类**

[1]丁敏、惠中:《独立与融合——教师"马赛克"文化的解读》,《外国中小学教育》2005 年第 9 期。

[2]顾明远:《论学校文化建设》,《西安师范大学学报》(人文社会科学版)2006 年第 5 期。

[3]李润洲:《叙事研究:改进教师的教育生活》,《上海教育》2004 年第 6 期。

[4]李伟胜:《学校文化建设的第三条途径:主动创生》,《南京师大学报》(社会科学版)2011 年第 1 期。

[5]林崇德、申继亮、辛涛:《教师素质的构成及其培养途径》,《中国教育学刊》1996 年第 6 期。

[6]罗广荣:《论新课改下的"尊重的教育"——马卡连柯的"尊重与要求相结合"的原则在当代的运用》,《科技创新导报》2010 年第 10 期。

[7]毛爱农:《试论"探究式四步教学法"的主要特征》,《河南教育》(基础版)2013 年第 Z1 期。

[8]苏鸿:《基础教育课程改革与学校文化重建》,《课程 · 教材 · 教法》2003 年第 7 期。

[9]腾辉:《论校园文化的德育功能与建设》,《教育科学论坛》2007 年第 2 期。

[10]王健:《立足于学校管理层面的教师专业发展策略浅探》,《青年教师》2005 年第 3 期。

[11]王鉴、徐立波:《教师专业发展的内涵与途径——以实践性知识为核心》,《华中师范大学学报》(人文社会科学版)2008 年第 3 期。

[12]袁振国:《校长的文化使命》,《素质教育大参考》2004 年第 1 期。

[13]张宏伟:《尊重教育规律,推进基础教育健康发展》,《中小学校长》2011 年第 10 期。

三、论文类

[1]邓敏:《中学校园文化建设研究》,华中师范大学硕士学位论文,2003 年。

[2]梁燕辉:《中学尊重教育研究》,山东师范大学,2009 年。

[3]曾贞:《小学生自我概念的发展及其与心理健康的关系》,广西师范大学,2003 年。

责任编辑:马长虹
封面设计:徐　晖

**图书在版编目(CIP)数据**

“尊重的教育”理念与实践研究/徐跃进,胡丽娟,孙 莉 著.
-北京:人民出版社,2015.10
(学校特色发展与品牌建设丛书)
ISBN 978-7-01-015391-9

Ⅰ.①尊…　Ⅱ.①徐…②胡…③孙…　Ⅲ.①中学教育-教育研究-上海市
Ⅳ.①D632.0

中国版本图书馆 CIP 数据核字(2015)第 247126 号

**“尊重的教育”理念与实践研究**
ZUNZHONG DE JIAOYU LINIAN YU SHIJIAN YANJIU
——以上海市新杨中学为例

徐跃进　胡丽娟　孙 莉　著

人民出版社 出版发行
(100706　北京市东城区隆福寺街 99 号)

环球印刷(北京)有限公司印刷　新华书店经销

2015 年 10 月第 1 版　2015 年 10 月北京第 1 次印刷
开本:710 毫米×1000 毫米 1/16　印张:16
字数:250 千字　印数:0,001-3,000 册

ISBN 978-7-01-015391-9　定价:48.00 元

邮购地址 100706　北京市东城区隆福寺街 99 号
人民东方图书销售中心　电话 (010)65250042　65289539